成人(网络)教育系列规划教材

CHENGREN (WANGLUO) JIAOYU XILIE GUIHUA JIAOCAI

金融企业会计

GINRONG QIYE KUAIJI

主 编 方萍

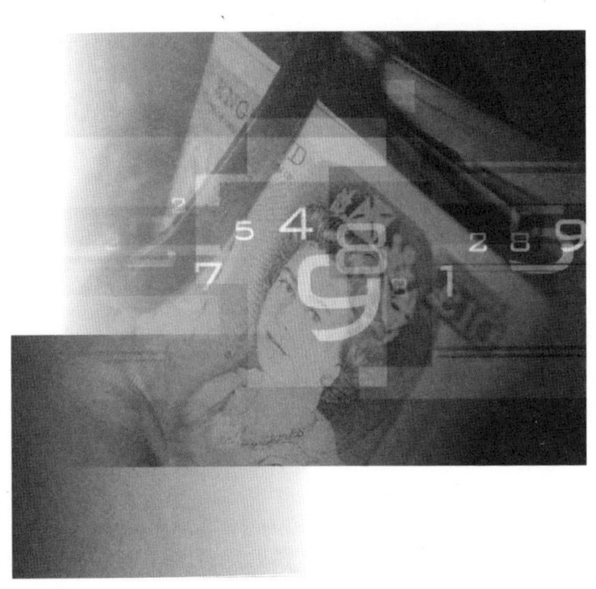

西南财经大学出版社
Southwestern University of Finance & Economics Press

总序

随着全民终身学习型社会的不断建立和完善，业余成人（网络）学历教育学生对教材的质量要求越来越高。为了进一步提高成人（网络）教育的人才培养质量，帮助学生更好地学习，依据西南财经大学成人（网络）教育人才培养目标、成人学习的特点及规律，西南财经大学成人（网络）教育学院和西南财经大学出版社共同规划，依托学校各专业学院的骨干教师资源，致力于开发适合成人（网络）学历教育学生学习的高质量优秀系列规划教材。

西南财经大学成人（网络）教育学院和西南财经大学出版社按照成人（网络）教育人才培养方案，编写了专科及专升本公共基础课、专业基础课、专业主干课和部分选修课教材，以完善成人（网络）教育教材体系。

由于本系列教材的读者是在职人员，他们具有一定的社会实践经验和理论知识，个性化学习诉求突出，学习针对性强，学习目的明确。因此，本系列教材的编写突出了基础性、职业性、实践性及综合性。教材体系和内容结构具有新颖、实用、简明、易懂等特点；对重点、难点问题的阐述深入浅出、形象直观，对定理和概念的论述简明扼要。

为了编好本套系列规划教材，在学校领导、出版社和其他学院的大力支持下，首先，成立了由学校副校长、博士生导师丁任重教授任主任，成人（网络）教育学院院长唐旭辉研究员和出版社社长、博士生导师冯建教授任副主任，其他部分学院领导参加的编审委员会。在编审委员会的协调、组织下，经过广泛深入的调查研究，制定了我校成人（网络）教育教材建设规划，明确了建设目标，计划用两年时间分期分批建设。其次，为了保证教材的编写质量，在编审委员会的协调下，组织各学院具有丰富成人（网络）教学经验并有教授或副教授职称的教师担任主编，由各书主编组织成立教材编写团队，确定教材编写大纲、实施计划及人员分工等，经编审委员会审核每门教材的编写大纲后再编写。

经过多方的努力，本系列规划教材终于与读者见面了。在此之际，我们对各学院领导的大力支持、各位作者的辛勤劳动以及西南财经大学出版社的鼎力相助表示衷心的感谢！在今后教材的使用过程中，我们将听取各方面的意见，不断修订、完善教材，使之发挥更大的作用。

西南财经大学成人（网络）教育学院

2009 年 6 月

前言

2006年财政部发布的新会计准则对金融企业会计影响深远：金融工具系列准则的出台、金融资产和金融负债分类标准的变化、公允价值计量属性的引入、金融资产终止确认标准的确立、套期保值会计的建立、金融资产减值现值法的运用、保险合同的确认与计量等无疑对原有的金融企业会计提出了新的挑战。因此，我们根据新准则的要求，结合成人教育基础性、职业性、实践性、综合性的要求和教师多年从事金融企业会计教学与科研的体会编写了《金融企业会计》教材。

本书特点如下：①及时地反映了我国金融会计改革的最新成果。②体现了金融企业特色业务的会计处理。③概念清晰、理论深入浅出、内容通俗易懂。④注重理论与实践并重、举例形象直观。

本教材编写人员有西南财经大学会计学院方萍副教授、郭峨副教授、张雪岚副教授。具体分工如下：方萍撰写第一、六、七及二至五章部分内容并负责全书体例设计和最后总纂工作，郭峨撰写第二、三、四、五章部分内容，张雪岚撰写第八、九章。

作者因水平有限，误谬之处在所难免，敬请广大读者批评指正。

方　萍

2009年6月

目 录

第一章　绪论

本章提要：本章共有三节内容。第一节，金融企业简介。学习金融企业会计，首先应对金融企业加以认识。为了让大家对我国金融企业的改革与发展有更深入的了解，我们根据《金融时报》总结、提炼了中国金融改革大事记，以飨读者。第二节，金融企业会计及其业务。本节的学习是让大家对金融企业会计的概念、特点、业务范围有个准确的把握。第三节，金融企业会计要素。这是本章学习的重点。银行、保险、证券三大金融主体的会计要素具体项目各具特色；会计要素计量属性更具有多样性。

第一节　金融企业简介

一、金融改革大事记

（1）1979 年 3 月，中国农业银行恢复。中国农业银行的恢复开了设立国家专业银行的先例，首次打破了大一统的传统金融体制格局。恢复后的中国农业银行是国务院的直属机构，由中国人民银行监管，其主要任务是，统一管理支农资金，集中办理农村信贷，领导农村信用合作社，发展农村金融事业。

（2）1979 年 3 月，国务院决定将中国银行从中国人民银行中分离出去，作为国家指定的外汇专业银行，统一经营和集中管理全国的外汇业务。国家外汇管理局同时设立。中国银行成立，迈出了专业银行体系的建设步伐。

（3）1979 年 8 月，国务院批准中国人民建设银行为国务院直属单位，省、市、自治区分行为厅、局级单位，受总行和当地人民政府双重领导，以总行领导为主。1996 年 3 月，中国人民建设银行正式更名为中国建设银行。

（4）1979 年 10 月，第一家信托投资公司——中国国际信托投资公司经国务院批准成立，揭开了信托业发展的序幕。

（5）1979 年 11 月，全国保险工作会议决定恢复中国人民保险公司，标志着逐步恢复停办了 20 年的国内保险业务。

（6）1983 年 9 月，国务院作出《关于中国人民银行专门行使中央银行职能的决定》，央行制度框架初步确立。1984 年 1 月 1 日起，中国人民银行不再办理针对企业和个人的信贷业务，成为专门从事金融管理、制定和实施货币政策的政府机构。

（7）1984 年 1 月，中国工商银行成立。人民银行过去承担的工商信贷和储蓄业务由中国工商银行专业经营。中国工商银行与 1979 年恢复（成立）的中国农业银行、中国银行、中国人民建设银行，构成了我国四大专业银行。至此，我国建立了专门的专业银行体系，并得到了初步发展。这一阶段的改革宣告了几十年的“大一统”银行体制的结束。

（8）1984 年 12 月，中国人民保险公司召开了全国保险工作会议。自此，保险业也逐步打破了由中国人民保险公司独家经营的传统格局，开始出现多家办保险的局面。

（9）1986 年 7 月，第一家股份制商业银行——交通银行组建。交通银行是我国第一家股份制商业银行，也是按照市场化改革导向迈出步伐最早的银行机构，在银行业的制度创新方面开了先河。1987 年 4 月 1 日，重新组建后的交通银行正式对外营业，成为中国第一家全国性的国有股份制商业银行。1987 年 11 月，全国第一证券公司深圳经济特区证券公司成立。1988 年 3 月，全国第一家股份制保险公司中国平安保险公司成立。

（10）1987 年 4 月 8 日，招商银行成立，是我国第一家完全由企业法人持股的股份制商业银行。2002 年 4 月 9 日，招商银行在上交所挂牌。1987 年，中信实业银行组建，2007 年 4 月 27 日，在上海证券交易所上市。1988 年 8 月，兴业银行成立，2007 年 2 月 5 日，在上海证券交易所挂牌上市。1987 年 12 月 28 日，深圳发展银行正式宣告成立，1991 年 4 月在深圳上市，成为我国第一家上市银行。1988 年 9 月，广东发展银行成立。1992 年 8 月 18 日，中国光大银行成立，1997 年 1 月完成股份制改造，成为国内第一家国有控股并有国际金融组织参股的全国性股份制商业银行。1992 年 8 月 28 日，上海浦东发展银行设立，1993 年 1 月 9 日正式开业，1999 年 11 月 10 日，在上海证券交易所正式挂牌上市。1992 年 10 月 14 日，华夏银行成立。1996 年 1 月 12 日，中国民生银行成立，这是我国第一家主要由民营企业投资的全国性股份制商业银行。2000 年 12 月 19 日，中国民生银行 A 股股票在上海证券交易所挂牌上市。2003 年，恒丰银行成立。2004 年，浙商银行成立。2006 年，渤海银行成立。

（11）1990 年 10 月，我国第一家规范化、全国性的粮食批发市场——郑州粮食批发市场经国务院批准建立。目前，我国有四大期货交易所，其余三家分别是成立于 1993 年 2 月 28 日的大连商品交易所，1999 年 12 月成立的上海期货交易所和成立于 2006 年 9 月 8 日的中金交易所。

（12）1990 年 11 月，第一家证券交易所——上海证券交易所宣告成立。1991 年 7 月，深圳证券交易所宣告成立。沪、深交易所以及 1990 年建设的中国证券交易自动报价系统（ STAQ 系统）的相继建立标志着中国资本市场初步形成，自此，中国证券市场的发展开始了一个新的篇章。

（13）1991 年 8 月，证券业的自律性监管机构——证券业协会建立。其建立初期的主要作用在于普及证券知识、开展国际交流以及提供行业发展信息等。中国证券业协会作为行业自律组织，自 1991 年成立以来，致力于推动中国证券市场的健康稳定发展。2002 年 7 月，中国证券业协会在第三次会员大会上，修订并完善一系列章程和自律规则，初步建立起行业自律的框架。

（14）1992 年 10 月，国务院证券委员会（简称国务院证券委）成立；同年 10 月底，中国证券监督管理委员会（简称证监会）宣告成立。证券委和证监会的成立迈出了我国金融业“分业经营、分业监管”的第一步，标志着中国证券市场统一监管体制开始形成。1998 年 4 月，根据国务院机构改革方案，国务院证券委与中国证监会合并组成国务院直属正部级事业单位——中国证券监督管理委员会，1999 年正式施行的《证券法》进一步明确了我国以证监会为核心的集中统一的监管模式。

(15) 1993 年 12 月，国务院作出《关于金融体制改革的决定》，提出金融体制改革的目标是建立在国务院领导下，独立执行货币政策的中央银行宏观调控体系；建立政策性金融与商业性金融分离，以国有商业银行为主体、多种金融机构并存的金融组织体系；建立统一开放、有序竞争、严格管理的金融市场体系，把中国人民银行办成真正的中央银行，把专业银行办成真正的商业银行。《关于金融体制改革的决定》明确了人民银行制定并实施货币政策和实施金融监管的两大职能，并明确提出要把我国的专业银行办成真正的商业银行。至此，专业银行的发展正式定位于商业银行。

(16) 1994 年 3 月至 4 月，三大政策性银行建立，标志着政策性银行体系基本框架建立。

(17) 1995 年 3 月，《中华人民共和国中国人民银行法》（以下简称《中国人民银行法》）颁布实施，从法律上确立中国人民银行的央行地位。

(18) 1995 年 7 月，《中华人民共和国商业银行法》（以下简称《商业银行法》）正式实施。2003 年 12 对《商业银行法》进行了修订。修订后的《商业银行法》自 2004 年 2 月 1 日起实施。1995 年 6 月 30 日第八届全国人民代表大会常务委员会第十四次会议通过《中华人民共和国保险法》（以下简称《保险法》），根据 2002 年 10 月 28 日第九届全国人民代表大会常务委员会第三十次会议《关于修改〈中华人民共和国保险法〉的决定》修正。2009 年 2 月 28 日第十一届全国人民代表大会常务委员会第七次会议修订，10 月 1 日起施行。

1995 年 3 月以来，以《中国人民银行法》、《商业银行法》、《票据法》、《保险法》的颁布为标志，中国金融监管进入了一个新的历史时期，开始向法制化、规范化迈进。

(19) 1995 年 9 月，国务院发布《关于组建城市合作银行的通知》，决定自 1995 年起在撤并城市信用社的基础上，在 35 个大中城市分期分批组建由城市企业、居民、和地方财政投资入股的地方股份制性质的城市合作银行。以后，组建范围又扩大到 35 个大中城市以外的地级城市。1995 年 6 月，全国第一家城市商业银行成立 。6 月 22 日，深圳城市合作银行经中国人民银行批准成立，揭开了我国城市商业银行发展新的序幕，为我国金融业增添了一支新的生力军，对我国商业银行体系的构建起了很大推动作用。

(20) 1996 年 7 月，农村金融体制改革开启。根据在北京召开的全国农村金融体制改革工作会议决定，中国农业银行不再领导管理农村信用社，农村信用社的业务管理由县联社负责，对农村信用社的监管由中国人民银行直接承担。农业银行基本完成了作为国家专业银行“一身三任”的历史使命，开始进入了真正向国有商业银行转化的新的历史时期。

(21) 1997 年 11 月，第一次全国金融工作会议召开。会后，国务院陆续出台了一系列国有商业银行和金融监管改革措施：中央财政定向发行 2 700 亿元特别国债，补充四大国有银行资本金；成立四大资产管理公司，以处理从四大行剥离的不良资产；取消贷款规模，实行资产负债比例管理等重要改革措施；成立了证监会、保监会，分别负责证券业和保险业的监管，人民银行专司对银行业、信托业的监管；另外对人民银行自身机构进行了改革，原有的省分行被撤销，改成9个大区行，货币政策独立性得以加强。此后又进行了金融监管体制改革，改革人民银行自身机构。

（22）1998年11月，中国保险监督管理委员会成立。11月18日，原中国人民保险公司分拆成立中国人民保险公司和中国人寿保险公司后，公司管理人员和原中国人民银行保险监管司合并，成立了国务院直属事业单位中国保险监督管理委员会（简称保监会）。中国保险监督管理委员会将原来由中国人民银行履行的对保险业的监管职能分离出来，专司对中国保险业的监管，中国人民银行主要负责对银行、信托业的监管。这是保险监管体制的重大改革，标志着我国保险监管机制和分业管理的体制得到了进一步完善。

（23）1999年4月，信托业第五次整顿开始。4月27日，财政部发布《信托投资公司清产核资资产评估和损失冲销的规定》，标志着信托业新一轮整顿的开始。到此为止，我国信托行业经历了五次大的整顿，分别是：1982年4月，信托投资公司因业务范围缺乏科学界定，受到了第一次整顿；1985年9月，监管部门因信托公司未能把握资金投向，对其进行了第二次整顿；1988年和1989年，信托业经历了第三次整顿，中国人民银行和国务院将审批各类金融机构的权利收回。受此影响，信托公司从1988年的745家减到1990年的339家；1993至1995年，信托投资公司又经历了与专业银行脱钩的第四次整顿，从1995年的392家下降到1996年的244家；1998年，中国第二大信托投资公司——广东国际信托投资公司宣布破产，这是中国信托业第五次整顿开始的信号，《信托投资公司清产核资资产评估和损失冲销的规定》的发布，标志着第五次整顿的正式开始。

（24）1999年5月，上海期货交易所正式成立。

（25）1999年4月~10月，我国四大资产管理公司成立。1999年，中国先后组建了中国信达资产管理公司、中国东方资产管理公司、中国华融资产管理公司和中国长城资产管理公司，分别购买或托管中国建设银行、中国银行、中国工商银行和中国农业银行的不良贷款。这些均具有独立法人资格的国有独资金融企业，其主要任务是负责接收、管理、处置对口银行划转的不良贷款，最大限度地保全资产，减少损失。

（26）1998年12月29日，第九届全国人民代表大会常务委员会第六次会议通过了《中华人民共和国证券法》。1999年7月1日起，《中华人民共和国证券法》正式实施。之后，进行了两次修订，根据2004年8月28日第十届全国人民代表大会常务委员会第十一次会议《关于修改〈中华人民共和国证券法〉的决定》修正，2005年10月27日第十届全国人民代表大会常务委员会第十八次会议修订。2005年修订后的《中华人民共和国证券法》自2006年1月1日起施行。

（27）2002年2月，第二次全国金融工作会议召开。明确国有独资商业银行改革是中国金融改革的重中之重，改革的方向是按现代金融企业的属性进行股份制改造。这为国有独资商业银行进一步改革指明了方向。会议还作出了改革农信社的决定，为此后农信社改革的全面铺开确立了“因地制宜，分类指导”的指导方针。会后，新一轮国有商业银行改革快速推进，中央汇金投资有限责任公司组建成立，主导中国银行业的重组上市。中国工商银行、中国建设银行、中国银行在股份制改革与海外上市项目的实施上得到了一系列关键政策支持。金融监管方面，撤消了中央金融工委，成立银监会，并成立国有银行改革领导小组，酝酿、统筹、部署国有银行改革方案。

（28）2003 年 4 月，银监会成立，履行原由中国人民银行履行的审批、监督管理银行、金融资产管理公司、信托投资公司及其他存款类金融机构等职责及相关职责。这标志着我国银行监管体制向着市场化和国际化方向又迈出了新的一步。至此，中国金融监管“一行三会”的格局形成。中央银行在三次变革后，实现了货币政策与银行监管职能的分离；同时，银监会、证监会和保监会全方位地覆盖银行、证券、保险三大市场，分工明确、互相协调的金融分工监管体制形成，中国金融业改革发展进入一个新纪元。

（29）2003 年 6 月，国务院印发《深化农村信用社改革试点方案》，决定在浙江等 8 个省（市）实施农村信用社体系改革试点。2004 年 8 月，农村信用社改革在除海南和西藏以外的 21 个省（区、市）全面推开。

（30）2003 年 9 月，国有商业银行股份制改革启动，并选择中国银行、中国建设银行进行试点。随后的四年中，我国四大国有银行中的三家——中国银行、中国建设银行、中国工商银行完成了股份制改造和上市工作；2004 年 1 月 6 日，国务院宣布中国银行和中国建设银行实施股份制改造，并且动用 450 亿美元外汇储备为两家试点银行补充资本金；2004 年 8 月 26 日，中国银行股份制改造完成，组建成的中国银行股份有限公司宣告成立；2004 年 9 月 21 日，中国建设银行股份制改革完成，组建了中国建设银行股份有限公司；2005 年 10 月 28 日，我国资产规模最大的商业银行中国工商银行整体改制完成，中国工商银行股份有限公司正式成立；2005 年 10 月 28 日，中国建设银行股份有限公司股票正式在香港联交所挂牌交易，标志着该行在我国四大国有商业银行中率先实现海外成功上市；2006 年 6 月 1 日，中国银行登陆香港联交所，以 97 亿美元的筹资规模成为 6 年以来全球最大的 IPO。一个月后，中行登陆上海证券交易所，成为首家国内上市的国有商业银行；2006 年 10 月 27 日，中国工商银行在香港 H 股和内地 A 股同步上市，成为市值最大的公司。这一系列事件标志着我国四大国有商业银行中的三家股份制改革的完成。

（31）2003 年 12 月，中央汇金公司成立。汇金公司是经国务院批准组建的国有独资投资公司。汇金公司的职能定位是代表国家对国有大型金融企业行使出资人的权利和履行其义务、维护金融稳定、防范和化解金融风险、高效运用外汇储备、对外汇储备保值增值负责。

（32）2003 年 12 月，《中国人民银行法》修订版颁布。修订版强化了人民银行与制定和执行货币政策有关的职责，由过去主要通过对银行业金融机构的设立审批、业务审批和高级管理人员任职资格审查和日常监督管理等直接监管的职能转换为履行对金融业宏观调控和防范与化解系统性风险的职能，即维护金融稳定职能，增加了反洗钱和管理信贷征信业两项职能。2004 年 2 月，《银行业监管法》正式颁布实施。其从法律上明确了银监会对全国银行业金融机构及其业务活动进行监督管理的职责，为银监会依法履行监管职责、依法加强对银行业的监督管理、依法行政提供了法律保证。它是我国颁布的第一部关于银行业监督管理的专门法律，对于加强银行业的监督管理，规范监督管理行为，防范和化解银行业风险，促进银行业健康发展具有重大的意义。2004 年 6 月，《证券投资基金法》正式颁布实施。它的出台，确立了中国证券投资基金业独立发展的专属法律地位，为基金业的发展创造了良好的政策环境，标志着中国的基金业进入了一个新的发展阶段。

（33）2005 年 4 月，中国启动股权分置改革试点。股权分置改革的重大意义在于矫正资本市场领域的双轨制，促进证券市场制度和上市公司治理结构的改善，化解非流通股与流通股之间的利益对立，稳定市场预期，促进证券市场持续健康发展。

（34）2005 年 7 月，中国实施人民币汇率形成机制改革。具体内容包括：自 2005 年 7 月 21 日起，我国开始实行以市场供求为基础、参考一篮子货币进行调节、有管理的浮动汇率制度。人民币汇率不再钉住单一美元，形成更富弹性的人民币汇率机制。中国人民银行于每个工作日闭市后公布当日银行间外汇市场美元等交易货币对人民币汇率的收盘价，作为下一个工作日该货币对人民币交易的中间价格；2005 年 7 月 21 日 19 时，美元对人民币交易价格调整为 1 美元兑 8. 11 元人民币，人民币对美元即日升值 2%；每日银行间外汇市场美元对人民币的交易价在人民银行公布的美元交易中间价上下千分之三的幅度内浮动。

（35）2006 年 9 月，中国金融期货交易所在上海宣告成立。交易所的成立对于深化资本市场改革，完善资本市场体系，丰富资本市场产品，发挥资本市场功能，为投资者开辟更多的投资渠道等方面具有重要的战略意义。

（36）2006 年 12 月 11 日 中国保险业结束入世过渡期，率先在金融领域实现了全面对外开放。2006 年 12 月 11 日，《中华人民共和国外资银行管理条例》开始实施。《条例》取消了对外资银行的一切非审慎性市场准入限制，按照国际通行做法，向在中国注册的外资法人银行全面开放人民币业务。

（37）2006 年 12 月，经国务院同意，银监会正式批准中国邮政储蓄银行开业。2003 年 8 月 1 日，邮政储蓄存款实行新老划断，此后新增的储蓄存款资金由国家邮政局自主运用，原有的存款（约 8 290 亿元）继续按 4. 131% 的利率转存人民银行。组建邮政储蓄银行，将有利于银监会依法将邮政储蓄纳入银行业监管范畴，加强对其监督管理，规范其经营行为，防范和化解邮政金融风险，保护存款人利益；有利于邮政储蓄机构按照现代企业制度和商业银行运行管理要求，建立健全内部控制和风险管理长效机制，提高稳健经营能力和整体竞争水平；有利于理顺邮政与邮政储蓄的关系，促进两方业务的可持续发展；有利于通过寻求有效机制和途径，解决邮政储蓄资金返回农村使用问题。

（38）1979 年，日本输出入银行被批准在北京设立常驻代表机构，这是改革开放以后第一家来华设立代表机构的外资银行，成为中国银行业对外开放的标志。1981 年 7 月，我国开始批准外资金融机构在经济特区设立营业性分支机构。1982 年，香港南洋商业银行获准在深圳设立分行，这是新中国成立后第一家外资银行的营业机构。1994 年 2 月，国务院颁布了《中华人民共和国外资金融机构管理条例》，这是中国进一步扩大金融开放的标志。

(39) 2007年2月召开的全国金融工作会议明确了政策性银行的改革方向：未来几年，将按照分类指导、“一行一策”的原则推进政策性银行改革；首先推进国开行改革，按照建立现代金融企业制度的要求，全面推行商业化运作。2008年12月16日，根据国务院的决定，经中国银行业监督管理委员会批准，国家开发银行股份有限公司在京成立。公司注册资本为3 000亿元，财政部和中央汇金公司分别持有其51.3%、48.7%的股权，依法行使国家开发银行股份有限公司出资人的权利和义务。目前，国开行是我国排名居工、农、中、建之后的第五家大型国有商业银行，也是首家进行商业化改革的政策性银行。2007年初，银监会批准农发行逐渐扩大业务范围，按照市场原则开展农业产业化龙头企业、种子、农业科技贷款和农村基础设施贷款等新业务。

(40) 2009年3月31日，中国证监会发布了《首次公开发行股票并在创业板上市管理暂行办法》(下称《暂行办法》)，并于5月1日起正式实施。至此，踟蹰十年之久的创业板终于破茧而出，进入实质操作阶段。

二、金融企业简介

金融企业是指执行业务需要取得金融监管部门授予的金融业务许可证的企业，包括执业需取得银行业务许可证的政策性银行、邮政储蓄银行、国有商业银行、股份制商业银行、信托投资公司、金融资产管理公司、金融租赁公司和财务公司等；执业需取得证券业务许可证的证券公司、期货公司和基金管理公司等；执业需取得保险业务许可证的各类保险公司等。

我国金融业在改革开放中不断发展壮大，已形成功能齐全、形式多样、分工协作、互为补充的多层次金融体系。其中，金融企业具体包括：

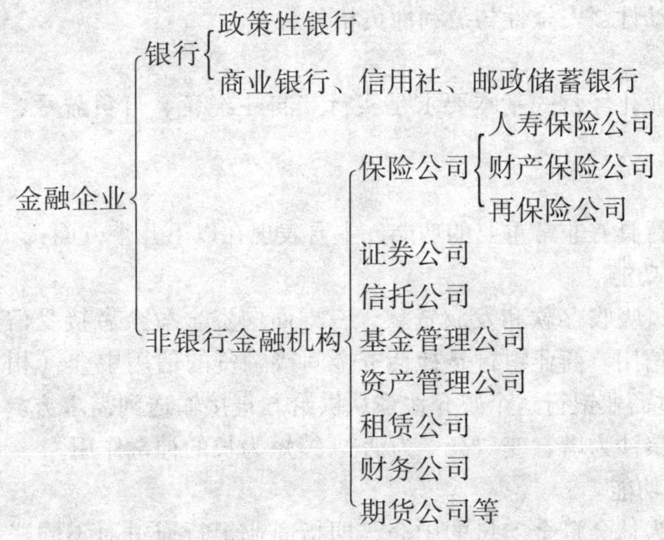

(一) 商业银行

商业银行是指依照《商业银行法》和《中华人民共和国公司法》设立的吸收公众存款、发放贷款、办理结算等业务的企业法人。

经营范围：

根据《商业银行法》第三条的规定，商业银行可以经营下列部分或者全部业务：

（1）吸收公众存款；

（2）发放短期、中期和长期贷款；

（3）办理国内外结算；

（4）办理票据承兑与贴现；

（5）发行金融债券；

（6）代理发行、代理兑付、承销政府债券；

（7）买卖政府债券、金融债券；

（8）从事同业拆借；

（9）买卖、代理买卖外汇；

（10）从事银行卡业务；

（11）提供信用证服务及担保；

（12）代理收付款项及代理保险业务；

（13）提供保管箱服务；

（14）经国务院银行业监督管理机构批准的其他业务。

经营原则：

商业银行以“安全性、流动性、盈利性”为经营原则。其中：

安全性：是指商业银行尽量避免经营风险、保证信贷资金安全的要求。

流动性：是指商业银行在资产无损失的状态下迅速变现的能力。

盈利性：是指商业银行获得利润的能力。

三性的关系表现为：流动性是前提；安全性是基础；盈利性是目标。流动性与安全性正相关；流动性、安全性与盈利性负相关。

经营要求：

商业银行商业化经营的基本要求是实行“自主经营、自负盈亏、自担风险、自我发展”。

功能：

现代商业银行具有非常重要的功能，主要表现在以下几个方面：

1. 信用中介功能

商业银行通过吸收存款和发放贷款，一方面向资金盈余者接受信用，另一方面向资金不敷者授予信用。商业银行是社会资金间接融资的信用中介（相对于市场直接中介），即资金经过商业银行这个媒介体系从供给方直接输送到需求方。商业银行的信用中介功能发挥着聚沙为塔、变“死”为活 、续短为长的神奇作用。

2. 支付中介功能

商业银行作为社会资金支付的中介，即指商业银行通过对不同账户间的存款的转移，代替客户对商品或劳务等进行支付结算。商业银行支付中介功能的发挥，不仅大大降低了流通中的现金使用、节省了流通费用、保证了资金的安全流转，而且还有利于加速社会资金周转，提高资金的使用效率。

3. 信用创造功能

信用创造功能即指一方面商业银行可以创造各种信用工具，如银行券、存款货币等；另一方面商业银行又可以创造信用量。在部分准备金制度和现金管理办法实施的条件下，银行发放的贷款可以转化为派生存款，从而可扩大货币供应量，扩大信贷规模。因此，商业银行具有区别于其他金融机构的基本特征——信用创造功能。

4. 风险承接功能

商业银行本身就是经营风险的行业。银行通过经营风险、管理风险获得收益。因此，一方面，风险是银行业务、流程当中客观存在的，银行不能回避风险，更不能消灭风险；另一方面，银行所经营的风险必须是可以控制的风险，即是说银行必须具备相应的风险管理能力，并获得和所承担风险相匹配的收益。

5. 金融服务功能

现代商业银行从属于服务业，并且因其配置资源的重要地位而居于服务业的高端领域。商业银行不仅经营传统的存、贷、汇业务，随着金融改革的深入和信息技术的发展，商业银行的各种创新业务应运而生。代理、担保、咨询、信托、项目评估、并购策划、风险管理、资金管理、投资银行业务、保险……使商业银行业务渗透到社会生活的每一个角落，其服务功能得到了极大的彰显。

（二）保险公司

保险公司，是指经保险监督管理机构批准设立，并依法登记注册的经营保险业务的企业法人。

1. 经营范围

根据《保险法》第九十五条，保险公司的业务范围：

（1）人身保险业务，包括人寿保险、健康保险、意外伤害保险等保险业务；

（2）财产保险业务，包括财产损失保险、责任保险、信用保险、保证保险等保险业务；

（3）国务院保险监督管理机构批准的与保险有关的其他业务。

保险人不得兼营人身保险业务和财产保险业务。但是，经营财产保险业务的保险公司经国务院保险监督管理机构批准，可以经营短期健康保险业务和意外伤害保险业务。

保险公司应当在国务院保险监督管理机构依法批准的业务范围内从事保险经营活动。

第九十六条　经国务院保险监督管理机构批准，保险公司可以经营本法第九十五条规定的保险业务的下列再保险业务：

（1）分出保险；

（2）分入保险。

2. 功能

作为一个商业互助行业，保险公司应力求发挥出保险本身所具备的经济补偿、资金融通和社会管理的功能。其中：

经济补偿功能即指保险被喻为经济的“助推器”。保险通过提供损失补偿，可以帮助受灾企业和群众尽快恢复正常的生产和生活秩序，保障经济稳定运行。

资金融通功能即指保险资金尤其是寿险资金具有长期性、稳定型和规模性的特点，可以为经济建设提供长期稳定的资金支持。保险公司通过对资本市场大量注入资金，可以大大提高资本的流动性，活跃资本市场，改善各种资本的结构和比例，实现金融资源在资本市场上的合理配置。

社会管理功能即指：其一，保险有利于增强公众的风险管理意识。其二，保险有利于防范和化解潜在风险，最大限度地降低损失发生的概率。其三，保险有利于减少社会摩擦，使社会关系更加和谐。

（三）证券公司

证券公司，是指依照公司法规定和经国务院证券监督管理机构审查批准的从事证券经营业务的有限责任公司或者股份有限公司，是连接证券市场和投资人的桥梁和纽带。

经营范围：

根据《中华人民共和国证券法》第一百二十五条 经国务院证券监督管理机构批准，证券公司可以经营下列部分或者全部业务：

（1）证券经纪；

（2）证券投资咨询；

（3）与证券交易、证券投资活动有关的财务顾问；

（4）证券承销与保荐；

（5）证券自营；

（6）证券资产管理；

（7）其他证券业务。（如：融资融券等业务等）

证券市场的功能：资源配置、推动经济结构调整、信息收集、企业监控和聚资。

证券公司的作用：作为证券市场最为重要的参与者与中介机构，证券公司在促进我国证券市场发展，提高证券市场运行效率，为投资者提供服务等方面发挥着极为重要的作用。

四、其他

信托公司是指依照《中华人民共和国公司法》和《信托公司管理办法》设立的主要经营信托业务的金融机构。

信托，就是信任委托，是指委托人（法人或自然人）基于对受托人（信托公司或信托银行等）的信任，将其财产权委托给受托人，由受托人按委托人的意愿以自己的名义，为受益人（即享受信托利益的人，可以是委托人或指定的其他人）的利益或者特定目的，进行管理或者处分的行为，体现出“受人之托，代人理财”的实质。

信托业务是指信托公司以营业和收取报酬为目的，以受托人身份承诺信托和处理信托事务的经营行为。

基金管理公司是指依据法律、法规和基金契约对基金发起设立与经营管理的专业性金融机构。基金的发展经历了从封闭式基金到封闭式和开放式基金共存两个阶段。随着金融市场的成熟与金融自由化的深入，开放式基金将成为我国基金业发展的主流。

租赁公司是指从事租赁业务的金融企业。按照租赁业务的性质划分，租赁业务分为融资租赁和经营性租赁两种。

期货公司是指专门从事期货经营的金融企业。

财务公司是指以加强企业集团资金集中管理和提高企业集团资金使用效率为目的，为企业集团成员单位提供财务管理服务的非银行金融机构。

货币经纪公司是指承担为金融机构媒介金融产品、提供交易信息、促进交易达成的金融中介服务的微观主体。

汽车金融公司是指经中国银行业监督管理委员会批准设立的，为中国境内的企业购买者及销售者提供金融服务的非银行金融机构。

汇金公司是经国务院批准组建的国有独资投资公司。汇金公司的职能定位是代表国家对国有大型金融企业行使出资人的权利和义务、维护金融稳定、防范和化解金融风险、高效运用外汇储备、对外汇储备保值增值负责。

以上金融企业分别由银监会（监管商业银行、农信社、信托公司、资产管理公司、租赁公司和财务公司等）、证监会（监管证券公司、基金管理公司和期货公司）和保监会（监管保险公司）监督和管理。

在国际上有巴塞尔银行监管委员会（BCBS）、国际证监会组织（IOSCO）和国际保险监督官协会（LAIS）三个重要的监管组织。

第二节 金融企业会计及其业务

一、对金融企业会计的认识

通过前面对金融企业的了解，我们可以归纳出主要由金融企业构成的金融体系是社会资金配置的核心场所，其最主要的功能就是为各类投资者和融资主体提供投资对象和融资服务；其基本特点就是服务于经济发展需要、服务于社会的各种投融资需求和风险管理。

会计通常被称为商业语言，是企业与其交易对象及资金提供者等利益团体之间进行交流与沟通的桥梁。会计又被视为是一种信息系统，企业就是通过这个信息系统，向企业管理当局及与企业有利害关系的各种外部集团或个人提供对其经营、治理、投资、信贷等决策有用的信息。

金融企业会计是一门特殊的专业会计，是把会计学的基本原理和基本方法运用到金融这一特定领域的专业会计。具体说，金融企业会计是以货币为计量单位，运用会计的基本理论、采用会计的专门方法，对金融企业的经营活动进行全面、连续、系统和准确及时的核算和监督，为金融企业经营管理者和各方信息使用者提供对决策有用的财务信息并反映金融企业管理层受托责任履行情况的一门专业会计。

商业银行、保险公司、证券公司是金融企业的三大主体，其会计各具特色。

（一）银行会计的特点

（1）会计要素的特殊性表现：货币性资产多，实物性资产少，无存货；贷款是主体；主动性负债少，被动性负债多，吸收存款是主体；所有者权益有一般准备项目；收入（费用）以资金价格收入（支出）、提供金融服务收入（支出）为主。此外，汇兑损益突出。

（2）从会计性质上看，银行会计既是微观会计，又是宏观会计。

（3）整个会计处理工作“政策性”较强，而且特别重视防范操作风险。

（4）会计方法有其特殊性：银行会计核算方法分为基本核算方法和各项业务的核算手续两大部分。基本核算方法是各项业务的核算手续的概括；各项业务的核算手续是基本核算方法在各项业务核算中的具体运用。而银行会计基本核算方法主要包括：设置会计科目、确定记账方法、审查和填制会计凭证、登记账簿、账务组织和编制会计报表。其中：会计科目数量较多、且有表内和表外会计科目之分。资产负债表内业务运用的是借贷复式记账方法，资产负债表外业务运用的是单式记账方法。会计凭证可以采用单式会计凭证，外来特定凭证多，而且可以以合格的原始凭证登记入账。登记账簿的特殊性表现在分户账有甲、乙、丙、丁四种类型，且要求逐笔登记，逐笔结出余额；总账要求至少每日登记，每日结余。账务组织是明细核算系统和综合核算系统同时进行双线核算，非常强调账务核对。会计报表的对内报表种类较多。

（二）保险会计的特点

（1）会计要素的特殊性表现：资产没有“存货”项目，投资资产比重大，有保户质押贷款；负债占总资产的比例较高，且主要由保单负债（各种准备金）构成，其负债具有不确定性，需要估算得出；所有者权益有总准备金项目，且强调所有者权益在保证保险公司偿付能力中的重要性；收入的主要来源是保费收入和投资收益，而且保险收入先于保险成本发生；费用主要包括保单取得成本、赔付成本、提取的各种准备金和营业费用，且保险成本具有估算性；保险企业的利润由承保利润与投资利润组成，保险企业的利润具有估算性。

（2）会计行为规范具有二重性。

保险业务核算要同时遵循公认会计原则和保险业法定会计原则。其中，遵循公认会计原则是保证对外披露信息的公允、真实和可比，其反映了保险公司的期间会计利润和资产负债表编报日的财务状况，以满足信息使用者决策的需要。遵循保险业法定会计原则（又称监管会计原则），主要是服务于保险监管要求，为保证保单持有人利益而监控保险公司偿付能力的需要。

（3）各种责任准备金是保险公司的特有的负债。

保险合同成立并生效后，保险公司即负有合同约定的保险责任，具有在被保险人发生保险事故或在规定年龄的情况下，向保险受益人提供赔偿或给付的义务，在向保险受益人支付赔偿或给付之前，这项内容实质上构成了保险公司的一项负债。由于保费通常是在被保险人发生保险事故之前收取，而赔偿或给付是在发生保险事故之后。为了保证未来赔偿或给付有充足的资金来源，保险公事需要确认这项负债，同时将计提数计入当期损益。其中，原保险合同准备金包括未到期责任准备金、未决赔款准备金、寿险责任准备金和长期健康险责任准备金。

（4）保险资产与保险负债的会计计量基础不同，且会计计量还需要运用保险精算技术。

目前，在我国保险企业，保险资产的计量主要采用历史成本等；而以各种责任准备金为主的保险负债，其计量主要采用未来现金贴现值计价基础。而且，在负债的估计中运用精算技术。保险精算的结果直接影响资产负债表披露的负债金额和损益表中列示的准备金的提取金额，对保险企业的财务状况和经营成果有决定性影响。在完整的会计信息披露体系中保险精算方面的信息以及独立精算师的报告是其不可缺少的内容。

（5）年度决算的重点是估算负债。

保险公司的会计年度与保险年度在多数情况下是处于分离的状态，这种分离决定了保险公司会计年度核算的以当年收入扣除当年赔款的余额并非是保险公司的利润，而是包含了保险公司应有的责任准备基金。

CAS25《原保险合同》第十一条 保险人应当在资产负债表日，按照保险精算重新计算确定的未到期责任准备金金额与已提取的未到期责任准备金余额的差额，调整未到期责任准备金余额。第十四条 保险人至少应于每年年终，对未决赔款准备金、寿险责任准备金、长期健康险责任准备金进行充足性测试。

保险人按照保险精算重新计算确定的未决赔款准备金、寿险责任准备金、长期健康险责任准备金金额超过充足性测试日已提取的相关准备金余额的差额，应当按照其差额补提相关准备金。准备金余额若小于充足性测试日已提取的相关准备金余额的，不调整相关准备金。

（三）证券会计特点

（1）会计要素的特殊性表现：资产主要是有价证券，价值变化频繁；负债有“融券业务”产生的交易性金融负债以及代理业务形成的临时性负债等；所有者权益有一般风险准备金项目；收入（费用）以手续费及佣金收入（支出）为主；收入（费用）受系统性风险影响较大，“公允价值变动损益”突出；利润受系统性风险影响，出现损失的几率较大。

（2）证券会计业务针对性较强。

一笔证券业务涉及证券公司、证券交易所、证券登记结算机构的核算，各主体的经营范围不同，具体设置和运用的会计科目既有联系，也有区别。如：结算备付金，对证券公司是资产，但对证券登记结算机构吸收结算备付金却形成了其负债。各单位具体业务处理也有所差异，如对风险准备金的计提：证券公司从每年的税后利润中提取一般风险准备金，用于弥补证券交易的损失。证券交易所应当从其收取的交易费用和会员费、席位费中提取一定比例的金额设立风险基金。证券登记结算机构应当从业务收入和收益中提取或由证券公司交纳证券结算互保金以用于因违约交收、技术故障、操作失误、不可抗力造成的证券登记结算机构损失的弥补。

因此，证券业务的会计核算对证券公司、证券交易所和证券登记结算机构的针对性较强。本书是站在证券公司会计主体立场上讲授证券业会计核算。

（3）实施客户保证金第三方存管制度，而且结算有其独特性。

“第三方存管”是指证券公司将客户证券交易结算资金交由银行存管，客户证券交易结算资金的存取、管理由存管银行负责。在实施第三方存管制度前，投资者必须将交易结算资金存入证券公司，然后以证券公司的名义存入商业银行，这就为证券公司挪用资金打开了方便之门。第三方存管制度实施后，投资者证券账户在证券公司开立和管理，日常交易活动仍在所开户的证券公司营业部进行。但是客户交易结算资金账户须以投资者自己的名义在存管银行开立，由存管银行进行管理、核算，投资者资金转账和存取全部通过存管银行办理。

这里所指结算是指清算和交收。清算，是指按照确定的规则计算证券和资金的应收应付数额的行为。交收，是指根据确定的清算结果，通过转移证券和资金履行相关债权债务的行为。

整个证券的登记结算业务采取全国集中统一的运营方式，由证券登记结算机构依法集中统一办理。而且，证券和资金结算实行分级结算原则。证券登记结算机构负责办理证券登记结算机构与结算参与人之间的集中清算交收；结算参与人负责办理结算参与人与客户之间的清算交收。

证券公司在证券登记结算机构开立的结算备付金账户、在存管银行开立的客户交易结算资金存管专户以及投资者以自己名义在商业银行开立的交易结算资金账户均由存管银行进行管理，存管银行后台稽核系统在三者之间建立了严密的钩稽关系，证券公司与证券登记结算机构、证券公司与投资者之间的资金交收也都由存管银行代为完成。

二、金融企业会计业务

根据《商业银行法》规定的商业银行的业务范围，银行会计确认、计量、记录和报告的主要业务包括：存款业务、贷款业务、中间业务、银行间往来业务、银行间清算业务、外汇业务等。

根据《保险法》规定的保险公司的业务范围，保险会计确认、计量、记录和报告的主要业务包括：寿险原保险合同业务和非寿险原保险合同业务以及再保险合同业务。具体说在原保险合同下有保费收入业务、退保费业务、准备金确认与充足性测试业务和保险成本核算业务等；在再保险合同下包括再保险合同分入业务和再保险合同分出业务。

根据《证券法》规定的证券公司的业务范围，证券会计确认、计量、记录和报告的主要业务包括：证券经纪业务、证券承销业务和证券自营业务等。

第三节 金融企业会计要素

会计要素是根据交易或事项的经济特征所确定的财务会计对象的基本分类。基本准则规定，会计要素按照其性质分为资产、负债和所有者权益，收入、费用和利润。其中，资产、负债、所有者权益要素侧重反映企业的财务状况；收入、费用和利润要素侧重反映企业的经营成果。金融企业会计要素的定义及其确认条件遵循会计基本原理。

一、金融企业会计的基本要素

（一）银行会计的基本要素

银行资产：现金及存放中央银行款项、存放同业款项、贵金属、拆出资金、交易性金融资产、衍生金融资产、买入返售金融资产、应收利息、发放贷款及垫款、可供出售金融资产、持有至到期投资、长期股权投资、投资性房地产、固定资产、无形资产、递延所得税资产、其他资产等。

银行负债：向中央银行借款、同业及其他金融机构存放款项、拆入资金、交易性金融负债、衍生金融负债、卖出回购金融资产款、吸收存款、应付职工薪酬、应交税费、应付利息、预计负债、应付债券、递延所得税负债、其他负债等。

银行所有者权益：实收资本、盈余公积、资本公积、未分配利润和一般准备。

银行收入：利息收入、手续费及佣金收入、投资收益（+）、汇兑收益（+）、公允价值变动损益（+）、其他业务收入等。

银行费用：利息支出、手续费及佣金支出、投资收益（-）、汇兑收益（-）、公允价值变动损益（-）、业务及管理费、营业税金及附加、资产减值损失、其他业务成本、所得税费用等。

其中：买入返售金融资产是指企业（金融）按返售协议约定先买入再按固定价格返售的票据、证券、贷款等金融资产所融出的资金。

卖出回购金融资产款是指企业（金融）按回购协议卖出票据、证券、贷款等金融资产所融入的资金。

一般准备是指商业银行按照一定比例从净利润中提取的、用于弥补尚未识别的可能性损失的准备金。

利息收入是指银行业发放各项贷款（银团贷款、贴现贷款、银行卡透支等等）而取得的利息收入；与其他金融机构（中央银行、同业等）之间发生资金往来业务而取得的利息收入。

手续费及佣金收入是指银行在为他人办理结算业务、代理融通、代理发行国债、担保业务、咨询服务、代保管业务、委托贷款及办理其他各类金融服务业务的过程中获得的收入。

汇兑收益是指银行在从事外汇交易、外币兑换业务中，因不同期限、不同货币之间，以及国际之间的利率、汇率水平的差异而获得的收入。即已经收入的外币资金在使用时，或已经发生的外币债权、外币债务在偿还时，由于期末汇率与记账汇率的不同而发生的折合为记账本位币的差额。

其他业务收入是指银行除存款、贷款、投资、证券买卖、代理业务，以及金融企业往来等业务所取得的收入以外的其他营业收入。如无形资产使用权转让收入、金银买卖收入等。

公允价值变动损益是指企业交易性金融资产、交易性金融负债，以及采用公允价值模式计量的投资性房地产、衍生工具、套期保值业务等公允价值变动形成的应计入当期损益的利得或损失。

（二）保险会计的基本要素

保险公司的资产：货币资金、拆出资金、交易性金融资产、买入返售金融资产、应收利息、应收保费、应收代位追偿款、应收分保账款、应收分保未到期责任准备金、应收分保未决赔款准备金、应收分保寿险责任准备金、应收分保长期健康险责任准备金、保户质押贷款、定期存款、可供出售金融资产、持有至到期投资、长期股权投资、存出资本保证金、投资性房地产、固定资产、无形资产、独立账户资产、递延所得税资产、其他资产等。

保险公司的负债：短期借款、拆入资金、交易性金融负债、卖出回购金融资产款、预收保费、应付手续费及佣金、应付分保账款、应付职工薪酬、应交税费、应付赔付款、应付保单红利、保户储金及投资款、未到期责任准备金、未决赔款准备金、寿险责任准备金、长期健康险责任准备金、长期借款、应付债券、独立账户负债、递延所得税负债、其他负债等。

保险公司的所有者权益：实收资本、盈余公积、资本公积、未分配利润和总准备金。

保险公司的收入：保费收入、分保费收入、摊回赔付支出、摊回分保费用、摊回保险责任准备金、投资收益（+）、汇兑收益（+）、公允价值变动损益（+）、其他业务收入等。

保险公司的费用：退保金、赔付支出、提取未到期责任准备金、提取保险责任准备金、分出保费、保单红利支出、分保费用、手续费及佣金支出、投资收益（-）、汇兑收益（-）、公允价值变动损益（-）、业务及管理费、营业税金及附加、资产减值损失、其他业务成本、所得税费用等。

其中：应收代位追偿款，是指企业按照原保险合同约定承担赔付保险金责任后确认的代位追偿款。

存出资本保证金，是指保险公司按规定比例缴存的、用于清算时清偿债务的保证金。

保户储金及投资款，是指收到投保人以储金本金增值作为保费收入的储金。

未决赔款准备金，是指保险人为非寿险保险事故已发生尚未结案的赔案提取的准备金。未决赔款准备金包括已发生已报案未决赔款准备金、已发生未报案未决赔款准备金和理赔费用准备金。

未到期责任准备金，是指保险人为尚未终止的非寿险保险责任提取的准备金。

寿险责任准备金，是指保险人为尚未终止的人寿保险责任提取的准备金。

长期健康险责任准备金，是指保险人为尚未终止的长期健康保险责任提取的准备金。

总准备金，是指保险公司从净利润中按一定比例提取的并逐年积累，用以应付巨大赔款时弥补损失的资金。

摊回赔付支出：指再保险分出公司向分入公司（保险接受人）摊回的赔付成本。

赔付支出：包括赔款支出、死伤医疗给付、满期给付、年金给付、分保赔付支出。

（三）证券会计的基本要素

证券公司的资产：货币资金、结算备付金、拆出资金、交易性金融资产、买入返售金融资产、应收利息、存出保证金、可供出售金融资产、持有至到期投资、长期股权投资、投资性房地产、固定资产、无形资产、递延所得税资产、代理兑付证券、其他资产等。

证券公司的负债：短期借款、拆入资金、交易性金融负债、卖出回购金融资产款、代理买卖证券款、代理承销证券款、应付职工薪酬、应交税费、应付利息、预计负债、应付债券、递延所得税负债、其他负债等。

证券公司的所有者权益：实收资本、盈余公积、资本公积、未分配利润和一般风险准备金。

证券公司的收入：利息收入、手续费及佣金收入、投资收益（+）、汇兑收益（+）、公允价值变动损益（+）、其他业务收入等。

证券公司的费用：利息支出、手续费及佣金支出、投资收益（-）、汇兑收益（-）、公允价值变动损益（-）、业务及管理费、营业税金及附加、资产减值损失、其他业务成本、所得税费用等。

其中：结算备付金，是指证券公司为证券交易的资金清算与交收而存入指定清算代理机构的款项。

存出保证金，指证券公司因办理业务需要存出或交纳的各种保证金款项。

代理兑付证券，是指证券公司接受客户委托代理兑付到期的证券。

代理买卖证券款，是指证券公司接受客户委托，代理买卖股票、债券和基金等有价证券而收到的款项。

代理承销证券款，是指证券公司接受委托采用余额承购包销方式或代销方式承销证券所形成的应付证券发行人的承销资金。

一般风险准备金，是指证券公司从净利润中提取的并逐年积累，用以弥补亏损的资金。

利润，是指企业在一定期间的经营成果，是衡量企业经营业绩的重要指标。利润应当包括营业利润、投资损益、利得和损失等。

利得是指除收入和直接计入所有者权益项目外的经济利益的净流入。

损失是指除费用和直接计入所有者权益项目外的经济利益的净流出。

利润的金额取决于收入与费用、利得与损失金额的计量。它是金融企业一定期间的经营成果，是收入和费用配比的结果。

二、会计要素的计量属性

计量，是指在已确认经济事项应记录于会计报告体系后，运用特定的计量单位，选择合理计量属性，确定所涉及会计要素具体金额的过程。包括初始计量和后续计量。计量单位包括名义货币单位和不变购买力货币单位两种。计量属性是指赋予某一会计要素计量的特性，其是会计要素金额确定的基础。目前，除极少数币值急剧变动的国家和地区外，将计量单位确定为本国（本地区）的名义货币已成为会计理论和实务界的共识；而计量属性的复杂性和多样化，则使之在会计核算过程中的选择和运用尚存在一定分歧。2007 年 1 月 1 日开始实施的新准则中，财政部明确规定会计计量属性包括历史成本、重置成本、可变现净值、现值和公允价值五种。

（1）历史成本，又称为实际成本，是指取得或制造某项资产时实际支付的现金或其他等价物。在历史成本计量下，资产按照购置时支付的现金或者现金等价物的金额，或者按照购置资产时所付出的对价的公允价值计量。负债按照因承担现时义务而实际收到的款项或者资产的金额，或者承担现时义务的合同金额、或者按照日常活动中为偿还负债预期需要支付的现金或者现金等价物的金额计量。

（2）重置成本，又称为现行成本，是指按照当前市场条件，重新取得同样一项资产所需支付的现金或现金等价物金额。在重置成本计量下，资产按照现在购买相同或者相似资产所需支付的现金或者现金等价物的金额计量。负债按照现在偿付该项债务所需支付的现金或者现金等价物的金额计量。

（3）可变现净值，是指在正常生产经营过程中，以预计售价减去进一步加工成本和预计销售费用以及相关税费后的净额。在可变现净值计量下、资产按照其正常对外销售所能收到现金或者现金等价物的金额扣减该资产至完工时估计将要发生的成本、估计的销售费用以及相关税费后的金额计量。

（4）现值，是指对未来现金流量以适当的折现率进行折现后的价值。在现值计量下，资产按照预计从其持续使用和最终处置中所产生的未来净现金流入量的折现金额计量。负债按照预计期限内需要偿还的未来净现金流出量的折现金额计量。

（5）公允价值，是指当前公平交易中，熟悉情况的交易双方自愿进行资产交换或者债务清偿的金额。在公允价值计量下，资产和负债按照在公平交易中，熟悉情况的交易双方自愿进行资产交换或者债务清偿的金额计量。即：①存在活跃市场的金融资产或金融负债，活跃市场中的报价应当用于确定其公允价值。其中，企业已持有的金融资产或拟承担的金融负债的报价，应当是现行购买价（即买方出价）；企业拟购入的金融资产或已承担的金融负债的报价，应当是现行卖出价（即卖方要价）。②不存在活跃市场的金融资产和金融负债，首先参考类似项目市价确定其公允价值。③不存在活跃市场的金融资产和金融负债，也不能参考类似项目市价确定其公允价值的，企业应当采用估值技术确定其公允价值。估值技术包括参考熟悉情况并自愿交易的各方最近进行的市场交易中使用的价格、参照实质上相同的其他金融工具的当前公允价值、现金流量折现法和期权定价模型等。

五种计量属性在考虑了时态因素的情况下，可以分为历史价值和现时价值两类。其中，历史成本可归为历史价值计量，其他四种计量属性则都属于现时价值计量，如重置成本指现在购买资产或偿付债务所需支付的现金或现金等价物金额，公允价值指当前公平交易中，熟悉情况的交易双方自愿进行资产交换或者债务清偿的金额，这两种计量属性直接包含了现时价值的概念；可变现净值以资产未来销售将收到的现金或现金等价物金额扣减至资产完工时预计发生的成本、费用和相关税费计量，现值则以资产或负债未来现金净流量的折现金额计量。尽管这两种计量属性均考虑了会计要素的未来价值，但都通过抵减或折现等方式予以变换，因而亦可归属为现时价值的范畴。①

值得一提的是，在四种现时价值计量属性中，公允价值较为特殊，属于一种复合或综合性的计量属性。其他三种现时计量属性相互之间非此即彼、相互排斥，而公允价值则包容了其他计量属性，在特定情况下，以公允价值计量的结果很可能是其他三种计量之一。确定公允价值时，首选存在活跃市场的资产市价；其次以存在活跃市场的类似资产市价为准；若两者都不存在，则以资产未来现金流量的折现值评估确定。

公允价值是人们对未来不确定性所达成地共识，公允价值反映了市场在考虑了利率、风险因素后对未来净现金流量现值的估计。公允价值计量使会计记录由静态转化为动态，最大优势在于它能及时反映因市场风险所产生的利得和损失以及因信用质量发生变动所产生的影响，能更加真实、客观、公允地反映金融企业的财务状况和经营成果。而且还能够充分反映管理者的风险管理能力，从而有利于投资者作出更加理性的决策。

本章小结：

金融企业是指执行业务需要取得金融监管部门授予的金融业务许可证的企业，包括执业需取得银行业务许可证的政策性银行、邮政储蓄银行、国有商业银行、股份制商业银行、信托投资公司、金融资产管理公司、金融租赁公司和财务公司等；执业需取得证券业务许可证的证券公司、期货公司和基金管理公司等；执业需取得保险业务许可证的各类保险公司等。我国的金融企业分为银行和非银行金融机构。其中，银行、保险、证券等金融企业以不同的经营范围和功能在我国的社会经济中发挥着重要的作用。

金融企业会计是一门特殊的专业会计，是把会计学的基本原理和基本方法运用到金融这一特定领域的专业会计。具体说，金融企业会计是以货币为计量单位，运用会计的基本理论、采用会计的专门方法，对金融企业的经营活动进行全面、连续、系统

① 王鲁兵. 关于新会计准则计量属性的认识与选择. 金融会计，2007（11）.

和准确及时的核算和监督，为金融企业经营管理者和各方信息使用者提供对决策有用的财务信息并反映金融企业管理层受托责任履行情况的一门专业会计。银行业会计在会计要素、会计性质、会计方法等方面具有特殊性。保险业会计在会计要素、会计规范、保险资产与保险负债的会计计量、年度决算工作重点等方面具有特色。而证券业会计在会计要素、会计业务针对性、资金结算制度等方面也具有自己的特性。

为了对此课程体系的设计有所理解和总体把握，根据“三大”金融法规的要求，我们指出了银行业、保险业和证券业的会计核算的业务内容。即：银行会计的主要业务包括了存款业务、贷款业务、中间业务、银行间往来业务、银行间清算业务和外汇业务等。保险公司的主要业务包括了寿险原保险合同业务和非寿险原保险合同业务以及再保险合同业务。具体在原保险合同下有保费收入业务、退保费业务、准备金确认与充足性测试业务和保险成本的会计核算业务；在再保险合同下包括再保险合同分入业务和再保险合同分出业务两部分内容。证券公司的主要业务包括了证券经纪业务、证券承销业务和证券自营业务等。

最后，本章重点介绍了三大金融主体的会计基本要素，并对重要要素项目加以了具体说明，这为确立会计科目，设置和运用会计账户打下了基础。针对新准则下会计计量属性的变化，我们对会计计量属性的内涵、种类及其关系加以了概略地介绍。

复习思考题：

1. 什么是商业银行的“三性”原则？其关系如何？
2. 什么是商业银行会计？
3. 保险会计的特点是什么？
4. 请列举出“三大”金融主体的资产项目和负债项目各五项。
5. 你如何认识公允价值计量属性？

第二章　银行存款业务的核算

本章提要：本章共有三节内容。第一节，存款业务核算概述。介绍存款业务核算的要求、存款账户的种类、管理等内容，重点要求掌握人民币结算账户的种类。第二节，对公存款业务的核算。这是本章学习的重点，应全面掌握。介绍了单位活期存款和单位定期存款的存、取的账务处理及计息的基本方法。第三节，储蓄存款业务核算。也是本章学习的重点，应全面掌握。介绍了储蓄存款业务活期、定期、定活两便等存、取的账务处理及计息的基本方法。

第一节　存款业务核算概述

一、存款的意义和种类

（一）存款的意义

存款系指经国务院银行业监督管理机构批准的金融机构，以信用方式吸收的单位和居民个人的暂时闲置和待用的货币资金。

存款是商业银行负债的重要组成部分，是商业银行主要的信贷资金来源，是发放和扩大贷款规模的前提条件。商业银行通过吸收存款取得充足的信贷资金，并投入社会再生产过程，一方面能够满足国民经济各部门的资金需要，在市场经济中发挥应有的金融杠杆作用。另一方面可获得存放款的利息差额带来的收入，形成银行利润，保证商业银行持续、稳定的经营和不断的发展壮大。

存款业务系指经国务院银行业监督管理机构批准的金融机构，以信用方式吸收社会闲散资金的活动。

（二）存款的种类

商业银行为了更好地组织和管理存款，依据存款的对象、存款期限与支取方式、存款的缴存范围和存款的币种对存款进行了不同类别的划分。

1. 按存款的对象分类

按存款的对象不同可分为单位存款和居民个人储蓄存款。单位存款属于公款，是社会有关部门、单位闲置待用的资金，具体包括各类企业、事业、机关、学校、部队和社会团体等单位的暂时闲置资金形成的存款。储蓄存款属于私款，是城乡居民个人生活结余或持有的资金形成的存款，存款人以自然人名义存入银行。

2. 按存款期限与支取方式分类

按存款期限与支取方式不同可分为活期存款、定期存款、定活两便存款、通知存款。

活期存款是存入时不约定存期，可以随时存取，按结息期计算利息的存款，主要包括单位活期存款和活期储蓄存款。定期存款是在存入时约定存期，到期才能支取本息的存款，包括单位定期存款和定期储蓄存款，如整存整取、零存整取、整存零取、存本取息等。定活两便存款是存入时不约定存期，存款人可以随时支取，支取时按相同档次定期存款利率打一定折扣计算存款利息的一种存款。通知存款是存款人在存入款项时不约定存期，支取时需提前通知金融机构，约定支取日期和金额方能支取的存款。

3. 按存款的缴存范围分类

存款按缴存范围划分，可分为一般性存款和财政性存款。

一般性存款是指银行吸收的各企事业单位、机关团体、部队和居民个人存入的，并可由其自行支配的资金形成的存款。财政性存款是指商业银行经办的各级财政拨入的预算资金、应交上级财政的各项资金以及财政安排的专项资金形成的存款。

4. 按存款的币种分类

存款按币种划分，可分为人民币存款和外币存款。

人民币存款是指单位或个人以人民币存入形成的存款。外币存款是指单位或个人以外币存入形成的存款。目前，我国商业银行开设了港币、美元、欧元、日元、英镑、澳大利亚元等外币存款业务。

此外，目前商业银行还开办了单位协定存款、集团账户存款、保险公司协议存款等。

二、存款账户的开立

存款账户是各经济单位和个人通过商业银行办理信贷、结算和现金收付业务所必需的工具。银行对每一个与其发生资金往来的存款单位和个人都必须按规定开立相应的存款账户。

存款账户包括人民币银行结算账户、外币存款账户、个人储蓄账户和单位定期存款账户。其中：人民币银行结算账户的开立和使用应遵守中国人民银行制定的《人民币银行结算账户管理办法》；外币存款账户的开立和使用应遵守国家外汇管理局的《境内外汇账户管理规定》；个人储蓄账户的开立和使用应遵守《储蓄管理条例》；单位定期存款账户的开立和使用应遵守《人民币单位存款管理办法》。

为规范人民币结算账户的开立和使用，维护经济金融秩序稳定，中国人民银行制定和颁布了《人民币银行结算账户管理办法》。该办法对银行结算账户开立、使用、变更与撤销及管理方面作了详细规定。以下着重说明人民币银行结算账户的开户和使用。

（一）人民币银行结算账户的概念

人民币银行结算账户是指银行为存款人开立的用于办理现金存取、转账结算等资金收付活动的人民币活期存款账户。它是存款人办理存、贷款和资金收付活动的基础。按照存款人的不同，可分为单位银行结算账户和个人银行结算账户。

单位银行结算账户，是指存款人以单位名称开立的银行结算账户。个体工商户凭营业执照以字号或经营者姓名开立的银行结算账户纳入单位银行结算账户管理。

个人银行结算账户是指存款人凭个人身份证件，以自然人名称开立的银行结算账户。个人因使用借记卡、贷记卡而在银行或邮政储蓄机构开立的银行结算账户，纳入个人银行结算账户管理。

（二）人民币银行结算账户的种类

人民币银行结算账户包括单位银行结算账户和个人银行结算账户。

1. 单位银行结算账户

单位银行结算账户按用途分为基本存款账户、一般存款账户、专用存款账户和临时存款账户。

基本存款账户，是指存款人在银行开立的，用于办理日常经营活动的资金收付及其工资、奖金和现金支取的账户。基本存款账户是存款人在银行的主办账户。存款人只能在一家银行开设一个基本存款账户。

一般存款账户，是指存款人在基本存款账户开户银行以外的银行营业机构开立的银行结算账户，其主要用于办理存款人借款转存、借款归还和其他结算的资金收付。该账户可以办理现金缴存，但不得办理现金支取。

专用存款账户，是指存款人按照法律、行政法规和规章，对其特定用途资金进行专项管理和使用而开立的银行结算账户。如财政预算外资金、粮棉油收购资金、基本建设资金、更新改造资金、社会保障资金等，可申请开立专用存款账户，其只能专款专用。

临时存款账户，是指存款人因设立临时机构、异地临时经营活动或注册验资的需要在规定期限内使用而开立的银行结算账户。它与基本存款账户的主要区别在于时间。临时存款账户的有效期最长不得超过两年。

2. 个人银行结算账户

个人银行结算账户是指自然人因投资、消费、结算等而开立的可办理支付结算业务的银行结算账户。通常下列情况可以申请开立个人银行结算账户：①使用支票、信用卡等信用支付工具的；②办理汇兑、定期借记、定期贷记、借记卡等结算业务的。自然人可以根据需要申请开立个人银行结算账户，也可以在已开立的储蓄账户中选择并向开户银行申请确认为个人银行结算账户。

通常单位银行结算账户的存款人是指企业法人，非法人企业，机关、事业单位，团级（含团级）以上军队、武警部队及分散执勤的支（分）队，社会团体，民办非企业组织，异地常设机构，外国驻华机构，个体工商户，居民委员会、村民委员会及社区委员会，单位设立的独立核算的附属机构及其他组织。个人银行结算账户的存款人是指自然人。

（三）人民币银行结算账户的开立

1. 单位银行结算账户的开立

存款人开立基本存款账户、临时存款账户和预算单位开立专用存款账户实行核准制，经中国人民银行核准后，由开户银行核发开户登记证。但存款人因注册验资需要开立的临时存款账户除外。存款人申请开立银行结算账户时，向银行提交开户申请书，并提供规定的证明文件。

申请人开立基本存款账户时，应向银行出具下列证明文件：

（1）企业法人，应出具企业法人营业执照正本。

（2）非企业法人，应出具企业营业执照正本。

（3）机关和实行预算管理的事业单位，应出具政府人事部门或编制委员会批文或登记证书和财政部门同意其开户的证明；非预算管理的事业单位，应出具政府人事部门或编制委员会批文或登记证书。

（4）军队、武警团级（含）以上单位以及分散执勤的支（分）队，应出具军队军级以上单位财务部门、武警总队财务部门的开户证明。

（5）社会团体，应出具社会团体登记证书，宗教组织还应出具宗教事务管理部门的批文或证明。

（6）民办非企业组织，应出具民办非企业登记证书。

（7）外地常设机构，应出具其驻地政府主管部门的批文。

（8）外国驻华机构，应出具国家有关主管部门的批文或证明，外资企业驻华代表处、办事处应出具国家登记机关颁发的登记证。

（9）个体工商户，应出具个体工商户营业执照正本。

（10）居民委员会、村民委员会、社区委员会，应出具其主管部门的批文或证明。

（11）独立核算的附属机构，应出具其主管部门的基本存款账户开户登记证和批文。

（12）其他组织，应出具政府主管部门的批文或证明。

对存款人为从事生产、经营活动纳税人的，还应出具税务部门颁发的税务登记证。

申请开立一般存款账户时，应向开户银行出具其开立基本存款账户规定的证明文件、基本存款账户开户登记证和下列证明文件：

（1）存款人因向银行借款需要，应出具借款合同。

（2）存款人因其他结算需要，应出具有关证明。

申请开立临时存款账户时，存款人应向银行出具下列证明文件：

（1）临时机构，应出具其驻在地主管部门同意设立临时机构的批文。

（2）异地建筑施工及安装单位，应出具其营业执照正本或其隶属单位的营业执照正本，以及施工及安装地建设主管部门核发的许可证或建筑施工及安装合同以及基本存款账户开户登记证。

（3）异地从事临时经营活动的单位，应出具其营业执照正本以及临时经营地工商行政管理部门的批文。

（4）注册验资资金，应出具工商行政管理部门核发的企业名称预先核准通知书或有关部门的批文以及基本存款账户开户登记证。

申请开立专用存款账户时，存款人应向银行出具其开立基本存款账户规定的证明文件、基本存款账户开户登记证和相关证明文件。

银行在收到存款人提交的开户申请书、印鉴卡片及有关证明文件后，应对开户申请书填写的事项和证明文件的真实性、完整性、合规性进行认真审查。开户申请书填写的事项齐全，符合开立基本存款账户、临时存款账户、预算单位专用存款账户条件的，银行应将存款人的开户申请书、相关证明文件和银行审核意见等开户资料报送中国人民银行当地分支行，经其核准后办理开户手续。符合开立一般存款账户和其他专用存款账户条件的，银行应办理开户手续，并于开户之日起5个工作日内向中国人民银行当地分支行备案。

存款人开立单位银行结算账户，自正式开立之日起3个工作日后，方可办理付款业务，但注册验资的临时存款账户转为基本存款账户和因借款转存而开立的一般存款账户除外。

2. 个人银行结算账户的开立

申请开立个人银行结算账户，应向银行出具存款人的身份证明文件，包括居民身份证或临时身份证、军人身份证件、武警身份证件、港澳居民往来内地通行证、台湾居民来往大陆通行证或者其他有效旅行证件，外国公民应出具护照以及法律、法规和国家有关文件规定的其他有效证件。

银行为个人开立银行结算账户时，根据需要，还可以要求申请人出具户口簿、驾驶执照、护照等有效证件。

符合个人银行结算账户条件的，银行应办理开户手续，并于开户之日起5个工作日内向中国人民银行当地分行备案。

3. 存款人应遵守的开户要求

（1）一个单位只能选择一家银行的一个营业机构开立一个基本存款账户，不允许在多家银行开立基本存款账户。

（2）存款人的账户只能办理存款人本身业务活动范围内的资金收付，不允许出借、出租或转让给其他单位和个人使用。

（3）存款人必须在存款账户的余额内签发各种支款凭证，不准开空头或远期支票，套取银行信用，严禁利用银行账户从事非法活动。

（4）存款人因被撤并、解散、宣告破产或关闭，或者注销、被吊销营业执照等原因，需要撤销银行账户时，必须与开户银行核对银行账户存款余额，交回各种重要空白票据及结算凭证和开户登记证，银行核对无误后方可办理销户手续。

三、存款账户的管理

人民币银行结算账户是社会资金流动的起点和终点，是银行业金融机构为社会公众提供支付服务的基础。加强银行结算账户管理，对于从源头上加强现金管理，规范经济行为，维护金融安全和稳定，防范利用多头或虚假开户逃税、逃债和逃贷，遏制洗钱、腐败、金融诈骗等违法犯罪行为有着十分重要的意义。

强化账户管理、保障资金安全需要从源头、事中、事后设立相应的控制措施。源头控制主要在于开户，事中控制主要在于支付，而事后控制主要在于对账。

（一）开户控制

开户控制的关键在于保证开户资料的真实性、完整性和合规性。

2005年6月底，人民银行如期完成账户管理系统在全国的推广应用。人民币账户管理系统对存款人证明文件的完整性、合规性以及基本存款账户的唯一性进行了严密的控制，可防止存款人伪造变造开户证明文件、违规开立银行结算账户。

账户管理系统的建设和运行，有效控制了开户银行违规为存款人开户的行为，强化了开户银行验证开户证明文件真实性的手段，促进了银行账户实名制的落实，将我国银行结算账户管理水平提高到一个新的水平。

（二）支付控制

支付业务应严格操作程序，并通过增加控制手段的科技含量来提高控制水平。如支付密码、电脑验印、指纹验证等，从技术上提高银行防范虚假支付指令的能力。同时，对于大额资金出账必须要落实双人复核和授权管理制度，以杜绝业务操作“一手清”。

（三）对账控制

在支付业务办理后，还需要通过适时对账来核实账户资金余额的真实性、准确性。

银企对账是银行和企业对各自账户处理结果的交叉核对。要解决好四个问题：

其一，坚持对账岗与原记账岗相分离。

其二，在对账频率上，应做到随时可对、定期必对。

其三，在对账方式上，应结合客户特点，采取灵活多样的对账单派送和回收方式。

其四，在考核、监督机制上，应将对账工作纳入员工考核体系，上级业务主管部门和内审部门应进行定期或不定期的检查，以确保各项控制措施的落实。

四、存款业务核算的要求

（一）正确使用存款账户

商业银行在办理存款业务时，要正确使用有关会计科目，正确设置账户。开立单位账户时，要按单位资金性质和账户管理要求办理；开立居民账户时，也应按有关规定的程序办理，以便正确反映每一储户的存款情况。

（二）维护存款人的合法权益

企业单位及个人将资金存入银行，仅仅是暂时让渡资金的使用权，因此，存款人对其在银行的存款享有自主的支配权并受国家法律保护。商业银行在办理存款业务时，必须坚持“谁的钱进谁的账，由谁支配”的原则。对居民储蓄存款还要坚持“存款自愿、取款自由、存款有息、为储户保密”的具体原则，切实维护存款人的合法权益。

除国家法律和有关制度规定外，在未经存款人同意之前，银行不得接受任何单位或个人的要求，代为扣款，也不得停止存款的正常支付。

（三）银行不予垫付款项

存款账户是存款人办理存取款项的工具，拥有一定的存款才能委托银行办理款项的收付。因此，各存款人必须在银行存款账户上保持一定的余额，支用存款时，不得超过存款余额。商业银行不为任何单位或个人垫付款项。

（四）办理业务准确即时

存款业务是商业银行的主要业务之一，具有涉及面广、政策性强、工作量大、存取频繁的特点。因此，要求银行在办理业务时，按照规定的操作程序，认真填审凭证，正确设置和运用账户，即时登记账簿，编制会计报表，努力提高工作质量和工作效率，以如实反映各项存款的增减变化情况，发挥存款负债应有的作用。

第二节　对公存款业务的核算

对公存款，即单位存款，是指各企事业单位、机关团体、部队、社会团体和个体工商户等单位存入银行的款项。各单位应按照《现金管理条例》的规定，把暂时闲置的资金存入商业银行。

各单位存入银行的款项根据存款期限长短不同划分为活期存款和定期存款。此外，银行还开办了单位通知存款和单位协定存款。

一、单位活期存款

单位活期存款是一种随时可以存取，按结息期计算利息的单位存款。这是我国单位存款的主要方式。

单位活期存款按业务处理与核算手续不同分为支票户与存折户两种；按存取款方式不同又分为现金存取和转账存取。其中现金业务的办理应遵守人民银行现金管理条例，实行大额现金收支报备，大额支出审批制度。对现金收款业务，先收款后记账；对现金付款业务，先记账后付款。转账业务应按《支付结算办法》的要求认真审查办理。

（一）支票户存取现金的核算

支票户是指存款人在银行开立的凭支票、进账单等结算凭证办理款项存取的账户，适用于财务制度比较健全、存款金额大、存取款业务频繁的单位使用。

1. 存入现金

存入现金时，存款单位向开户行出纳部门交存现金及一式两联现金缴款单，经审核点收现金无误，登记现金收入日记簿，复核签章后，第一联回单加盖“现金收讫”章退存款单位，第二联交会计部门代现金收入传票，凭以登记分户账。其会计分录为：

借：库存现金

贷：吸收存款——活期存款××户（本金）

例1　红旗连锁超市向其开户银行交存现金120 000元。该银行审核无误后，以客户提交的现金缴款单代现金收入凭证，做出如下分录：

借：库存现金	120 000
贷：吸收存款——活期存款红旗连锁超市户	120 000

2. 支取现金

支取现金时，取款单位应签发现金支票交会计部门。经审核无误后，将出纳对号单交给取款单位，凭以到出纳部门取款。现金支票代现金付出传票入账，其会计分录为：

借：吸收存款——活期存款××户（本金）

贷：库存现金

现金支票由会计人员签章、复核后交出纳员付款。出纳员根据现金支票登记现金付出日记簿，配款复核后，凭对号单向取款单位支付现金。

例2　互惠超市向其开户银行提交现金支票一份，支取现金50 000元。银行审核无误，以现金支票代现金付出凭证，做出如下分录：

借：吸收存款——活期存款互惠超市户	50 000
贷：库存现金	50 000

（二）存折户存取现金的核算

存折户是指存款人在银行开立的凭存折、存款凭条等结算凭证办理款项存取的账户，适用于业务规模小、存款金额小、不经常发生存取款业务的单位使用。

1. 存入现金

存款人存入现金时，应填制存款凭条连同现金、存折一同交出纳员，收妥款项后，登记存折，其余手续与支票户相同。会计分录为：

借：库存现金

贷：吸收存款——活期存款××户（本金）

2. 支取现金

存款人支取现金时，应填写取款凭条，并加盖预留印鉴，连同存折一并交会计部门。经审核无误后以取款凭条代现金付出传票登记分户账、存折，取款凭条及存折交出纳人员凭以付款，并将存折退取款人。其余手续与支票户相同。会计分录为：

借：吸收存款——活期存款××户（本金）

贷：库存现金

（三）账务核对

为防止记账差错而导致的银行与存款单位双方账务不符或产生未达账项，保证资金的安全，银行与存款单位间需进行账务核对。对支票户，每月由电脑打印出对账单交单位对账；或定期向单位填发余额对账单。对存折户，应在办理存取款业务时进行账折见面，随来随对。

（四）单位活期存款利息的核算

商业银行除吸收的财政性预算内存款以及有特殊规定的有关款项不计利息外，其余吸收的各种存款均为有偿占有，应按规定支付利息。

商业银行对单位活期存款按月确认利息、按季结息。即，每月的月末日确认利息的发生；每季末月 20 日为结息日，计息后于次日入账。存款账户销户时，应在销户当时将利息结算清楚，利随本清。

1. 计息基本公式：

利息 = 本金 × 存期 × 利率

其中：本金是存款单位存入银行的存款余额。本金元位起息，元以下不计利息。

存期是存款人的存款时间，要求按日历天数计算，算头不算尾，即存入日计息，支取日不计息，存期从存入日算至支取的前一日为止。

利率是一定存款的利息与存款本金的比率，由中央银行统一规定。利率可用三种方式表示，即年利率、月利率、日利率，利率的三种方式表示可以相互换算，其换算公式为：

年利率 ÷ 12 = 月利率

年利率 ÷ 360 = 日利率

月利率 ÷ 30 = 日利率

计息时应注意利率与存期时间单位上的一致，如存期以天数计算时，用日利率；存期以月数计算时，用月利率；存期以年数计算时，用年利率。

2. 计息的方法

由于活期存款的存取频繁，存款余额经常发生变动，因此，在实际工作中采用累计日积数法计息。累计日积数是各存款账户每日最后余额的逐日累计数，其计算公式为：

累计日积数 = ∑（每日存取款后该日余额 × 存款日数）

这样，计息基本公式可转化为：

利息 = 累计日积数 × 月利率 ÷ 30

其实质是将存款余额化作一日的存款数额乘以日利率计息。采用累计日积数法计息的方法有两种，即账页计息和余额表计息。

（1）账页计息

采用该种方法计息，需使用乙种账页格式。当每次发生存取款业务时，以上一次最后余额乘以该余额的实存天数计算出积数，填入积数栏。在季末结息日，求出本季累计日积数，计算利息。见表 2 - 1。

表2-1　　活期存款分户账

户名：食品加工厂　　账号：2011001　　年利率：0.36%

××年		摘要	借方	贷方	借或贷	余额	日数	积数
月	日							
3	1	承前页			贷	20 000	70 4	518 000 80 000
3	5	转借	10 000		贷	10 000	2	20 000
3	7	转贷		5 000	贷	15 000	3	45 000
3	10	现付	1 000		贷	14 000	1	14 000
3	11	现收		2 000	贷	16 000	5	80 000
3	16	转借	9 000		贷	7 000	4	28 000
3	20	转贷		8 000	贷	15 000	1	15 000
3	21	结息转存		8	贷	15 008	90	800 000

利息＝800 000×0.36%÷360＝8（元）

3月21日转存利息，做出如下分录：

借：应付利息——活期存款利息户　　8

　贷：吸收存款——活期存款食品加工厂户（本金）　　8

（2）余额表计息

使用该方法时，在每日营业终了，将各存款账户当日的余额抄入余额表内，表中各户余额逐日相加即为利息积数。如遇错账冲正应注意调整积数。结息日根据本期末计息累计积数乘以日利率，即为利息。见表2-2。

表2-2　　计息余额表

20××年3月份

科目名称：吸收存款　　利率：0.36%　　共　页　第　页

账号 / 余额 / 户名 / 日期	2011021 服装加工厂				201 合计	复核 盖章
1	30 000					
2	25 000					
3	40 000					
4	20 000					
5	35 000					
6	30 000					
7	50 000					

表 2-2（续）

账号 / 户名 / 余额 / 日期	2011021 服装加工厂				201 合计	复核 盖章
8	36 000					
9	32 000					
10	28 000					
10 天小计	326 000					
11 ~ 20	……					
	……					
20 天累计	600 000					
本月合计	600 000					
至上月底未计息积数	1 000 000					
应加积数 应减积数	2 000					
至本月底累计未计息积数	1 602 000					
付息时计算利息数	16.02					

利息 =1 602 000 ×0.36% ÷360 =16.02（元）

3 月 21 日转存利息，做出如下分录：

借：应付利息——活期存款利息户　　16.02

　贷：吸收存款——活期存款服装加工厂户（本金）　　16.02

二、单位定期存款

单位定期存款是指单位一次性存入款项并约定存期，到期支取本息的存款。单位定期存款起存金额为一万元，多存不限。存期分为三个月、半年、一年、两年、三年、五年六个档次。财政拨款、预算内资金以及银行贷款不得作为单位的定期存款存入银行。

（一）开户

单位应提交“开户申请书”、企业法人执照或营业执照正本，并预留银行印鉴。银行应查询或审查该客户基本信息，为客户开立单位定期存款账户，登记《开销户登记簿》，办理预留银行印鉴手续。

（二）存入

1. 现金存入

存款单位填写“单位定期存款缴款凭证”连同现金交银行。

银行柜员应审查凭证内容、联次是否完整齐全，账号户名是否一致，大小写金额是否相等。清点款项无误后，以“单位定期存款缴款凭证”第二联作为收款人的记账凭证进行账务处理。会计分录为：

借：库存现金

　贷：吸收存款——定期存款××户（本金）

打印“单位定期存款开户证实书”一式两联，第一联作回单与签章后的缴款凭证退存款人，第二联作银行的留底卡加以保管。

另编制表外科目付出传票登记表外科目明细账：

（付出）：空白重要凭证——存款开户证实书

2. 转账存入

存款单位应填写支付凭证及进账单交银行。

银行柜员审核支付凭证及进账单无误后，以支付凭证代转账借方传票、进账单的第二联代转账贷方传票进行账务处理。会计分录为：

借：吸收存款——活期存款××户（本金）

　贷：吸收存款——定期存款××户（本金）

打印“单位定期存款开户证实书”一式两联，第一联作回单与签章后的进账单回单联退存款人，第二联作银行的留底卡加以保管。

编制表外科目付出传票登记表外科目明细账：

（付出）：空白重要凭证——存款开户证实书

如上述分录借、贷方存在差额，应将差额借记或贷记“吸收存款——定期存款××户（利息调整）”账户。

（三）支取

单位定期存款的支取分为到期支取、提前支取和逾期支取。

1. 到期支取

单位定期存款到期后支取本息时，不能提取现金或用于结算，只能转存到单位基本存款账户。

存款单位持证实书办理到期支取时，银行柜员审核证实书无误后，按规定利率计息，开具利息清单。证实书收回，两联证实书注明“注销”字样，一并作借方传票附件。计算单位利息时填制两借一贷特种转账凭证，一联代利息支出账户的转账借方凭证，一联代应付利息账户的转账借方凭证，另一联代存款单位存款账户转入的转账贷方凭证。另编制借贷特种转账凭证各一张，作为支付本利和时存款人账户借贷方凭证。同时登记“开销户登记簿”，转账会计分录为：

（1）支付存入资金利息

借：应付利息——定期存款利息户（已提应付利息额）

　　利息支出——定期存款利息支出户（未提应付利息额）

　贷：吸收存款—定期存款××户（本金）

（2）支付到期的本息和

借：吸收存款——定期存款××户（本金）

　　贷：吸收存款——活期存款××户（本金）

2. 提前支取

单位定期存款可以全部提前支取或部分提前支取。

全部提前支取时，银行应根据提前支取利息计算的有关规定，计算全部提前支取利息。并在卡片账及审查无误的存单上加盖“提前支取”戳记，其余手续与到期支取相同。转账会计分录为：

（1）支付存入资金利息

借：应付利息——定期存款利息户（提前支取利息额）

　　贷：吸收存款——定期存款××户（本金）

（2）支付全部提前支取的本息和

借：吸收存款——定期存款××户（本金）

　　贷：吸收存款——活期存款××户（本金）

单位定期存款部分提前支取，只能办理一次，剩余部分应不低于起存金额（10 000元）。若剩余部分低于起存金额，则应全部支取。提前支取部分的处理手续与全部提前支取相同。会计分录为：

（1）支付提前支取部分的存入资金利息

借：应付利息——定期存款利息户（提前支取部分的利息）

　　贷：吸收存款——定期存款××户（本金）

（2）支付部分提前支取的本息和

借：吸收存款——定期存款××户（本金）

　　贷：吸收存款——活期存款××户（本金）

（四）单位定期存款利息的计算：

1. 计息公式

计息公式：利息＝本金×时间×利率

（逐笔计息法）

单位定期存款到期支取，按存入日挂牌公告的利率计息，利随本清，遇有利息调整不分段计息。

单位定期存款全部提前支取，按支取日挂牌公告的活期存款利率计息；单位定期存款部分提前支取，若剩余部分不低于起存金额（10 000元），提前支取部分按支取日挂牌公告的活期存款利率计息。若剩余部分低于起存金额，则应全部支取，支取金额按支取日挂牌公告的活期存款利率计息。

单位定期存款逾期支取，逾期部分按支取日挂牌公告的活期存款利率计息。

2. 利息的计提与支付

资产负债表日，应按摊余成本和实际利率计算确定存入资金的利息费用，借记“利息支出”账户，按合同利率计算确定的应付未付利息，贷记“应付利息”账户，按其差额，借记或贷记“吸收存款——利息调整”账户。实际利率与合同利率差异较小的，也可采用合同利率计算确定利息费用。会计分录为：

借：利息支出——定期存款利息支出户

　贷：应付利息——定期存款利息户

如有差额，借记或贷记“吸收存款——利息调整”科目。

例3　格林配送公司2008年3月28日开出转账支票50 000元，转存定期存款一年。存入日银行挂牌公告的一年期定期存款利率为3.36%。该公司于存款到期日2009年3月28日支取。其开户银行做出如下分录：

到期利息=50 000×1×3.36%=1 680（元）

2008年3月28日转账存入：

借：吸收存款——活期存款格林配送公司户（本金）　50 000

　贷：吸收存款——定期存款格林配送公司户（本金）　50 000

2009年3月28日到期支取：

借：应付利息——定期存款利息户　1 680

　贷：吸收存款——定期存款格林配送公司户（本金）　1 680

借：吸收存款——定期存款格林配送公司户（本金）　51 680

　贷：吸收存款——活期存款格林配送公司户（本金）　51 680

例4　赛维干洗店于2008年12月25日存入三个月期定期存款100 000元。因急需用款，于2009年2月25日部分提前支取20 000元。存入日银行挂牌公告的三个月期定期存款利率为1.71%，支取日银行活期存款利率为0.36%。2009年2月25日其部分提前支取时，开户银行做出如下分录：

提前支取部分利息=20 000×2×0.36%/12=12（元）

借：应付利息——定期存款利息户　12

　贷：吸收存款——定期存款赛维干洗店户（本金）　12

借：吸收存款——定期存款赛维干洗店户（本金）　20 012

　贷：吸收存款——活期存款赛维干洗店户（本金）　20 012

例5　灵秀美容院于2008年3月3日存入一年期定期存款80 000元。2009年3月3日存款到期，该存款人于2009年4月3日逾期支取。存入日银行挂牌公告的一年期定期存款利率为3.36%，支取日银行活期存款利率为0.36%。其开户银行做出如下分录：

到期利息=80 000×1×3.36%=2 688（元）

逾期利息=80 000×1×0.36%/12=24（元）

应付利息=2 688+24=2 712（元）

借：应付利息——定期存款利息户　2 688

　　利息支出——到期存款利息支出户　24

　贷：吸收存款——定期存款灵秀美容院户（本金）　2 712

借：吸收存款——定期存款灵秀美容院户（本金）　82 712

　贷：吸收存款——活期存款灵秀美容院户（本金）　82 712

三、单位其他存款

单位存款还包括单位通知存款和单位协定存款。以下简要介绍其基本规定和做法。

（一）单位通知存款

单位通知存款是存款人在存入款项时不约定存期，支取款项时需提前通知银行，约定取款日期和取款金额，并按通知约定支取款项的一种存款方式。单位通知存款起存金额50万元，一次存入，一次或分次支取，支取金额最低为10万元。单位通知存款分为一天和七天两个档次。一天通知存款需提前一天通知银行约定取款，七天通知存款需提前七天通知银行约定取款，存款档次由存款人在存款时自行选择。

单位存入通知存款时，从活期存款账户转入，由银行开具“单位通知存款证实书”，并注明“通知存款”字样。会计分录为：

借：吸收存款——活期存款××单位户（本金）

　　贷：吸收存款——通知存款××单位户（本金）

单位支取通知存款时，应按存入时确定的通知存款种类提前书面通知银行，并于确定的取款日来行办理取款手续，同时银行按规定的利率计算利息。会计分录为：

借：应付利息——通知存款利息

　　利息支出——通知存款利息

　　贷：吸收存款——通知存款××单位户（本金）

借：吸收存款——通知存款××单位户（本金）

　　贷：吸收存款——活期存款××单位户（本金）

（二）单位协定存款

单位协定存款是存款人与开户银行签订协定存款合同，约定结算账户的留存额度，超过约定留存额度部分的存款转为协定存款，单独计算计息积数并按协定存款利率计算利息的一种存款方式。

协定存款必须由存款人与开户银行签订合同，由银行按协定存款的规定主动办理，并在结算账户中进行核算。

协定存款只对结算账户流水50万元以上的存款单位办理，结算账户转协定存款后的留存额度最低为10万元。

单位存款资金往来全部通过结算账户往来，由银行根据结算账户存款变化情况以及约定留存额度自动在活期存款与协定存款之间进行调整，调整的金额起点为1万元。

结算账户存款余额超过约定留存额度的，将超过部分自动计入协定存款积数中；存款余额低于约定留存额度或通过结算账户支付款项超过留存额度，由会计系统自动从协定存款转入活期存款。结算账户中的活期存款与协定存款分别计算计息积数，结息日根据活期存款与协定存款计息积数分别按照活期存款利率和协定存款利率计算利息。

第三节　储蓄存款业务核算

人民币储蓄存款是指城乡居民个人将自己节余或待用的货币资金存入银行，由银行开具存折或存单作为凭证，个人凭存折或存单可以支取本息的一种信用活动。

储蓄存款根据存储期限的长短可分为活期储蓄、定期储蓄、定活两便储蓄和通知储蓄存款。定期储蓄存款按存取方式不同，又分为整存整取、零存整取、整存零取和存本取息。

商业银行办理储蓄业务必须坚持“存款自愿，取款自由，存款有息，为存款人保密”的原则。存款自愿，即储户存款的多少、存何种储种，选择哪家银行的哪个分支机构存储，是储户自愿的行为，任何单位和个人都不得干涉。取款自由，即储户取款多少、何时取，由储户自己决定，任何单位和个人不得干涉。存款有息，即储户在银行的存款，银行必须按照国家规定的利率向储户支付利息。为存款人保密，即储户存款的多少，种类、户名、地址、印章式样等情况，银行不得泄露，以保障储户存款的安全。

储蓄存款实行实名制，即存款人开立账户时使用真实姓名。

一、活期储蓄存款

活期储蓄存款是一种不规定期限，随时可以存取的储蓄存款。一元起存，多存不限。

（一）开户与续存的核算

1. 开户

储户申请开户时，应填写存款凭证，连同身份证件（如居民身份证、户口簿、军人证、外籍储户护照、居住证等）、现金交于银行柜员。银行柜员审核存款凭证上的户名、金额、地址等项目填写是否齐全，身份证明是否有效，证件号码与客户提供的证件是否一致。根据存款凭证的金额清点现金，根据系统提示入录相关信息，预留密码由客户输入账户密码。交易成功后，打印存款凭证、活期存折。以存款凭证代现金收入传票入账的会计分录为：

借：库存现金

　　贷：吸收存款——活期储蓄存款××户（本金）

银行柜员核对打印的存款凭证和活期存折，在存款凭条上加盖“业务清讫章”，在活期存折加盖“存单（折）专用章”。将存折、身份证件交客户。存款凭证作为业务凭证送监督中心。

同时，编制表外科目付出传票并登记表外科目明细账：

（付出）：空白重要凭证——活期储蓄存折

2. 续存

储户持存折来银行办理续存时，应填写存款凭证，连同现金一并交银行柜员。银行柜员审核无误后，清点现金，其余手续与开户时相同。会计分录为：

借：库存现金

　贷：吸收存款——活期储蓄存款××户（本金）

　或：其他应付款——通存通兑应付款户

（二）支取与销户的核算

1. 支取

储户来银行办理支取时，应填取款凭证，连同存折交银行柜员。若大额支取还应出示身份证件。银行柜员核对证折无误后，根据系统提示入录相关信息。预留密码由客户输入账户密码。交易成功后，打印取款凭证和活期存折。以取款凭证代现金付出传票入账的会计分录为：

借：吸收存款——活期储蓄存款××户（本金）

或：其他应收款——通存通兑应收款户

　贷：库存现金

银行柜员核对打印内容，按取款凭证配款。在取款凭证上盖章后，将现金、存折、身份证件交于客户。取款凭证作为业务凭证送监督中心。

2. 销户

储户支取全部存款，不再续存，称为销户。其处理手续与支取基本相同，但需打印利息清单。在取款凭证和利息清单上加盖"业务清讫章"，将现金、证件、利息清单（第二联）交客户。销户时，会计分录为：

借：利息支出——活期储蓄存款利息户

　贷：吸收存款——活期储蓄存款××户（本金）

借：吸收存款——活期储蓄存款××户（本金）

　贷：库存现金

（三）活期储蓄存款利息的核算

银行对活期储蓄存款采用按季结息，每季末月 20 日为结息日，其计息方法与单位活期存款一致。未到规定结息日销户的，按清户日活期储蓄存款利率利随本清。

二、定期储蓄存款

定期储蓄存款是指存入时约定存款期限，一次或分次存入本金，到期一次或分次支取本金和利息的一种储蓄方式。

定期储蓄存款按存取方式不同可分为整存整取、零存整取、整存零取、存本取息四种。

（一）整存整取定期储蓄存款

整存整取定期储蓄存款是本金一次存入，约定存期，到期一并支取本息的储蓄存款。此种储蓄50元起存，多存不限，存期分为三个月、半年、一年、二年、三年、五年六个档次。

1. 开户

储户申请开户时，应填写存款凭证，连同身份证件、现金交于银行柜员。

银行柜员审核存款凭证上的户名、金额、地址等项目填写是否齐全，身份证件是否有效，证件号码与客户提供的证件是否一致。根据存款凭证的金额清点现金。根据系统提示入录相关信息，预留密码由客户输入账户密码。交易成功后，打印存款凭证、整存整取定期存单等，登记“开销户登记簿”。以存款凭证代现金收入传票入账的会计分录为：

借：库存现金

　贷：吸收存款——整存整取定期储蓄存款××户（本金）

银行柜员核对打印的存款凭证、整存整取定期存单等凭证上各项内容。核对无误后，在存款凭证上加盖“业务清讫章”，在存单加盖“存单（折）专用章”。将存单、身份证件交客户。存款凭证作为业务凭证送监督中心。同时，编制表外科目付出传票并登记表外科目明细账：

（付出）：空白重要凭证——整存整取储蓄存单

2. 销户

整存整取定期存款因支取而销户，包括到期支取、提前支取和逾期支取。

（1）到期支取

储户将到期整存整取定期存单交柜员（若大额支取还需出示身份证件原件）。

银行柜员审核存单的各项要素是否完整，印章是否齐全，存单是否本行签发的；身份证件的有效性。审核无误后，根据系统提示入录相关信息。预留密码由客户输入账户密码。交易成功后，打印整存整取定期存单和利息清单，以整存整取定期存单代现金付出凭证、利息清单（第一联）代转账借方凭证入账。会计分录为：

支付存入资金利息：

借：应付利息——定期储蓄存款利息户

　贷：吸收存款——整存整取定期储蓄存款××户（本金）

支付到期的本息和：

借：吸收存款——整存整取定期储蓄存款××户（本金）

　贷：库存现金

银行柜员核对打印内容，按取款凭证配款。在整存整取定期存单和利息清单上加盖“业务清讫章”后，将现金、利息清单（第二联）、身份证件交于客户。整存整取定期存单和利息清单（第一联）作为业务凭证送监督中心。

（2）提前支取

存款尚未到期，储户如急需用款，可以凭本人身份证件办理全部提前支取或部分提前支取。

全部提前支取时，储户将整存整取定期存单和本人身份证件原件交柜员。银行柜员审核存单的各项要素是否完整，印章是否齐全，存单是否本行签发的；身份证件是否有效。存款凭证上的内容填写是否齐全。经查验无误后，在存单背面摘录证件名称、号码、发证机关，然后在存单上加盖“提前支取”戳记，并按提前支取规定计付利息。其余手续与到期支取相同。

部分提前支取时，除对支取部分按提前支取办法支付本息并注销原存单外，对未取部分应另开新存单，并在新存单上注明原存单存入日期、利率和到期日以及“由××号存单部分转存”字样。(采用定存一本通的存户办理部分提前支取除外)。会计分录为：

支付提前支取部分的存入资金利息：

借：利息支出——活期储蓄存款利息户

　贷：吸收存款——整存整取定期储蓄存款××户（本金）

满付实收、更换新存单：

借：吸收存款——整存整取定期储蓄存款××户（本金）

　贷：库存现金

　　　吸收存款——整存整取定期储蓄存款××新户（本金）未支取本金

同时，编制表外科目付出传票并登记表外科目明细账：

(付出)：空白重要凭证——整存整取储蓄存单

(3) 逾期支取

储户持过期存单支取时，其处理手续与到期支取相同，但利息计算应包括到期利息和过期利息。其会计分录为：

支付存入资金利息：

借：应付利息——定期储蓄存款利息户

　　利息支出——活期储蓄存款利息户

　贷：吸收存款——整存整取定期储蓄存款××户（本金）

支付到期和逾期的本息和：

借：吸收存款——整存整取定期储蓄存款××户（本金）

　贷：库存现金

整存整取定期储蓄存款计息的基本原理与单位定期存款一致。

例6　储户李颖于2008年5月30日存入整存整取定期储蓄存款10 000元，定期一年，存入日利率为3.36%。该档利率2008年12月23日调至2.25%。该储户于2009年5月30日到期支取。存款银行做出如下会计分录：

2008年5月30日存入时：

借：库存现金　　10 000

　贷：吸收存款——整存整取定期储蓄存款李颖户（本金）　　10 000

2009年5月30日到期支取时：

应付利息 = 10 000 × 1 × 3.36% = 336（元）

借：应付利息——定期储蓄存款利息户　　336

贷：吸收存款——整存整取定期储蓄存款李颖户（本金） 336

借：吸收存款——整存整取定期储蓄存款李颖户（本金） 10 336

贷：库存现金 10 336

例7 储户王波于2008年11月5日存入整存整取定期储蓄存款50 000元，定期一年，存入日利率为3.36%。该储户于2009年1月5日全部提前支取，设支取日活期储蓄存款利率为0.36%。存款银行做出如下会计分录：

提前支取时应付利息 = 50 000 × 2 × 0.36%/12 = 30（元）

借：利息支出——活定期储蓄存款利息户 30

贷：吸收存款—整存整取定期储蓄存款王波户（本金） 30

借：吸收存款—整存整取定期储蓄存款王波户（本金） 50 030

贷：库存现金 50 030

例8 储户赵宇于2009年1月8日存入整存整取定期储蓄存款100 000元，定期一年，存入日利率为2.25%。该储户于2009年5月8日部分提前支取40 000元，其余部分继续存储。支取日活期储蓄存款利率为0.36%。存款银行做出如下会计分录：

提前支取部分应付利息 = 40 000 × 4 × 0.36%/12 = 48（元）

借：利息支出——活期储蓄存款利息户 48

贷：吸收存款——整存整取定期储蓄存款赵宇户（本金） 48

借：吸收存款——整存整取定期储蓄存款赵宇户（本金） 100 048

贷：库存现金 40 048

吸收存款——整存整取定期储蓄存款赵宇户（本金） 60 000

例9 储户蒋珊于2008年12月31日存入整存整取定期储蓄存款60 000元，定期三个月，存入日利率为1.71%。该储户于2009年4月12日过期支取。设支取日活期储蓄存款利率为0.36%。存款银行做出如下会计分录：

应付到期利息 = 60 000 × 3 × 1.71%/12 = 256.5（元）

应付过期利息 = 60 000 × 12 × 0.36%/360 = 7.2（元）

应付利息合计 = 256.5 + 7.2 = 263.7（元）

借：应付利息——定期储蓄存款利息户 256.5

利息支出——活期储蓄存款利息户 7.2

贷：吸收存款——整存整取定期储蓄存款蒋珊户（本金） 263.7

借：吸收存款——整存整取定期储蓄存款蒋珊户（本金） 60 263.7

贷：库存现金 60 263.7

（二）零存整取定期储蓄存款

零存整取定期储蓄存款是定期定额存储，到期一次支取本息的一种定期储蓄存款。

零存整取定期储蓄存款5元起存，多存不限。存期分一年、三年、五年三个档次。这种储蓄存款每月存入一次，如中途漏存一次，应在次月补存，未补存或漏存次数在一次以上的，视同违约，存折上打印违约标志，对违约后存入的部分，支取时按活期利率计息。

1. 开户

储户开立零存整取定期储蓄存款账户须凭本人身份证件办理，若委托他人代理，还需出示代理人身份证件。储户填写存款凭证，连同身份证件、现金交于银行柜员。

银行柜员审核存款凭证上的户名、月存金额、地址等项目填写是否齐全，身份证件是否有效，证件号码与客户提供的证件是否一致。根据存款凭证的金额清点现金。根据系统提示入录相关信息，预留密码由客户输入账户密码。交易成功后，打印存款凭证、零存整取定期存折，登记“开销户登记簿”。以存款凭证代现金收入传票入账的会计分录为：

借：库存现金

　　贷：吸收存款——零存整取定期储蓄存款××户（本金）

银行柜员核对打印的存款凭证、零存整取定期存折等凭证上各项内容。核对无误后，在存款凭证上加盖“业务清讫章”，在存折上加盖“存单（折）专用章”。将存折、身份证件交客户。存款凭证作业务凭证送监督中心。

同时，编制表外科目付出传票并登记表外科目明细账：

(付出)：空白重要凭证——零存整取储蓄存折

2. 续存

储户将存款凭证、零存整取存折、现金交银行柜员。

银行柜员审核凭证的内容填写是否齐全、准确，并根据存款凭证上的金额清点现金。根据系统提示入录相关信息，预留密码由客户输入账户密码。交易成功后，打印存款凭证、零存整取定期存折。以存款凭证代现金收入传票入账的会计分录为：

借：库存现金

　　贷：吸收存款——零存整取定期储蓄存款××户（本金）

银行柜员在存款凭证上加盖“业务清讫章”，将零存整取存折、交还客户。存款凭证作为业务凭证送监督中心。

3. 销户

储户将取款凭证、零存整取定期储蓄存折交柜员（若大额支取或全部提前支取还需出示身份证件原件）。

银行柜员审核凭证的内容填写是否齐全、准确。根据系统提示入录相关信息。预留密码由客户输入账户密码。交易成功后，打印取款凭证和零存整取定期储蓄存折和利息清单，以取款凭证代现金付出凭证、利息清单代转账借方凭证入账的会计分录为：

支付存入资金利息：

借：应付利息——定期储蓄存款利息户

　　贷：吸收存款——零存整取定期储蓄存款××户（本金）

支付到期的本息和：

借：吸收存款——零存整取定期储蓄存款××户（本金）

　　贷：库存现金

银行柜员核对打印内容，按取款凭证配款。在取款凭证和利息清单上加盖“业务清讫章”后，将现金、利息清单（第二联）、身份证件交于客户。取款凭证和利息清单（第一联）作为业务凭证送监督中心。

4. 零存整取定期储蓄存款的计息：

计息方法有固定基数法、月积数法 和日积数法。

（1）固定基数计息法，即指事先算出每元存款本金利息基数，到期乘以存款余额的计息方法。这种方法适用于存款逐月全存，到期支取的计息。计算公式为：

$$每元存款利息基数 = \frac{1+存款月数}{2} \times 月利率$$

如：$一年期每元存款计息基数 = \frac{1+12}{2} \times 1.7\% \div 12 = 0.009\ 262\ 5$（元）

例 10　储户林芳于 2008 年 12 月 23 日来行办理零存整取定期储蓄存款，月存 1 000 元，存期一年，利率为 1.71%，则 2009 年 12 月 23 日存到期时，应付利息 = 12 000 × 0.009 262 5 = 111.15（元）。

同样，三年、五年期也可按各档次利率参照上述公式算出基数，乘以存款余额，计算应付利息。

（2）月积数计息法，适用于存款已到期，但有漏存月份的情况下计算利息的方法。将零存整取储蓄存款分户账的每月存款余额，乘以所存月数，就是月积数，到期支取时，按月积数之和乘以同档月利率，即为应付利息数。

依上例存款情况如表 2－3 所示。

表 2－3　　零存整取储蓄存款分户账

账号：2155003　　户名：王路　　期限 1 年　　利率：1.71%

2008 年		存入	结存	月数	积数	记账	复核
月	日	（位数）	（位数）		（位数）		
12	23	1 000	1 000	1	1 000		
2009 年							
1	9	1 000	2 000	1	2 000		
2	6	1 000	3 000	1	3 000		
3	10	1 000	4 000	1	4 000		
4	4	1 000	5 000	1	5 000		
5	3	1 000	6 000	1	6 000		
6	8	1 000	7 000	1	7 000		
7	6	1 000	8 000	1	8 000		
8	13	1 000	9 000	1	9 000		
9	5	1 000	10 000	1	10 000		
10	15	1 000	11 000	1	11 000		
11	2	1 000	12 000	1	12 000		

该储户存款到期按月积数法计算存款利息为：78 000×1.71% ÷12＝111.15（元）

（3）日积数计息法，即指按零存整取储蓄存款分户账的每次存款余额，乘以所存天数，即是日积数，到期支取时，按日积数之和乘以同档日利率，即为应付利息数。

零存整取定期储蓄存款也有到期支取，全部提前支取和逾期支取情况。其计息原理同整整定储。

（三）存本取息定期储蓄存款的核算

存本取息定期储蓄存款指本金一次存入，在约定存期内分次支取利息，到期支取本金的一种储蓄存款。存本取息5 000元起存、多存不限，由银行发给存款凭证，到期一次支取本金，利息凭存单分期支取，由储户与银行商定每月或几个月支取一次，其存期分为一年、三年、五年。

1. 开户

储户申请开户应填写一式三联“定期存本取息储蓄存单”，存单各联的用途及核算手续与整存整取相同，但签发存单时，经办员应根据存入金额、存期、利率和取息次数，计算出每次应付利息金额，填入存单的有关栏目内。其会计分录为：

借：库存现金

　贷：吸收存款——存本取息定期储蓄存款××户（本金）

2. 支取利息

储户在存期内按约定时间持存单来行支取利息时，应填写“存本取息定期储蓄取息凭条”。经办员审核无误后，将取息日期和取息金额记入存单和卡片账，凭条作利息支出科目传票。其会计分录为：

借：应付利息——定期储蓄存款利息户

　贷：吸收存款——存本取息定期储蓄存款××户（本金）

借：吸收存款——存本取息定期储蓄存款××户（本金）

　贷：库存现金

如储户到期未取利息，以后可以随时支取，但利息不计复利。

3. 支取本金

到期取本：储户在到期日来行取本的同时，支取最后一次利息，取息手续如上所述，取本手续同整存整取储蓄到期支取手续相同。其会计分录为：

借：应付利息——定期储蓄存款利息户

　贷：吸收存款——存本取息定期储蓄存款××户（本金）

借：吸收存款——存本取息定期储蓄存款××户（本金）

　贷：库存现金

提前取本：储户如需提前支取本金，可凭存单和身份证明一次全部支取，不允许部分提前支取。支取时，先对已经支取的利息用红字冲回，再按照该储户实际存期和支取日活期储蓄存款利率计算应支付的利息，与本金一并付给储户。若冲回的已付利息大于储户应得的利息，应从本金中扣除，然后再办理付款手续。其会计分录为：

借：应付利息——定期储蓄存款利息户（红字）

贷：吸收存款——存本取息定期储蓄存款××户（本金）（红字）

借：吸收存款——存本取息定期储蓄存款××户（本金）（红字）

贷：库存现金（红字）

按提前支取的规定计算应付利息，办理本息支取手续。其会计分录为：

借：利息支出——定期储蓄存款利息户　（提前支取利息）

贷：吸收存款——存本取息定期储蓄存款××户　（本金）

借：吸收存款——存本取息定期储蓄存款××户　（本金）

贷：库存现金

过期取本：储户过期支取本金，除按规定计付过期利息外，其余手续与到期支取相同。

4. 利息的计算

存本取息每次支取的利息数，可按下列公式求得：

$$每次支取利息数=\frac{本金\times 存款月数\times 月利率}{支取利息次数}$$

月利率与零存整取存款相同。

例11　储户黎明于2008年11月25日存入本金100 000元，存期一年，月利率为1.65‰，每4个月支取利息一次，则储户每次支取利息时，银行做出分录如下：

$$每次支取利息数=\frac{100\ 000\times 12\times 1.65‰}{3}=660（元）$$

借：应付利息——定期储蓄存款利息户　660

贷：吸收存款——存本取息定期储蓄存款黎明户（本金）　660

借：吸收存款——存本取息定期储蓄存款黎明户（本金）　660

贷：库存现金　660

（四）整存零取定期储蓄存款的核算

整存零取定期储蓄存款是本金一次存入，约定存期分次支取本金，到期支取利息的一种储蓄存款。

其核算手续与存本取息基本相同，在开户时要在存单内填写取本金次数和每次支取数额。这种储蓄存款，到期计息可采用本金平均数法和月积数法。

本金平均数法计息为：

$$到期应付利息=\frac{全部本金+每次支取本金额}{2}\times 存期\times 利率$$

例12　储户殷梦一次存入本金12 000元，一年期，每月支取一次1 000元，月利率1.425‰，最后一次支取日期为到期日，连同利息一并支取，银行应付利息为：

$$到期应付利息=\frac{12\ 000+1\ 000}{2}\times 12\times 1.425‰=111.15（元）$$

储户在存期内若要求部分提前支取，可提前支取一次至二次，但必须在以后月份内停取一次至二次。剩余款项的支取日按原定不变。如果提前支取全部余额，则根据实存金额及实存日期按规定的活期储蓄利率计息。过期支取可比照零存整取储蓄存款原则办理。

三、定活两便储蓄存款

定活两便储蓄存款是一种本金一次存入，一般以50元起存，多存不限；不约定存期，可随时一次支取本息的存款方式。其既有活期之便，又有定期之利。

定活两便储蓄存款利息的计算，根据实际存期同档的整存整取定期储蓄利率按一定的折扣计算。不满规定存期的按活期利率计算。

具体规定为：

A. 存期不满三个月的，按支取日挂牌公告的活期利率计息；

B. 存期三个月（含）以上不满半年的，整个存期按支取日挂牌公告的整存整取三个月定储利率打六折计息；

C. 存期半年（含）以上不满一年的，整个存期按支取日挂牌公告的整存整取半年期定储利率打六折计息；

D. 存期在一年以上的（含一年），无论存期多长，整个存期一律按支取日整存整取一年期存款利率打六折计息。

存期在一年以上的（含一年），无论存期多长，整个存期一律按支取日整存整取一年期存款利率的六折计算。

例14 某储户2009年3月8日存入定活两便储蓄存款50 000元，于2009年7月8日支取。该储户实际存期为四个月，按三个月期整存整取利率打六折计息。应付利息为：

50 000×4×1.71%÷12×60%=171（元）

四、储蓄所日结与管辖行账务处理及事后监督

日结是指储蓄所每天账务处理的最后环节。由于储蓄所是非独立核算单位，其账务通过并表或并账方式，纳入管辖行账务处理。每日营业终了，经过结账、对账之后，向其管辖行处报账。

（一）储蓄所日结的处理

1. 并账储蓄所结账和对账

（1）结账

结账程序包括：①根据已付款的各种利息清单，按定、活期分别加计总数，分别编制利息付出传票，利息清单作传票附件。②编制科目日结单。根据各种传票，按科目和储蓄种类分别编制科目日结单。③编制营业汇总日报表。营业汇总日报表是综合反映储蓄所当天业务情况的报表，是轧平当日账务的工具。根据科目日结单、开销户登记簿、空白重要凭证登记簿编制日报表。本表一式二份，一份留存，另一份上报管辖行。

（2）对账

对账程序包括：①核对库存现金。现金实际库存数与日报表现金科目本日余额核对相符。

②核对活期储蓄存款科目余额。可采用核打变动户昨日余额和本日余额，通过变

动户余额核对活期储蓄存款科目余额的方法。③核对开销户数。新开户和结清户账卡数与日报表上的开销户数核对相符。④核对重要空白凭证及有价单证。各种重要空白凭证及有价单证的实际收进、付出和结存数与营业日报表及登记簿上的收付数和结存数核对相符。

2. 并表储蓄所结账和对账

并表储蓄所各科目都设有总账，因此，每日进行结账时，应编制科目日结单，据以登记总账并编制营业汇总日报表。所有的存、取款凭证自行保存不上报管辖行。其账务核对方法与并账储蓄所相同。

（二）管辖行的账务处理及事后监督

基层储蓄所系非独立核算单位，其账务必须纳入管辖行处进行完整核算，并由管辖行处对其进行事后监督以保证储蓄账务的正确无误。

1. 管辖行的账务处理

（1）并账

并账是在储蓄所实行简易核算（不设总账）的基础上进行的。管辖行对各储蓄所报送的日报表及各种储蓄凭证经审查无误后，对各储蓄所的存、取款凭条、传票按储蓄所及储蓄存款种类设立并登记分户账。根据审查后各储蓄所科目日结单重新汇编科目日结单并登记总账。在总账与分户账核对相符后，将各储蓄所账并入全辖账内，编制全行日计表。

（2）并表

并表储蓄所自己设有分户账和总账，每日自行进行总分核对，所以，管辖行对各储蓄所账务不再分设账户记载，只将审查后的各储蓄所日报表与管辖行当日的日计表进行合并，编制全辖日计表。

2. 管辖行的事后监督

（1）审核凭证和日报表

审核各项业务凭证内容是否真实完整，处理手续是否符合规定，凭证所记金额与日报表各科目的借贷发生额是否相符，根据昨日与本日日报表复核总账余额，储蓄结存户数、空白重要凭证结存数是否计算正确，审查库存现金数是否超过规定限额。

（2）逐笔明细监督

管辖行对储蓄所的各类储蓄存款应设立明细分户账进行监督。由于银行电算化的普及，大中城市的储蓄所多已采用电脑进行事后监督。一般是对原始凭证进行二次记账，即在审查凭证、日报表无误的基础上，将各类凭证按新开户、续存、支取、销户等类型进行清分，然后将各种凭证输入电脑，由电脑进行逐户逐日核对监督。

五、其他储蓄品种

（一）教育储蓄存款

1999 年国家为了支持非义务教育的发展，鼓励家庭积蓄资金，帮助孩子完成求学人生，出台了教育储蓄这一扶植政策。

教育储蓄存款是一种零存整取方式的储蓄种类，开户起存金额为50元，本金合计最高限额为2万元，存期分为一年、三年、六年。

(1) 教育储蓄的对象是小学四年级至高中的在校学生。

(2) 教育储蓄存款在其约定的存期内至少要存款两次，也就是说，在2万元的限额内，可以一次存入1万元，不能一次性存入最高限额2万元。

(3) 教育储蓄实行优惠利率。储户凭开始接受非义务教育（含全日制高中、大中专、大学本科、硕士、博士研究生）的录取通知书原件或学校开具的相应证明原件到期支取时，一年期、三年期按开户日同期同档次整存整取定期储蓄存款利率计息；六年期按开户日五年期整存整取定期储蓄存款利率计息，免征储蓄存款利息所得税。

储户到期支取不能提供“证明”的，一年期、三年期按开户日同期同档次零存整取定期储蓄存款利率计息，六年期按开户日五年期零存整取定期储蓄存款利率计息；征收储蓄存款利息所得税。

(4) 逾期支取时：储户提供证明的，存期内计息与到期支取相同，逾期部分按活期储蓄存款利率计息，并对逾期部分利息代扣储蓄存款利息所得税。

储户不能提供证明的，存期内计息与到期支取相同，逾期部分按活期储蓄存款利率计息，并对全部利息代扣储蓄存款利息所得税。

(5) 提前支取时：储户提供证明的，该笔存款利率“按实际存期和开户日同期档次整存整取定期储蓄存款利率”计息，免征储蓄存款利息所得税。储户不能提供证明的，按实际存期和支取日活期储蓄存款利率计息。

(二) 个人通知储蓄存款

个人通知储蓄存款是一次存入本金，由银行发给存折，不约定存期，支取时需提前通知银行，约定支取时间和金额，一次或多次提取存款的储蓄。

个人通知储蓄存款的起存金额较高，为5万元。包括一天通知存款和七天通知存款。个人取款时应提前一天或七天通知银行约定支取存款。利率按实际存期的同档次利率计算，以取款当日中国人民银行公告的利率为准。

本章小结：

存款是商业银行的传统业务，存款包括多种形式。商业银行对存款业务进行核算时，要遵守正确使用存款账户、维护存款人的合法权益、银行不予垫付款项、办理业务准确即时等核算要求。

商业银行受理存款业务前，要接受客户的开户。就单位而言，其在银行开立的人民币银行结算账户按用途分为基本存款账户、一般存款账户、专用存款账户和临时存款账户，其中，基本存款账户是存款人在银行的主办账户，存款人只能在一家银行开设一个基本存款账户。

商业银行的存款业务主要分为对公业务和储蓄业务。对公存款主要包括单位活期存款和单位定期存款；储蓄存款主要包括活期储蓄、定期储蓄、定活两便储蓄和通知储蓄存款，定期储蓄存款按存取方式不同，又分为整存整取、零存整取、整存零取和存本取息。就其核算而言，大体包括存入、支取、结息等业务的核算。

复习思考题：

1. 存款业务的核算要求有哪些？
2. 人民币银行结算账户包括哪两类？单位银行结算账户的四类账户的用途有何规定？
3. 单位活期存款的利息如何核算？
4. 整存整取定期储蓄存款的利息如何核算？
5. 零存整取定期储蓄存款的利息如何核算？

第三章　银行贷款业务核算

本章提要：本章共有四节内容。第一节，贷款业务核算概述。本节介绍了银行贷款的分类、贷款业务核算的要求以及贷款业务的账务核算方式，“逐笔核贷”最为常用，适合所有贷款方式。第二节，对公贷款与票据贴现业务的核算。这是本章学习的重点，应全面掌握。本节主要介绍了对公贷款业务与贴现业务的处理，重点讲解了新企业会计准则下贷款发放、后续计量及收回的核算。第三节，个贷业务的核算。介绍个人消费贷款的种类和住房按揭贷款的核算。第四节，贷款资产减值业务的核算。这也是本章学习的重点，应全面掌握。主要介绍了按照新企业会计准则的要求如何计提贷款损失准备以及相应的账务处理。

第一节　贷款业务核算概述

一、贷款业务核算的意义

贷款系指经国务院银行业监督管理机构批准的金融机构，以社会公众为服务对象，以还本付息为条件，出借的货币资金。贷款业务系指经国务院银行业监督管理机构批准的金融机构所从事的以还本付息为条件出借货币资金使用权的营业活动。贷款业务是商业银行资产类的主要业务，在商业银行资产业务中所占的比重较大，也是我国商业银行三大传统业务之一。

商业银行根据国家的政策导向，通过贷款业务分配资金，一方面从宏观上调节全社会资金的总量和结构，从微观上促进企业改善经营管理，提高经济效益，增强偿贷能力；另一方面，贷款是目前我国商业银行的主要生息资产，是商业银行利润的主要来源。因此，做好贷款业务的核算工作，对保证各项贷款业务的顺利实现，调节市场资金供求，促进经济发展，增加银行收入等意义重大。

二、贷款的分类

银行贷款按照不同的分类标准，可划分为多种不同的形式。

（一）银行贷款按期限划分

根据《贷款通则》第九条规定，银行贷款根据期限的长短，可分为短期贷款、中期贷款、长期贷款。短期贷款系指贷款期限在一年以内（含一年）的贷款；中期贷款系指贷款期限在一年以上，五年以下（含五年）的贷款；长期贷款系指贷款期限在五年（不含五年）以上的贷款。

（二）银行贷款按质量划分

银行贷款按资产质量划分，可分为正常贷款和不良贷款两大类。

根据《贷款风险分类指导原则》的规定，银行贷款可以划分为五级分类。即正常、关注、次级、可疑和损失。后三类合称为不良贷款。

其中：

（1）正常贷款，指借款人能够履行合同，没有足够的理由怀疑贷款本息不能按时足额偿还。

（2）关注贷款，指尽管借款人目前有能力偿还本息，但存在某种可能对偿还产生不利影响的因素。

（3）次级贷款，指借款人的还款能力出现明显问题，完全依靠其正常营业收入已无法保证足额偿还本息，即使执行担保，也可能会造成一定的损失。

（4）可疑贷款，指借款人无法保证足额偿还本息，即使执行抵押或担保，也肯定要造成较大损失。

（5）损失贷款，指在采取所有可能的措施和一切必要的法律程序之后，本息仍然无法收回，或只能收回极少部分。其相当于原来划分的呆账贷款。

（三）银行贷款按方式划分

银行贷款按方式可以划分为信用贷款、担保贷款和票据贴现三种类型。

（1）信用贷款，系指没有担保、仅依据借款人的信用状况发放的贷款。

（2）担保贷款，系指由借款人或第三方依法提供担保而发放的贷款。担保贷款包括保证贷款、抵押贷款、质押贷款。保证贷款、抵押贷款、或质押贷款是指按《中华人民共和国担保法》规定的保证方式、抵押方式或质押方式发放的贷款。

（3）票据贴现是指贷款人以购买借款人未到期商业票据的方式发放的贷款。

（四）银行贷款按对象划分

银行贷款按贷款对象划分，可分为对公贷款和个人消费贷款。

此外，按贷款资金的用途不同可分为流动资金贷款、固定资产贷款、更新改造贷款、技术改造贷款、并购融资贷款、国债技改贴息贷款、消费信贷等。短期贷款按借款行业不同可分为工业贷款、商业贷款、建筑业贷款、农业贷款、乡镇企业贷款、三资企业贷款、私营企业贷款和其他短期贷款；贷款还可按责任主体不同，分为自营贷款和委托贷款；按功能划分为政策性贷款和商业性贷款等。

三、贷款业务的账务核算方式

在银行贷款中，贷款的审批权由银行信贷部门负责，贷款的具体发放与收回则是会计部门的职责。目前，会计部门的账务核算采用了四种核算方式：

即逐笔核贷、存贷合一、定期调整、下贷上转。

在这四种核算方式中“逐笔核贷”最为常用。逐笔核贷的核算方式是指银行根据借款单位逐笔申请、银行逐笔审查、逐笔立据、逐笔发放，到期一次或分次收回本金。它适合所有贷款方式。

存贷合一的核算方式又称活放活收核算方式。是指将存款和贷款统一在一个账户内核算。此账户既核算贷款的发放与收回，又反映存款的增加或减少。期末，贷方余额，反映存款；借方余额反映贷款。特别应注意借方余额不得超过核定的限额。采用这种核算方式，借款人不需要逐笔申请，只要在核定的限额内进贷销还。目前，四大国有商业银行开办的法人存款账户巨额透支业务以及信用卡业务的贷记卡、准贷记卡实行的就是存贷合一核算方式。

定期调整贷款核算方式是为办理异地托收承付结算方式的结算贷款而设置的。企业办理托收承付的结算向异地发货时，由于在途资金的占用，造成企业经营资金周转的困难。为帮助企业资金正常运转，商业银行以企业的托收金额为贷款保证向企业发放贷款，并随时感觉在途资金的增减变化，主动调整贷款金额。目前，此种贷款已改为临时（短期）贷款。

下贷上转贷款核算方式是指银行用来核算非独立核算单位收购农副产品时，发放贷款的核算方式。这些单位在批准的贷款额度内，直接在采购地贷款，然后定期将贷款上划上级借款单位。目前，银行为存款人的“收入汇缴资金和业务支出资金”（是指基本存款账户存款人附属的非独立核算单位或派出机构发生的收入或支出的资金。）开设专用存款账户。其贷款期限多为短期。

四、贷款业务核算的要求

（一）会计部门应严格资金划转手续，强化资金用途管理

会计部门应严格按照监会2009年7月发布的《固定资产贷款管理暂行办法》、《项目融资业务指引》，以及2010年2月发布的《流动资金贷款管理暂行办法》、《个人贷款管理暂行办法》的规定，根据贷款项目进度和有效贷款需求，在借款人需要对外支付贷款资金时，根据借款人的提款申请以及支付委托，将贷款资金通过贷款人受托支付或自主支付方式，支付给符合合同约定的借款人交易对象。通过有效监测贷款资金的使用用途，以确保银行信贷资金真正进入实体经济。

（二）坚持自营贷款与委托贷款、商业性贷款与政策性贷款分别核算

自营贷款是指商业银行以合法方式筹集的资金自主发放的贷款，其风险由商业银行承担，并由商业银行收取本金和利息。委托贷款是指委托人提供资金，由商业银行（受托人）根据委托人确定的贷款对象、用途、金额、期限、利率等而代理发放、监督使用并协助收回的贷款，其风险由委托人承担。商业银行发放委托贷款时，只收取手

续费，不得代垫资金。商业银行因发放委托贷款而收取的手续费，按收入确认条件予以确认。因此，自营贷款与委托贷款应分账核算。

发放政策性贷款是由国家依据产业政策和经济发展需要，以计划形式安排的。政策性贷款支持的项目或企业不仅是必保项目，而且具有优先发展的性质。由于这种贷款侧重于长远利益，所以风险大，且低息或无息。商业性贷款是银行自主决策的贷款，以盈利为目的。因此，政策性贷款与商业性贷款应分账核算，会计期末，分别编制会计报表。

（三）正确核算贷款本息与贷款减值准备

贷款初始计量采用公允价值，资产负债表日，按实际利率计算其摊余成本及各期利息收入。

商业银行应当在资产负债表日对以公允价值计量且其变动计入当期损益的金融资产以外的金融资产的账面价值进行检查，有客观证据表明该金融资产生减值的，应当计提减值准备。具体说，对于单项金额重大的贷款，有客观证据表明其发生了减值的，应当计算资产负债表日的未来现金流量现值，该现值低于其账面价值之间的差额确认为贷款减值损失，计提减值准备，计入当期损益。对于单项金额不重大的贷款，可以单独测试或采用组合的方式进行贷款减值测试。商业银行可以根据自身风险管理模式和数据支持程度，选择合理的方法确认和计量减值损失。

第二节　对公贷款与票据贴现业务的核算

一、设置和运用的账户

（一）贷款

资产类账户，用于核算商业银行按规定发放的各种客户贷款。本账户可按贷款类别、客户，分为“本金”、“利息调整”、“已减值”等进行明细核算。本账户期末借方余额，反映商业银行按规定发放尚未收回贷款的摊余成本。

（二）贷款损失准备

资产类账户，用于核算商业银行贷款的减值准备。本账户可按计提减值准备的资产类别进行明细核算。本账户期末贷方余额，反映商业银行已计提但尚未转销的贷款损失准备。

（三）应收利息

资产类账户，用于核算商业银行交易性金融资产、持有至到期投资、可供出售金融资产、发放贷款、存放中央银行款项、拆出资金、买入返售金融资产等应收取的利息。本账户可按借款人或被投资单位进行明细核算。本账户期末借方余额，反映商业银行尚未收回的利息。

（四）利息收入

损益类账户，用于核算商业银行确认的利息收入。本账户可按业务类别进行明细核算。期末，应将本账户余额转入“本年利润”账户，结转后本账户无余额。

（五）资产减值损失

损益类账户，用于核算商业银行计提各项资产减值准备所形成的损失。本账户可按资产减值损失的项目进行明细核算。期末，应将本账户余额转入“本年利润”账户，结转后本账户无余额。

（六）抵债资产

资产类账户。本账户核算商业银行依法取得并准备按照有关规定进行处置的实物抵债资产的成本。本账户可按抵债资产类别及借款人进行明细核算。本账户期末借方余额，反映商业银行取得的尚未处置的实物抵债资产的成本。

（七）贴现资产

资产类账户。本账户核算商业银行办理商业票据的贴现、转贴现等业务所融出的资金。本账户可按贴现类别和贴现申请人进行明细核算。本账户期末借方余额，反映商业银行办理的贴现、转贴现等业务融出的资金。

二、信用贷款的核算

信用贷款是商业银行根据借款单位的信誉发放的，不需要提供担保的一种贷款。

商业银行是否向客户采用信用方式发放贷款，需根据借款人的信用等级进行综合考评。

对信用等级符合要求的或者符合国家产业政策，资产负债低，具有良好的盈利性和成长性，财务管理日趋稳健，无不良信用记录的企业可考虑发放信用贷款。

（一）贷款发放的核算

借款单位向银行申请贷款时，应向银行信贷部门提出书面申请，经信贷部门审核批准后，双方商定贷款的额度、期限、用途和利率等，并签订借款合同。借款单位填制一式五联借款凭证（借款借据）送交银行信贷部门审批。凭证第一联回单联；第二联为转账借方凭证；第三联为转账贷方凭证；第四联由信贷部门留存；第五联由会计部门专夹保管，在贷款本息还清或核销时做相应账务处理凭证的附件。单位在各联借据上加盖预留印鉴。

经信贷部门审查同意后，送交会计部门凭以办理，并发放电子许可证。

会计部门收到借款凭证和许可证，应认真审查有无信贷部门审批意见，各项内容的填写是否正确完整、大小写金额是否一致，印鉴是否相符等。审查无误后，入录记账要素，由系统自动与电子许可证核对。核对无误，记账的会计分录为：

借：贷款——信用贷款××户（本金）

贷：吸收存款——活期存款××户

如有差额借记或贷记“贷款——利息调整”账户。

第一联借据回单联加盖银行业务公章后退借款单位；第五联会计部门按贷款到期日先后顺序排列保管。

（二）资产负债表日的核算

资产负债表日，贷款要按实际利率法，采用摊余成本进行后续计量。即按贷款的合同本金和合同利率计算确定的应收未收利息，借记“应收利息”账户，按贷款的摊余成本和实际利率确定的利息收入，贷记“利息收入”账户，按其差额，借记或贷记“贷款”（利息调整）账户。会计分录为：

借：应收利息

（或借：贷款——××贷款××户（利息调整））

贷：利息收入

贷款——××贷款××户（利息调整）

所谓实际利率法，是指按照金融资产或金融负债（含一组金融资产或金融负债）的实际利率计算其摊余成本及各期利息收入或利息费用的方法。

摊余成本，是指该金融资产或金融负债的初始确认金额经下列调整后的结果：

——扣除已偿还的本金；

——加上或减去采用实际利率法（而非直线法）将该初始确认金额与到期日金额之间的差额进行摊销形成的累计摊销额；

——扣除已发生的减值损失（仅适用于金融资产）。

实际利率，是指将金融资产或金融负债在预期存续期间或适用的更短期间内的未来现金流量，折现为该金融资产或金融负债当前账面价值所使用的利率。

即当“金融资产或金融负债到期本金的贴现值+各期利息贴现值=该金融资产或金融负债的面值+溢价（-折价）+交易费用或贷款本金+（-）贷款利息调整”时的贴现率。

例1　甲行2007年1月1日发放一笔2 000万元的贷款，客户预付费用0.5%（10万元），贷款利率8%，于每年年末支付利息，2009年12月31日偿还本金。

首先，计算确定实际利率：

2 000万元-10万元=三年来每年利息160万元的贴现值+第三年末贷款本金2 000万元的贴现值

经计算实际利率为：8.151 47%

其次，计算确定2007年年末摊余成本：

2 000万元-10万元+按实际利率计算的利息162.214 3万元-按合同确定利率计算的利息160万元=1 992.214 3万元。

年度	年初摊余成本 ①	利息收入 ②＝①×实际利率 8.151 47 %	现金流入 ③＝面值×合同 利率8%	年末摊余成本 ④＝①＋②－③
2007	1 990	162.214 3	160	1 992.214 3
2008	1 992.214 3	162.394 8	160	1 994.609 1
2009	1 994.609 1	165.390 9	160＋2 000	0

甲行应做如下会计分录：

发放贷款时：

借：贷款——××贷款××户（本金）　　20 000 000

　贷：吸收存款——活期存款××户　　19 900 000

　　　贷款——××贷款××户（利息调整）　　100 000

2007年年末确认实际利息收入、收到票面利息时：

借：应收利息　　1 600 000

　　贷款——××贷款××户（利息调整）　　22 143

　贷：利息收入　　1 622 143

借：吸收存款——活期存款××户　　1 600 00

　贷：应收利息　　1 600 000

2008年年末确认实际利息收入、收到票面利息时：

借：应收利息　　1 600 000

　　贷款 ——××贷款××户（利息调整）　　23 948

　贷：利息收入　　1 623 948

借：吸收存款——活期存款××户　　1 600 00

　贷：应收利息　　1 600 000

2009年年末，确认实际利息收入、收到票面利息和本金时：

借：应收利息　　1 600 000

　　贷款——××贷款××户（利息调整）　　53 909

　贷：利息收入　　1 653 909

借：吸收存款——活期存款××户　　21 600 00

　贷：应收利息　　1 600 000

　　　贷款——××贷款××户（本金）　　20 000 000

（三）贷款到期收回

贷款到期，应由借款单位主动向银行签发转账支票，会计部门审查支付凭证后，据此填制特种转账借、贷方凭证等办理转账。会计分录为：

借：吸收存款——活期存款××户（客户归还金额）

贷：应收利息

贷款——信用贷款××户（本金）

利息收入（差额）

存在利息调整余额的，还应同时结转。

转账后，将特种转账借方凭证（做付款通知）盖章后交还款人。贷款到期若借款单位未主动归还贷款，银行可视单位存款账户余额，按有关规定主动予以扣收。由银行填制特种转账凭证等进行账务处理。

（四）贷款展期与逾期的核算

1. 贷款展期的核算

贷款到期，借款单位因故不能按期归还贷款时，应在贷款到期前三天填制“贷款展期申请书”送交银行信贷部门审查。同意展期的贷款，由银行信贷部门通知会计部门办理展期手续。会计部门只需在原借款借据和贷款分户账上批注展期后的还款日期，展期申请书与原借据一并保管，不另进行账务处理。

2. 贷款逾期的核算

逾期贷款是指借款合同到期未归还的贷款。

会计部门应在贷款到期日营业终了前，根据原借据编制特种转账借、贷方传票将原贷款转入逾期贷款账户。会计分录为：

借：贷款——逾期贷款××户

贷：贷款——信用贷款××户

将逾期贷款的借据另行保管。对逾期贷款则从转入逾期贷款账户之日起，至还款之日止，按实际逾期天数和规定的罚息率（0.3‰－0.5‰）计收罚息。

三、担保贷款的核算

担保贷款包括抵押贷款、质押贷款和保证贷款。抵押贷款是指借款人或第三人不转移对抵押物的占有，银行将该抵押物作为债权的担保而发放的贷款。质押贷款是指借款人或第三人将其动产移交银行占有，或将某项权利出质给银行，银行以该动产或权利作为债权的担保而发放的贷款。保证贷款是指以第三人承诺在借款人不能偿还贷款时按约定承担一般保证责任或连带责任为前提而发放的贷款。

（一）抵押贷款的核算

抵押贷款是指按《中华人民共和国担保法》规定的抵押方式，以借款人或第三人的财产作为抵押物而发放的贷款。其特点：

（1）抵押贷款必须以借款人或第三人的财产作为抵押物，可减少银行贷款风险，比信用贷款安全。

（2）借款人能以较低的利率获得资金。

（3）由于具有还本付息的刚性，可促进借款人加强核算，合理使用贷款。

抵押贷款是以借款人的财产作为还款担保的，因此，必须严格按照规定审核抵押品。

根据《中华人民共和国担保法》第三十四条规定，下列财产可以抵押：（一）抵押人所有的房屋和其他地上定着物；（二）抵押人所有的机器、交通运输工具和其他财产；（三）抵押人依法有权处分的国有的土地使用权、房屋和其他地上定着物；（四）抵押人依法有权处分的国有的机器、交通运输工具和其他财产；（五）抵押人依法承包并经发包方同意抵押的荒山、荒沟、荒丘、荒滩等荒地的土地使用权；（六）依法可以抵押的其他财产。

《中华人民共和国物权法》第一百八十条也规范了债务人或者第三人有权处分的可以抵押财产：

（一）建筑物和其他土地附着物；

（二）建设用地使用权；

（三）以招标、拍卖、公开协商等方式取得的荒地等土地承包经营权；

（四）生产设备、原材料、半成品、产品；

（五）正在建造的建筑物、船舶、航空器；

（六）交通运输工具；

（七）法律、行政法规未禁止抵押的其他财产。

1. 抵押贷款发放

与信用贷款核算所不同的是：

（1）要办理抵押品入账手续，进行表外科目的核算：

（收入）：待处理抵押品——××资产××户（利息调整）

（2）发放抵押贷款入账的分录是：

借：贷款——抵押贷款××户（本金）

　贷：吸收存款——活期存款××户

若有差额，借或贷：贷款——抵押贷款××户（利息调整）

2. 资产负债表日

资产负债表日，抵押贷款要按实际利率法，采用摊余成本进行后续计量。可参照信用贷款该部分的核算。

3. 抵押贷款到期收回

抵押贷款到期，应由借款单位主动向银行签发转账支票，会计部门审查支付凭证后，据此填制特种转账借、贷方凭证等办理转账。会计分录为：

借：吸收存款——活期存款××户（客户归还金额）

　贷：应收利息

　　贷款——抵押贷款××户（本金）

利息收入（差额）

存在利息调整余额的，还应同时结转。

同时，根据信贷部门的通知办理抵押物退还手续，销记表外科目和抵押品登记簿。

（付出）：待处理抵押品——××资产××户

4. 贷款到期不能收回

（1）抵押贷款到期，借款人未破产，银行依法取得抵债资产，按抵债资产的公允价值：

借：抵债资产——××资产××户

贷款损失准备

（营业外支出）

贷：贷款——抵押贷款××户（已减值）

应收手续费及佣金

应交税金

资产减值损失

销记表外科目和抵押品登记簿时：

（付出）：待处理抵押品——××资产××户

抵押资产保管期间取得的收入和发生的直接费用：

借：库存现金等

贷：其他业务收入

借：其他业务成本

贷：库存现金等

（2）抵押资产处置时：

按实际收到的金额：

借：库存现金等

应交税金

（营业外支出）

贷：抵债资产

营业外收入

同时，借：抵债资产跌价准备

贷：资产减值损失

（3）取得抵债资产后转为自用：

《金融企业财务规则》第二十八条规定，抵债资产不得转为自用。因客观条件需要转为自用的，应当履行规定的程序后，纳入相应的资产进行管理。应在转换日：

借：固定资产等

贷：抵债资产（账面余额）

同时，借：抵债资产跌价准备

贷：资产减值损失

（二）保证贷款

保证贷款是指以第三人承诺在借款人不能偿还贷款时按约定承担一般保证责任或连带责任为前提而发放的贷款。为了保证贷款资金的安全，商业银行对经营风险较大、信用较差、大额贷款或因特殊情况经营项目复杂的贷款，应要求借款申请人提供贷款保证人，当债务人不能偿还借款时，保证人应按照规定履行债务或者承担还款的责任。

商业银行发放保证贷款时，必须严格审查保证人的资格：保证人必须是具有代为清偿债务的法人、其他经济组织或者公民。对于国家机关、企业法人的分支机构、职能部门不得作为保证人，但企业法人的分支机构如有企业法人的书面授权，可以在授权范围内提供保证。除此之外，银行还要审查保证人的清偿能力，了解保证人的财务会计报表、经营情况、未来发展情况等。只有对于那些符合保证资格且确有担保偿债能力的保证人，才可以接受其提供的担保，以避免出现在借款人不能按期偿还贷款的同时，保证人也不能履行其班长责任的情况。

同一债务有两个以上保证人的，保证人应当按照保证合同约定的保证份额，承担保证责任，没有约定保证份额的，保证人承担连带责任，债权人可以要求如何一个保证人承担全部保证责任。保证人都负有保证全部债权实现的义务，履行了债务的保证人，有权向债务人追偿或要求其他承担连带责任的保证人偿付其应当承担的份额。

保证贷款的发放与收回的处理与抵押贷款的核算相同，所不同的是保证贷款在借款人不能偿还贷款时，保证人按照规定履行债务或者承担责任。

（三）质押贷款

质押贷款是指借款人或第三人将其动产移交银行占有，或将某项权利出质给银行，银行以该动产或权利作为债权的担保而发放的贷款。质押贷款的关系人为借款人、出质人和质权人。出质人可以是借款人、借款人以外的第三人，质权人是发放贷款的商业银行。出质人和质权人应以书面形式订立质押合同，质押合同资质物移交质权人占有时生效。

质押贷款的发放基础是质物，质物可以是动产也可以是财产权利，以动产作质押的必须将动产移交发放贷款的商业银行占有，并订立质押合同。可以作质押的财产权利包括汇票、支票、本票、债券、存款单、仓单、提单，可以依法转让的股份、股票，可以依法转让的商标专用权、专利权、著作权中的财产权。以汇票、支票、本票、债券、存款单、仓单、提单作为质物的应当在合同约定的期限内将权利凭证交付发放贷款的商业银行；可以依法转让的股份、股票作为质物的应向证券登记机构办理出质登记；可以依法转让的商标专用权、专利权、著作权中的财产权应向出质人的管理机构办理出质登记。

质押贷款的会计处理与抵押贷款基本相同，贷款到期不能收回时商业银行可以所得质物的价款来抵偿贷款本息及其他相关费用。

四、票据贴现业务的核算

票据贴现是指贷款人以购买借款人未到期商业票据的方式发放的贷款。通过票据贴现，持票人可提前收回垫支于商业信用的资金，对贴现银行则是一种将商业信用转化为银行信用的融资业务。

（一）贴现业务的特点

贴现业务与贷款业务都是银行的资产业务，但两者相比又有明显的区别。

（1）行为方式不同。贷款是借款人与贷款人之间的资金借贷行为，只转移了资金使用权，遵循的是资金的有偿性原则；贴现是票据的买卖和资金让渡的过程，遵循的是给付对价原则即银行取得票据要给付资金，贴现申请人背书转让票据，要取得相应的对价并贴付一定利息。贴现申请人到期不再还本付息。票据到期，其收款权由银行行使。

（2）法律关系不同。贷款体现的是银行与借款人之间的民事法律关系，主要受民法、经济合同法及相关金融法规的约束；贴现体现的是银行与票据付款人之间的权利义务关系，贴现申请人只负责担保该票据到期付款的责任，这种关系主要受票据法的规范和约束。

（3）流动性不同。贴现期限不超过 6 个月，流动性较强，且持有银行可办理转贴现、再贴现，提前收回资金；贷款的期限除个别为短期外，一般比票据贴现期限长，无特殊情况不能提前收回，故流动性弱。

（4）计息方法不同。贷款是到期或定期计收利息；贴现则是预扣利息。

（二）贴现业务的核算

1. 审核并受理贴现凭证

持票人持未到期的商业汇票来行申请贴现时，应填制贴现凭证一式五联。第一联代贴现借方凭证，第二联代收款户贷方凭证，第三联代利息收入贷方凭证，第四联代收账通知，第五联为票据贴现到期卡。在第一联上加盖预留印鉴后，连同汇票送交银行。

银行信贷部门进行审查，符合贴现条件的，在贴现凭证“银行审批”栏签注“同意”字样，加盖有关人员印章送交会计部门。

会计部门接到贴现凭证及汇票后，经审核无误，按规定的贴现利率计算贴现利息和实付贴现金额。其计算公式为：

汇票到期值 = 汇票票面金额 + 汇票票面金额 × 年利率 ÷ 360 × 汇票天数

贴现利息 = 汇票到期值 × 贴现天数 × （月贴现率 ÷ 30）

实付贴现金额 = 汇票到期值 − 贴现利息

在贴现凭证有关栏内填上贴现率、贴现利息和实付贴现金额。以贴现凭证第一联代贴现科目借方传票，第二、三联分别作有关科目贷方传票办理转账。按贴现票面金额，借记“贴现资产”账户（面值），按实际支付的金额，贷记“吸收存款”账户，按其差额，贷记“贴现资产”（利息调整）账户。

其会计分录为：

借：贴现资产——商业承兑汇票或银行承兑汇票 × × 户（面值）

　　贷：吸收存款——活期存款 × × 户

　　　　贴现资产——商业承兑汇票或银行承兑汇票 × × 户（利息调整）

编制表外科目收入传票，登记表外科目明细账时：

（收入）有价单证—买入票据实务

2. 资产负债表日

按照实际利率计算确认当期贴现利息收入，借记“贴现资产”（利息调整）账户，贷记“利息收入”账户。

其会计分录为：

借：贴现资产——商业承兑汇票或银行承兑汇票××户（利息调整）

　贷：利息收入

3. 贴现票据到期

商业汇票贴现款的收回是通过委托收款方式进行的。贴现银行作为收款人应于汇票到期前匡算邮程，提前填制委托收款凭证连同汇票一并向付款人开户行或承兑银行收取票款。

（1）付款人开户行或承兑银行的处理

付款人开户行或承兑银行受到委托收款凭证和汇票后，对于商业承兑汇票，于汇票到期日将票款从付款人账户付出。

其会计分录为：

借：吸收存款——活期存款××户

　贷：清算资金往来

如付款人无款支付或拒绝付款，付款人开户行应将凭证、汇票、拒付理由书退回贴现银行。

对于银行承兑汇票，承兑银行会计分录为：

借：吸收存款——其他存款（应解汇款）承兑中法人户

　贷：清算资金往来

（2）贴现行收到汇划款项的处理：

贴现银行收到划回款项时，按照委托收款的款项划回的有关手续处理。按实际收到的金额，借记“清算资金往来”、“存放中央银行款项”等账户，按贴现的票面金额，贷记“贴现资产”账户（面值），结转存在的利息调整余额，借记“贴现资产”账户（利息调整），按其差额贷记“利息收入”账户。

其会计分录为：

借：清算资金往来

　　贴现资产——商业承兑汇票或银行承兑汇票××户（利息调整）

　贷：贴现资产——商业承兑汇票或银行承兑汇票××户（面值）

　　　利息收入

编制表外科目付出传票，登记表外科目明细账时：

（付出）有价单证—买入票据实务

（3）到期未收回

贴现银行如收到付款人开户行退回的委托收款凭证、拒付理由书和汇票时，向贴现申请人收回已贴现的票款。收款时填制两联特种转账借方传票，在“转账原因”栏注明“未收回××号汇票，贴现款已从你账户收回”，一联代单位存款户借方传票，另一联加盖业务公章随同汇款交贴现申请人，原留存的第五联贴现凭证代贷方传票办理转账。

其会计分录为：

借：吸收存款——活期存款××户

　贷：贴现资产——商业承兑汇票××户

如贴现申请人存款账户余额不足支付票款，则将不足部分转作逾期贷款时：

借：吸收存款——活期存款××户

　　贷款——逾期贷款××户

　贷：贴现资产——商业承兑汇票××户

例2　2009年1月31日，某银行为其客户华西科技公司办理票据贴现。华西科技公司申请贴现的商业汇票票面金额100万元，6个月后到期。该银行办妥贴现业务，将实付贴现金额转入华西科技公司账户。2009年7月31日贴现到期，该银行收到票款100万元。设月贴现率为1.4‰。该银行做出会计分录如下：

2009年1月15日办理贴现时：

贴现利息＝1 000 000×6×1.4‰＝8 400（元）

实付贴现金额＝1 000 000－8 400＝991 600（元）

借：贴现资产——银行承兑汇票户（面值）　　1 000 000

　贷：吸收存款——活期存款华西科技公司户　　991 600

　　　贴现资产——银行承兑汇票户（利息调整）　　8 400

编制表外科目收入传票，登记表外科目明细账时：

（收入）有价单证——买入票据实务　　1 000 000

资产负债表日：

按照实际利率计算确认当期贴现利息收入并办理转账。

借：贴现资产——银行承兑汇票户（利息调整）　　1 400

　贷：利息收入　　1，400

2009年7月31日，贴现到期收回时：

借：清算资金往来　　1 000 000

　贷：贴现资产——银行承兑汇票户（面值）　　1 000 000

借：贴现资产——银行承兑汇票户（利息调整）　　1 400

　贷：利息收入　　1 400

编制表外科目付出传票，登记表外科目明细账时：

（付出）有价单证—买入票据实务　　1 000 000

第三节　个贷业务的核算

个人贷款是指商业银行向借款人个人发放的，用于其本人或家庭进行消费的人民币担保贷款。按照国外的经验，当人均 GDP 达到 1 000 ~ 3 000 美元时，该国就进入了消费信贷时期。在我国，许多城市人均 GDP 已超过 1 000 美元，与此同时，消费观念的变化也令大量的城市消费者把目光投向消费信贷。因此，积极开展个人贷款业务，对促进消费，扩大内需，推动生产，支持国民经济持续稳定发展以及调整信贷结构，提高信贷资产质量，具有十分重要的意义。

一、个人贷款种类

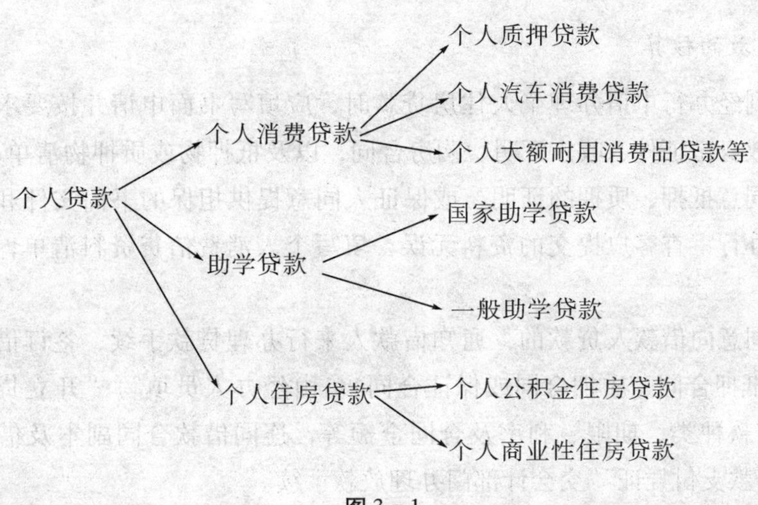

图 3 - 1

目前我国商业银行开展的个人信贷业务品种主要有个人消费贷款、国家助学贷款和个人住房贷款三大类。此外，各商业银行还在积极开发各种新的消费信贷品种，逐步扩大消费信贷的服务领域，如旅游贷款、个人小额度短期信用贷款、房车组合贷款、个人综合消费贷款等。

个人汽车消费贷款是指贷款人向申请购买汽车的借款人发放的人民币担保贷款。期限 3 ~ 5 年，担保方式可采用质押、抵押和保证等。贷款金额随担保方式不同而有所不同。

个人大额耐用消费品贷款是指贷款人向借款人发放的、用于其本人及家庭购买耐用消费品的人民币担保贷款。期限半年至两年。担保方式可采用质押、抵押和保证等。贷款金额 2 000 ~ 100 000 元，借款额最高不超过购物款的 70% ~ 80% 。

个人质押贷款是指借款人以储蓄存款、凭证式国债等有效权利作质押向贷款人提出申请并获得的人民币贷款。期限不得超过一年且不得超过质押品的到期日。只能采用质押担保方式。以储蓄存单质押的，贷款额度的起点是人民币2 000元，每笔贷款额不超过存单面额的90%。以国债质押的，贷款额度的起点是人民币5 000元，每笔贷款额不超过存单面额的90%。

“按揭”也称为住房抵押贷款，指购买者以支付一定数额的首期付款为条件，用新购买的房产作为抵押物，向金融机构申请长期贷款，然后按月偿还贷款本息的一种金融活动。

二、个人住房贷款的核算

个人住房贷款，通常其贷款额度最高为所购住房全部价款或评估价值的80%；住房公积金贷款数额不得超过借款人家庭成员退休年龄所交住房公积金数额的两倍。贷款期限最长为30年。

（一）贷款发放的核算

借款人到经办行申请办理个人住房贷款时，应填写书面申请并按要求提交有关资料，包括有效身份证件、收入证明、购房合同，以及抵押物或质押物清单、权属证明、有处分权人同意抵押、质押的证明，或保证人同意提供担保的书面文件和保证人的资信证明。经办行审查客户提交的资料无误，填写个人消费信贷资料清单，资料原件退客户。

经审批同意向借款人贷款的，通知借款人来行办理贷款手续，签订借款合同和担保合同（指抵押合同、质押合同或保证合同）。由经办人员填写“开立贷款账户通知书”，注明贷款种类、期限、利率及合同金额等，连同借款合同副本及借款人填写的“个人住房贷款支付凭证”交会计部门办理放款手续。

会计部门收到信贷部门转来的凭证，凭以办理开户手续。为借款人开立贷款账户，编列账号，开户书专夹保管。如借款人担保方式为抵押或质押，还需根据抵押或质押金额通过“担保物”表外科目登记反映。

借款人使用贷款时，应审查其填写的支付凭证有无信贷部门审批意见；各项内容填写是否正确完整；大小写金额是否正确、是否一致；印鉴是否相符等。审查无误后，办理转账。

如售房单位未在本行开户时：

借：贷款——个人住房贷款××户

　贷：清算资金往来

如售房单位在本行开户时：

借：贷款——个人住房贷款××户

　贷：吸收存款——活期存款××售房单位户

（二）贷款按期收回的核算

个人住房贷款的还款方式有多种，比较常用的是等额本息还款法和等额本金还款法。

等额本息还款法：贷款每月以相等的额度平均偿还贷款本息。

$$\text{每月偿还贷款本息金额} = \frac{\text{贷款本金} \times \text{日利率} \times 30 \times (1 + \text{日利率} \times 30)^{\text{还款总月数}}}{(1 + \text{日利率} \times 30)^{\text{还款总月数}}} - 1$$

还款当月应还利息＝贷款本金×日利率×30

应还本金＝每月偿还贷款本息金额－当月应还利息

等额本金还款法：在每月（季）固定的还款日，等额地偿还贷款的本金，贷款利息随本金逐月（季）递减。

（1）按月等额本金归还法

贷款每次归还的本金＝贷款总金额÷贷款期月数

贷款每次归还的利息＝（贷款总金额－已归还贷款本金累计金额）×日利率×30

（2）按季等额本金归还法

贷款每次归还的本金＝贷款总金额÷贷款期季数

贷款每次归还的利息＝（贷款总金额－已归还贷款本金累计金额）×日利率×90

借款人偿还贷款本息有现金还款和委托扣款方式。

其会计分录分别为：

借：库存现金

　　贷：贷款——个人住房贷款××户

　　　　利息收入

或　借：吸收存款——活期储蓄存款××户

　　贷：贷款——个人住房贷款××户

　　　　利息收入——贷款利息收入户

第四节　贷款减值业务的核算

一、贷款减值概述

《企业会计准则》第8号“资产减值”规定，企业应当在资产负债表日判断资产是否存在可能发生减值的迹象，如存在，应当估计其可收回金额，当资产的可收回金额低于其账面价值时，企业需要通过计提减值准备的形式将资产的账面金额调减至可收回金额，调减的金额直接以成本形式计入当期损益。

CAS22金融工具准则规定，除交易性金融资产外，其他金融资产均应在期末采用个案基准和组合基准相结合的方式，通过公允价值或未来现金流量折现法确认和计量资产减值损失，减值一经确认不得随意转回。

1. 可收回金额的估计

（1）企业继续使用资产的可收回金额代表了资产的使用价值，一般用资产预计未来现金流量的现值来计量，所采用的折现率是在购置或投资资产时所要求的必要报酬率。

（2）企业出售资产的可收回金额代表了资产的交换价值，准则要求用公允价值减去处置费用来计量。

由于理性的企业经营者自然会选择带来较高经济利益的资产处置方式，因此，减值准则要求根据资产的公允价值减去处置费用后的金额与现值两者之间较高者确定可收回金额。

2. 减值的确认

对于单项金额重大的贷款，有客观证据表明其发生了减值的，应当计算资产负债表日的未来现金流量现值（以初始确认时确定的实际利率作为折现率），该现值低于其账面价值之间的差额确认为贷款减值损失。

采用组合方式进行减值测试的贷款，商业银行可以根据自身风险管理模式和数据支持程度，选择合理的方法确认和计量减值损失，例如，“迁移模型法”、“滚动率模型法”等。

贷款资产发生减值时，应当将该金融资产的账面价值减记至预计未来现金流量（不包括尚未发生的未来信用损失）现值，减记的金额确认为资产减值损失，计入当期损益。

3. 计提贷款损失准备的资产范围

计提贷款减值准备的资产包括贴现资产、拆出资金、客户贷款、银团贷款、贸易融资、协议透支、信用卡透支、转贷款和垫款等。

二、贷款减值的核算

以摊余成本计量的贷款资产发生减值时，应当将该金融资产的账面价值减记至预计未来现金流量（不包括尚未发生的未来信用损失）现值，减记的金额确认为资产减值损失，计入当期损益。

根据金融工具会计准则的要求，按摊余成本核算的金融资产预计未来现金流的现值，应当按照金融资产的原始实际利率（而非名义利率）进行折现。

（一）资产负债表日的处理

资产负债表日，银行确定贷款发生减值的，按应减记的金额，借记“资产减值损失”账户，贷记“贷款损失准备”账户。同时，将“贷款”账户（本金、利息调整）余额转入“贷款”账户（已减值），借记“贷款”账户（已减值），贷记“贷款”账户（本金、利息调整）。

其会计分录为：

借：资产减值损失

　贷：贷款损失准备

同时，借：贷款——××贷款××户（已减值）

　　贷：贷款——××贷款××户（本金、利息调整）

对已减值的贷款，在资产负债表日，应按贷款的摊余成本和实际利率计算确定利息收入，借记“贷款损失准备”账户，贷记“利息收入“账户。

其会计分录为：

借：贷款损失准备

　贷：利息收入

同时，按合同本金和利率计算确定的应收利息，在表外进行登记时：

收入：应收未收利息

（二）收回减值贷款

商业银行收回减值贷款时，应按实际收到的金额，借记“吸收存款”、“存放中央银行款项”等账户，按相关贷款损失准备余额，借记“贷款损失准备”账户，按相关贷款余额，贷记“贷款”账户（已减值），按其差额，贷记“资产减值损失”账户。

其会计分录为：

借：吸收存款等（实际收到金额）

　贷款损失准备（相关贷款损失准备余额）

　贷：贷款——××贷款××户（已减值）（相关贷款余额）

　　资产减值损失（按以上差额）

（三）减值恢复

贷款资产确认减值损失后，如有客观证据表明该资产价值已恢复，且客观上与确认该损失后发生的事项有关（如债务人的信用评级已提高等），原确认的减值损失应当予以转回，计入当期损益。但是，该转回后的账面价值不应当超过假定不计提减值准备情况下该贷款资产在转回日的摊余成本。按恢复增加的金额，借记“贷款损失准备”账户，贷记“贷款减值损失”账户。

其会计分录为：

借：贷款损失准备

　贷：资产减值损失

（四）核销

从政策层面理解，呆账核销有如下规定：

一是在核销内容上明确可核销的呆账包括债权和股权的本金及利息（或股息），息随本清。

二是确定以法院执行终结裁定书、破产终结裁定书、工商局注销企业营业执照证明等法律文件作为呆账核销的主要依据。

三是明确“账销案存”。（除法律法规规定债务与债权关系已完全终结）

银行对于确实无法收回的各项贷款，按照管理权限报经批准后转销各项贷款。借记“贷款损失准备”账户，贷记“贷款”账户（已减值）。

其会计分录为：

借：贷款损失准备

　贷：贷款——××贷款××户（已减值）

按管理权限报经批准后转销表外应收未收利息。

付出：应收未收利息

（五）已核销的贷款又收回

对于已确认并核销以后又收回的贷款，按原核销的已减值贷款账面余额恢复。借记“贷款”账户（已减值），贷记“贷款损失准备”账户。按实际收到的金额，借记“吸收存款”、“存放中央银行款项”等账户，按原核销的已减值贷款余额，贷记“贷款”账户（已减值），按其差额，贷记“资产减值损失”账户。

其会计分录为：

借：贷款——××贷款××户（已减值）

　贷：贷款损失准备

借：吸收存款等

　贷：贷款——××贷款××户（已减值）

　　　资产减值损失

本章小结：

贷款业务是商业银行重要的生息业务。贷款有多种形式，贷款按不同分类标准的划分，有助于满足信息使用者对贷款信息的不同要求。

对公贷款的核算，主要包括贷款的发放、资产负债表日的后续计量、贷款收回等环节的处理。贷款初始计量采用公允价值，后续计量应采用实际利率法按摊余成本计量。摊余成本是指，金融资产或金融负债的初始确认金额，扣除已偿还的本金，加上（或减去）采用实际利率法将该初始确认金额与到期日金额之间的差额进行摊销形成的累计摊销额，并扣除已发生的减值损失后的金额。贷款利息的核算，应在资产负债表日，以摊余成本为依据，采用实际利率法确认利息收入。实际利率是指将金融资产或金融负债在预期存续期间或适用的更短期间内的未来现金流量，折现为该金融资产或金融负债当前账面价值所使用的利率。

贴现业务的核算，主要包括贴现的办理与贴现到期的处理。

银行贷款发生减值时，应将其账面价值与预计未来现金流量现值之间的差额，确认为减值损失，计入当期损益。

复习思考题：

1. 简述贷款的分类。
2. 贷款和票据贴现有何联系与区别？
3. 试比较新、旧准则下贷款利息核算的差异。
4. 如何理解按现值法计提贷款损失准备？
5. 贷款发生减值时如何核算？

第四章 银行中间业务的核算

本章提要：本章共有三节内容。第一节，中间业务核算概述。明确中间业务的概念、特点和分类是学习中间业务核算的前提和基础。第二节，支付结算业务的核算。这是本章学习的重点。本节在介绍了支付结算业务的种类和各种结算方式的基本规定的基础上，重点讲解了“三票一卡”结算业务的核算。第三节，代理业务的核算。主要介绍代理保险业务和代理基金的核算。第四节，委托贷款业务的核算。介绍了银行代委托人发放、监督使用并协助回收贷款的核算。

第一节 中间业务核算概述

一、中间业务概念

《巴塞尔协议》对中间业务的定义是：中间业务包括客户资产管理、贷款承诺业务、担保业务和金融工具创新业务。

银监会颁发的《商业银行中间业务暂行规定》第三条，中间业务是指不构成商业银行表内资产、表内负债，形成银行非利息收入的业务。

二、中间业务分类

根据《商业银行中间业务参考分类及定义》，商业银行中间业务可分为九大类：

（1）支付结算类中间业务，包括国内外结算业务；

（2）银行卡业务，包括信用卡和借记卡业务；

（3）代理类中间业务，包括代理证券业务、代理保险业务、代理金融机构委托、代收代付等；

（4）担保类中间业务，包括银行承兑汇票、备用信用证、各类银行保函等 ；

（5）承诺类中间业务，主要包括贷款承诺业务；

（6）交易类中间业务，例如远期外汇合约、金融期货、互换和期权等；

（7）基金托管业务，例如封闭式或开放式投资基金托管业务；

（8）咨询顾问类业务，例如信息咨询、财务顾问等；

（9）其他类中间业务，例如保管业务等。

以上中间业务按照是否给商业银行带来或有事项，可以分为不形成或有事项的中间业务和形成或有事项的中间业务。

不形成或有事项的中间业务：发生时会为商业银行带来手续费、佣金等收入，业务类型有本、外币结算、银行卡、代理业务、咨询顾问类业务等；

形成或有事项的中间业务：发生时不但为商业银行带来手续费、而且同时形成或有事项，这些或有事项在一定条件下可能会转化为表内资产或表内负债，业务类型有信用证、备用信用证、票据担保、贷款承诺等。所以对两类中间业务的会计处理方法也就不同。

三、对两类中间业务的会计处理方法

对于不形成或有事项的中间业务，在发生时应确认为“手续费及佣金收入”；对于形成或有事项的中间业务，在发生时确认手续费及佣金收入，同时记表外账（单式记账法）；期末，在资产负债表的附注中披露此类中间业务引起的或有负债的期末余额。

第二节　支付结算业务的核算

一、支付结算业务概述

（一）概念

（1）结算（Settlement）系为实现因货物买卖、服务贸易、金融投资、消费等引发的债权债务及资金转移而发生的货币收付。结算按其支付的形式的区别，分为现金结算和转账结算两种。

（2）现金结算即直接用现金进行的货币收付，其充分运用了货币流通手段的职能。

（3）转账结算是通过银行划账的方式（即将款项从付款人账户划转到收款人账户），实现资金在银行账户上的转移。其充分运用了货币支付手段的职能。

转账结算的特点：

①转账结算以有价结算凭证为形态。

银行转账结算所运用的各种信用工具或转账凭证虽然无固定面额，无固定银行发行，但其是存款货币的一种形态，是以有价结算凭证出现的，能够代替现金货币发挥货币的流通手段和支付手段的职能。

②转账结算以银行为支付中介机构。

在一切交易过程中，货币沿着买方—银行—卖方的程序进行结算。正因为如此，现代商业银行具有支付中介的功能。

③转账结算靠科学的管理维护正常秩序。

通过银行办理转账结算，目的是快速、有序、安全地实现货币所有权在经济和社会活动参与者间的转移。而此目的的实现需要科学地管理作为保障。比如：在一个国家的转账结算中，票据结算占有十分重要的地位。从票据的开立、流通、支付到票据的清分、交换，均建有一套相应的制度及运作程序。

④支付结算是指单位、个人在社会经济活动中，使用票据、信用卡和汇兑、托收

承付、委托收款等结算方式进行货币给付及其资金清算的行为。

支付结算的优点：能够保证结算资金的安全；减少现金流通量，节约社会流通费用；缩短结算过程，加速社会资金的周转。同时，有利于商业银行集中各单位、个人的闲散资金，稳定和扩大商业银行的信贷资金来源。

支付结算的局限性：要受银行营业时间的限制；要受凭证的填制格式、有效期等条件的限制；要受会计核算手续的限制。

（二）支付结算原则

支付结算原则，是指单位、个人和商业银行在办理支付结算时，必须共同遵守的行为准则。为促进商品经济的发展，强化各单位信用观念和承担资金清算责任，单位和个人办理支付结算以及银行会计部门在组织支付结算业务核算时，必须认真贯彻执行以下支付结算原则，以保证资金清算的顺利进行。

1. 恪守信用，履约付款

办理支付结算的收付款双方及各自的开户银行，必须共同遵守合同规定，履行各方职责。付款方必须履约付款，不得任意拖欠款项、无理拒付款项；收款方也应按照合同约定，履行自己的义务。商业银行更应严格按照有关规定认真履行结算中介机构的责任，及时、准确地为双方收付款项，避免引起结算纠纷。

2. 谁的钱进谁的账，由谁支配

商业银行在办理支付结算业务时，必须保护客户对其存款的所有权和使用权。银行只能根据付款人的委托，为其代理存款货币的支付；根据有关经济合同或协议，为收款人代理账户款项的收存。同时，商业银行必须依法为单位、个人的存款保密，除国家法律规定和国务院授权银行监督项目外，其他部门委托监督的款项，银行不予受理，也不得代理任何单位查询、扣款，不得停止单位、个人对存款的正常支付。

3. 银行不垫款

银行在办理支付结算业务时处于中介地位，只接受客户的委托，向客户提供支付结算服务，为客户进行资金在账户之间的划转，而不承担垫付款项的责任。因此，商业银行办理支付结算，必须坚持“先付后收，收妥抵用”；各单位、个人支用款项时，应限制在银行存款账户的余额内。

（三）支付结算纪律

支付结算纪律是国家财经纪律的重要组成部分，它是维护结算秩序、促进结算业务正常进行的必要保证。具体包括以下两方面内容：

1. 办理结算业务的单位和个人应遵守的结算纪律

单位和个人不得违反规定开立和使用账户；不得签发没有资金保证的票据套取银行信用；不得签发、取得、转让没有真实商品交易和债权债务的票据，套取银行和他人资金；不得无理拒付，任意占用他人资金。

2. 商业银行应遵守的结算纪律

银行在办理结算业务时，不得以任何理由压票、任意退票、截留挪用客户和他行资金；不得无理拒绝支付应由银行支付的票据款项；不得受理无理拒付、不扣少扣滞纳金，影响社会资金的正常周转；不得违章签发、承兑、贴现票据，套取银行资金；不得签发空头银行本票、银行汇票和办理空头汇款；不得在支付结算制度之外规定附加条件，影响汇路畅通；不得违反规定开立和使用账户；不得拒绝受理、代理他行正常结算业务；不得放弃对企业单位违反结算纪律的制裁；不得逃避向人民银行转汇大额汇划款项。

（四）支付结算方式的种类

结算方式是指在一定条件下，采用一定的形式，以实现结算单位或个人之间资金收付的程序和方法。我国银行现行的支付结算方式由中国人民银行统一制定。

（1）按其所使用的支付结算工具不同分为票据、信用卡及银行结算方式，简称“三票一卡三方式”。“三票”是指支票、汇票和银行本票三种票据；“一卡”是指信用卡；“三方式”是指汇兑、委托收款和托收承付三种银行结算方式。

（2）按其使用的区域不同分为异地结算方式、同城结算方式、异地与同城通用的结算方式。异地结算方式包括汇兑、银行汇票和异地托收承付；同城结算方式包括银行本票；异地与同城通用的结算方式包括支票、商业汇票、委托收款结算方式、信用卡。

（3）按委托关系不同分为付款人委托银行付款的结算方式（包括支票、银行汇票、银行本票、汇兑、信用卡等）和收款人委托银行收款的结算方式（包括托收承付、委托收款、商业汇票等）。

二、“三票”结算业务的核算

（一）票据的概念及相关规定

1. 票据概念

票据是出票人签发由出票人自己或委托他人在见票时，或在票据到期日无条件支付确定金额给收款人或持票人的有价证券。广义的票据包括各种有价证券和商业凭证，我国《票据法》规定的是狭义票据，主要指支票、汇票（包括银行汇票和商业汇票）、银行本票。

2. 票据的相关规定

（1）票据基础。票据是用以反映在货币商品让渡过程中，债权、债务关系的发生、转移以及清偿的一种信用工具。因此，票据签发、取得和转让的基础是必须具有真实的交易关系和债权、债务关系。同时，票据的取得必须给付对价（即票据双方当事人认可的相对应的代价）。

（2）票据记名。为使票据关系明确，票据一律记名。出票时必须记载收款人名称，背书时 必须记载背书人、被背书人名称，被背书人即为现实收款人。

（3）票据行为。票据行为是票据权利义务关系处理成立的相关法律行为，包括出票、背书、承兑、保证、付款和追索等。

（4）票据权利。票据权利是体现在票据上的一种债权，是持票人向票据债务人请求支付票据金额的权利。票据权利包括付款请求权和追索权。

（5）票据背书转让。背书是指票据持票人为了转让票据权利，或者为了将一定的票据权利授予他人行使而在票据的背面或粘单上记载一定事项并签章的票据行为。背书包括转让背书和非转让背书（委托背书和质押背书）。

背书不得附有条件，背书附有条件的，所附条件不具有票据上的效力。

（6）提示付款。票据的收款人或持票人必须按照《票据法》规定的期限提示付款。商业汇票的持票人超过规定期限提示付款的，丧失对其前手的追索权；银行汇票、银行本票的持票人超过规定期限提示付款的，丧失对出票人以外的前手的追索权。

（7）票据签章。单位在票据上的签章，应为该单位的财务专用章或公章加其法定代表人或其授权的代理人的签名或者盖章。个人在票据上的签章，应为该个人的签名或者盖章。

（二）支票结算业务的核算

1. 概念及适用范围

支票是由出票人签发，委托办理支票业务的银行在见票时无条件支付确定金额给收款人或持票人的票据。

支票分为现金支票、转账支票、普通支票和划线支票。支票上印有“现金”字样的为现金支票（见表4－1），现金支票只能用于支取现金；支票上印有“转账”字样的为转账支票（见表4－2、表4－4），转账支票只能用于转账；支票上未印有“现金”或“转账”字样的为普通支票（见表4－3、表4－4），普通支票可以用于支取现金也可以用于转账；在普通支票左上角划两条平行线的，为划线支票，划线支票只能用于转账，不得支取现金。

表 4–1

××银行转账支票存根	本期支票付款期限十天	××银行**现金支票**　　地名　支票号码
支票号码 科　　目		出票日期(大写)　　年　　月　　日　付款行名称： 收款人：　　　　　　　　出票人账号：
对方科目		人民币（大写）　　千 百 十 万 千 百 十 元 角 分
出票日期　　年　月　日		
收款人： 金　额： 用　途：		用途________ 上列款项请从 我账户内支付 出票人盖章 　　　科目(借)______ 对方科目(贷)______ 付讫日期　　年　月　日 出纳　复核　记账
单位主管　　　　会计		贴对号单处　　出纳对号单

8cm×22.5cm，正联 17cm(底纹按行别分色，大写金额栏加红水纹)

表 4-2

××银行转账支票存根	××银行**转账支票** 地名 支票号码
支票号码 科　　目	出票日期(大写)　年　月　日　付款行名称:
对方科目	本期支票付款期限十天　收款人:　出票人账号:
出票日期　年　月　日	人民币(大写)　千 百 十 万 千 百 十 元 角 分
收款人: 金　额: 用　途:	用途　科目(借) 上列款项请从我账户内支付　对方科目(贷) 转账日期　年　月　日 出票人盖章　复核　记账
单位主管　会计	(使用清分机的,此区域供打印磁性字码)

8cm×22.5cm,正联 17cm(底纹按行别分色,大写金额栏加红水纹)

表 4-3

××银行 支票存根(　)	**××银行　支票(　)** 地名 支票号码
支票号码 科　　目	出票日期(大写)　年　月　日　付款行名称:
对方科目	本期支票付款期限十天　收款人:　出票人账号:
出票日期　年　月　日	人民币(大写)　千 百 十 万 千 百 十 元 角 分
收款人: 金　额: 用　途:	用途　科目(借) 上列款项请从我账户内支付　对方科目(贷) 转账日期　年　月　日 出票人盖章　复核　记账
单位主管　会计	

8cm×22.5cm,正联 17cm(底纹按行别分色,大写金额栏加红水纹)

表 4-4

<table>
<tr><td>被背书人</td><td>被背书人</td><td>被背书人</td><td rowspan="3">贴
单
处</td></tr>
<tr><td>背书人签章
年 月 日</td><td>背书人签章
年 月 日</td><td>背书人签章
年 月 日</td></tr>
<tr><td colspan="2">持票人向银行
提示付款签章：</td><td>身份证件名称：
号 码：
发证机关：</td></tr>
</table>

适用范围：单位和个人在同一票据交换区域内的各种款项结算，均可以使用支票。具备支票影像采集条件，并参加小额支付系统的行处，转账支票还可在异地使用（从2007 年 6 月 25 日起）。

2. 基本规定

（1）签发支票必须记载下列事项：

①表明“支票”的字样；

②无条件支付的委托；

③确定的金额；

④付款人名称；

⑤出票日期；

⑥出票人签章（两个章：即单位财务专用章或单位公章加法定代表人签章或其授权的代理人签名或签章。）

欠缺记载上列事项之一的，支票无效。

（2）签发支票应使用碳素墨水或墨汁填写。

（3）签发现金支票和用于支取现金的普通支票，必须符合国家现金管理的规定。

（4）签发人必须在银行账户余额内签发支票，严禁签发空头支票。严禁签发签章与银行预留印鉴不符的支票 。

对签发空头支票，签章与预留银行不符的支票，使用支付密码地区，支付密码错误的支票，银行除按规定退票外，并按票面金额处以 5% 但不低于 1 000 元的罚款。持票人有权要求出票人赔偿支票金额 2% 的赔偿金。对屡次签发空头支票的，银行应停止其签发支票。

（5）支票的提示付款期为十天，从签发的次日算起，到期日遇例假日顺延。超过提示付款期的，持票人开户行不予受理，付款人不予付款。

（6）支票金额、收款人名称，可以由出票人授权补记。未补记前不得背书转让和提示付款。

（7）持票人可以委托开户银行收款，或直接向付款人提示付款；用于支取现金的支票，仅限于收款人向付款人提示付款。

（8）在同一票据交换区域内使用的转账支票无金额限制；在同一票据交换区域外使用的异地支票票面金额不能超过规定的金额上限。

3. 支票业务的核算（转账支票、普通支票和划线支票）

支票业务的核算程序取决于两个方面：其一，收付款双方是否在同行开户；其二，持票人（收款人）收款的方式，是委托自己的开户行收款还是直接向出票人开户行提示付款。因此，转账支票的核算要根据不同情况处理。

（1）持票人、出票人同行开户的核算

商业银行接到持票人提交转账的支票及两联进账单（见表4－5、表4－6）时应认真审查以下内容：

表4－5　　××银行 进账单（收账通知）　1

年　月　日　　第　号

出票人	全　称		持票人	全　称											
	账　号			账　号											
	开户银行			开户银行											
人民币（大写）						千	百	十	万	千	百	十	元	角	分
票据种类															
票据张数															
单位主管　会计　复核　记账			持票人开户行盖章												

此联是持票人开户银行交给持票人的收账通知

8.5cm×17.5cm（白纸黑油墨）

表4－6　　××银行 进账单（贷方凭证）　2

年　月　日　　第　号

出票人	全　称		持票人	全　称											
	账　号			账　号											
	开户银行			开户银行											
人民币（大写）						千	百	十	万	千	百	十	元	角	分
票据种类			科目（贷） 对方科目（借） 转账日期　年　月　日 复核　记账												
票据张数															
备注：															

此联由持票人开户银行作贷方凭证

8.5cm×17.5cm（白纸黑油墨）

①支票是否真实，出票日期书写是否规范，是否在提示付款期限内；

②支票大小写金额是否一致，与进账单金额是否一致；

③支票填明的收款人与进账单上收款人名称是否一致；

④支票若有背书转让，其背书是否连续，签章及粘单的使用是否符合规定；

⑤出票人是否在本行开户，出票人账户是否有足够支付的款项；

⑥出票人在支票上的签章是否符合规定，是否与银行预留印鉴相符，使用支付密码的，其密码是否正确；

⑦支票必须记载事项是否齐全，出票金额、出票日期及收款人名称是否更改，其他记载事项的更改是否由出票人签章证明；

⑧持票人是否在支票的背面作委托收款背书。

经审查无误后，银行将支票作借方凭证记出票人账户，第二联进账单作贷方凭证记持票人账户。其会计分录为：

借：吸收存款——活期存款出票人户

　贷：吸收存款——活期存款持票人户

转账后，在支票和进账单各联上加盖“转讫”章，第一联进账单作收账通知退交收款人。

银行接到出票人提交转账的支票及三联进账单（表4－7、表4－8、表4－9）时，经审查无误后，支票作借方凭证，第二联进账单作贷方凭证入账。其会计分录为：

借：吸收存款——活期存款出票人户

　贷：吸收存款——活期存款收款人户

转账后，在支票和进账单各联上加盖“转讫”章，第一联进账单作回单退交出票人，第三联进账单作收账通知交收款人。

表4－7　　××银行 **进账单**（回　单）　1

年　月　日　　　　第　号

<table>
<tr><td rowspan="3">出票人</td><td>全　称</td><td></td><td rowspan="3">收款人</td><td>全　称</td><td colspan="10"></td></tr>
<tr><td>账　号</td><td></td><td>账　号</td><td colspan="10"></td></tr>
<tr><td>开户银行</td><td></td><td>开户银行</td><td colspan="10"></td></tr>
<tr><td colspan="5" rowspan="2">人民币
（大写）</td><td>千</td><td>百</td><td>十</td><td>万</td><td>千</td><td>百</td><td>十</td><td>元</td><td>角</td><td>分</td></tr>
<tr><td></td><td></td><td></td><td></td><td></td><td></td><td></td><td></td><td></td><td></td></tr>
<tr><td colspan="2">票据种类</td><td></td><td colspan="12" rowspan="3">出票人开户行盖章</td></tr>
<tr><td colspan="2">票据张数</td><td></td></tr>
<tr><td colspan="3">单位主管　会计　复核　记账</td></tr>
</table>

此联是出票人开户银行交给出票人的回单

8.5cm×17.5cm（白纸黑油墨）

表 4－8　　　××银行 **进账单**（贷方凭证）　2

年　月　日　　　　第　号

出票人	全　称		收款人	全　称	
	账　号			账　号	
	开户银行			开户银行	
人民币（大写）				千 百 十 万 千 百 十 元 角 分	
票据种类			科目（贷） 对方科目（借） 转账日期　年　月　日 复核　记账		
票据张数					
备注：					

此联由收款人开户银行作贷方凭证

8.5cm×17.5cm（白纸红油墨）

表 4－9　　　××银行 **进账单**（收账通知）　3

年　月　日　　　　第　号

出票人	全　称		收款人	全　称	
	账　号			账　号	
	开户银行			开户银行	
人民币（大写）				千 百 十 万 千 百 十 元 角 分	
票据种类			收款人开户行盖章		
票据张数					
单位主管　会计　复核　记账					

此联是收款人开户银行交给收款人的收账通知

8.5cm×17.5cm（白纸黑油墨）

（2）持票人、出票人在同城不同行开户的核算

①持票人开户行受理持票人提交支票的处理

持票人开户行接到持票人提交的他行支票及一式两联进账单，经审查无误后，在两联进账单上按票据交换场次，加盖“收妥后入账”戳记，将第一联加盖转讫章交给持票人。支票加盖交换专用章，商行汇总填制同城票据交换清单，在规定时间通过票据交换提交出票人开户行。相应会计分录为：

借：清算资金往来——同城票据清算××户

　贷：其他应付款——持票人户

俟约定退票时间已过，支票未被退回时，以进账单第二联作贷方凭证。其会计分

录为：

借：其他应付款——持票人户

贷：吸收存款——活期存款××户

出票人开户行收到同城票据交换提入的支票时，经审查支票填写的内容、金额及加盖的印鉴无误，出票人存款账户的余额又足以支付时，以支票作借方凭证。其会计分录为：

借：吸收存款——活期存款××户

贷：清算资金往来——同城票据清算××户

②出票人开户行受理出票人提交支票的处理

出票人开户行接到持票人或出票人提交的支票及一式三联进账单，按规定审查无误后，以支票作借方凭证入账。其会计分录为：

借：吸收存款——活期存款××户

贷：清算资金往来——同城票据清算××户

进账单加盖业务公章及交换专用章，通过同城票据交换提交收款人开户行。收款人开户行收到交换提入的进账单时，经审核无误后，以进账单作贷方凭证入账。其会计分录为：

借：清算资金往来——同城票据清算××户

贷：吸收存款——活期存款××户

例1　红旗连锁超市提交转账支票及一式两联进账单，金额为200 000元，委托本行收款，出票人是他行开户的永安公司。

本行将转账支票提出交换后在规定时间无退票通知时，做出如下分录：

借：清算资金往来——同城票据清算××户　　200 000

贷：吸收存款——活期存款红旗连锁超市户　　200 000

例2　甲单位提交转账支票及一式三联进账单给本行，用以支付在同城他行开户的乙单位的购货款48 000元。

本行审查支票及进账单无误后，做出如下会计分录：

借：吸收存款——活期存款甲单位户　　48 000

贷：清算资金往来——同城票据清算××户　　48 000

例3　本行从交换所提入支票，金额为50 000元，经审查，此支票为本行开户的A公司签发，审查无误后立即办理转账，做出如下会计分录：

借：吸收存款——活期存款A公司户　　50 000

贷：清算资金往来——同城票据清算××户　　50 000

例4　本行从交换所提入进账单二、三联，经审查，为他行开户的丙公司应付本行开户B公司的劳务费，金额为100 000元，审查无误后立即办理转账，做出如下会计分录：

借：清算资金往来——同城票据清算××户　　100 000

贷：吸收存款——活期存款B户　　100 000

（3）持票人、出票人在异地不同行开户的核算（以集中模式下全国业务处理为例）

全国范围内的支票业务，通过全国支票影像交换系统处理。

持票人开户行接到持票人提交的异地他行支票，按照人民银行有关要求审查支票内容后，采集支票影像信息，提交持票人开户行所属分中心，经总中心、出票人开户行所属分中心，至出票人开户行。

出票人开户行收到支票影像信息后，进行合法性检查，确认后，自动生成小额批量支付系统支票回执报文，做出如下会计分录：

借：吸收存款——活期存款××户

　贷：清算资金往来——小额支付系统待清算资金

持票人开户行收到支票回执报文，进行核对无误后，做出如下会计分录：

借：清算资金往来——小额支付系统待清算资金

　贷：吸收存款——活期存款××户

例5　天津荣晶贸易公司向其开户行建设银行天津市分行提交转账支票及进账单，金额20万元，出票人为工商银行重庆市分行的开户人重庆水产公司。（假设持票人、出票人开户行均具备支票影像采集条件，均参加小额支付系统）。

工商银行重庆市分行确认收到的支票影像信息无误，并生成小额批量支付系统支票回执报文后，做出如下会计分录：

借：吸收存款——活期存款水产公司户　　200 000

　贷：清算资金往来——小额支付系统待清算资金　　200 000

建设银行天津市分行收到支票回执报文核对无误后，做出如下会计分录：

借：清算资金往来——小额支付系统待清算资金　　200 000

　贷：吸收存款——活期存款荣晶贸易公司户　　200 000

（三）银行汇票结算业务的核算

1. 概念及适用范围

银行汇票是出票银行签发的，由其在见票时按实际结算金额无条件支付给收款人或持票人的票据。

银行汇票的付款人是出票银行，银行汇票的代理付款人是代理本系统出票银行或跨系统签约银行审核支付汇票款项的银行。

单位和个人各种款项结算，均可以使用银行汇票。银行汇票可以转账，填明“现金”字样的银行汇票可以转账，可以支取现金。但现金银行汇票的签发，仅限于申请人和收款人均为个人时，出票银行才能办理。

2. 基本规定

（1）签发银行汇票必须记载下列事项：

①表明“银行汇票”的字样；

②无条件支付的承诺；

③出票金额；

④付款人名称；

⑤收款人名称；（说明是记名汇票，全称）

⑥出票日期；

⑦出票人签章。

欠缺记载上列事项之一的，银行汇票无效。

(2) 银行汇票的出票和付款，需带往全国范围的，仅限于中国人民银行和各商业银行参加“全国联行往来”的银行机构才能办理。跨系统银行签发的转账银行汇票的付款，应通过同城票据交换将银行汇票和解讫通知联同时提交给同城的有关银行审核支付后抵用。代理付款人不得受理未在本行开立存款账户的持票人为单位直接提交的银行汇票。

(3) 未在银行开立结算账户的个人只能选择与出票行同系统的银行机构或出票行的代理兑付银行提示付款。

(4) 银行汇票的提示付款期限自出票日起一个月。持票人超过付款期限提示付款的，代理付款人不予受理。经出具证明后，可请求出票银行付款。

(5) 申请人和收款人均为个人时，才能签发现金银行汇票。

(6) 签发现金银行汇票必须填写代理付款人名称；签发转账银行汇票，不得填写代理付款人名称，但由人民银行代理兑付银行汇票的商业银行，在向未设有分支机构地区签发转账银行汇票的除外。

(7) 持票人向银行提示付款时，必须同时提交银行汇票和解讫通知，缺少任何一联，银行不予受理。

(8) 收款人提示付款时，未填明实际结算金额和多余金额或实际结算金额超过出票金额的，银行不予受理；银行实际结算金额不得更改，否则无效。

3. 银行汇票业务的核算

银行汇票凭证共有两套：

第一套为“银行汇票申请书”，一式三联（见表4－10、表4－11、表4－12)。第一联存根；第二联借方凭证（若交付现金办理汇票，此联注销）；第三联贷方凭证。

表4－10 ××银行汇票申请书（存根） 1

申请日期　　年　　月　　日

申请人		收款人	
账　号 或住址		账　号 或住址	
用　途		代　理 付款行	
汇票金额	人民币 （大写）		千 百 十 万 千 百 十 元 角 分

此联申请人留存

备　注：

科　　目____________

对方科目____________

财务主管　　复核　　经办

8.5cm×17.5cm（白纸黑油墨）

表 4－11　　××银行汇票申请书（借方凭证）　2

申请日期　　年　　月　　日　　　　　　第　　号

申请人		收款人										
账　号 或住址		账　号 或住址										
用　途		代　理 付款行										
汇票金额	人民币 （大写）		千	百	十	万	千	百	十	元	角	分

此联出票行作借方凭证

上列款项请从我账户内支付

申请人盖章

科目（借）

对方科目（贷）

转账日期　　年　　月　　日

8.5cm×17.5cm（白纸蓝油墨）

复核　　　记账

表 4－12　　××银行汇票申请书（贷方凭证）　3

申请日期　　年　　月　　日　　　　　　第　　号

申请人		收款人										
账　号 或住址		账　号 或住址										
用　途		代　理 付款行										
汇票金额	人民币 （大写）		千	百	十	万	千	百	十	元	角	分

此联出票行作汇出汇款贷方凭证

备　注

科目（贷）

对方科目（借）

转账日期　　年　　月　　日

8.5cm×17.5cm（白纸蓝油墨）

复核　　　记账　　　出纳

第二套为“银行汇票结算凭证”，一式四联（见表4－13、表4－14、表4－15、表4－16、表4－17）。第一联卡片；第二联汇票；第三联解讫通知；第四联多余款收账通知。

表 4–13

××银行
银行汇票(卡片) 1

第　　号

出票日期（大写）　年　月　日	代理付款行：										行号：
收款人：	账号：										
出票金额 人民币（大写）											
实际结算金额 人民币（大写）	千	百	十	万	千	百	十	元	角	分	

申请人：＿＿＿＿＿＿＿　账号或住址：＿＿＿＿＿＿

出票人：＿＿＿＿＿　行号：＿＿＿

备　注：＿＿＿＿＿＿＿

复核　　经办

科目(借)……………

对方科目(贷)……………

销账日期　　年　月　日

复核　　记账

此联出票行结清汇票时作汇出款借方凭证

10cm×17.5cm(白纸黑油墨）注：汇票号码前加印省别代号

表 4–14

××银行
银行汇票 2

第　　号

出票日期（大写）　年　月　日	代理付款行：										行号：
收款人：	账号：										
出票金额 人民币（大写）											
实际结算金额 人民币（大写）	千	百	十	万	千	百	十	元	角	分	

申请人：＿＿＿＿＿＿＿　账号或住址：＿＿＿＿＿＿

出票行：＿＿＿＿＿　行号：＿＿＿

备 注：＿＿＿＿＿＿＿

凭票付款

出票行盖章

多余金额									
千	百	十	万	千	百	十	元	角	分

科目(借)……………

对方科目(贷)……………

兑付日期　　年　月　日

复核　　记账

此联代理付款行付款后作联行往账借方凭证附件

10cm×17.5cm(专用水印纸蓝油墨，出票金额栏加红水纹）注：汇票号码前加印省别代号

表 4-15

被背书人	被背书人	被背书人	贴单处
背书人签章 年　月　日	背书人签章 年　月　日	背书人签章 年　月　日	

持票人向银行　　　　身份证件名称：
提示付款签章：　　　　号　码：
发证机关：

表 4-16

××银行
银行汇票（解讫通知）3

第　号

出票日期（大写）　年　月　日　　代理付款行：　　行号：

收款人：		账号：									
出票金额 人民币（大写）											
实际结算金额 人民币（大写）	千	百	十	万	千	百	十	元	角	分	

申请人：______　　账号或住址：______
出票行：______　行号：______
备　注：______
代理付款行盖章

多余金额										科目（借）……
千	百	十	万	千	百	十	元	角	分	对方科目（贷）……
										兑付日期　年　月　日
										复核　　记账

复核　　经办

此联代理付款行兑付后随报单寄出票行，由出票行作多余款贷方凭证

10cm×17.5cm（白纸红油墨，实际结算金额栏加红水纹）　注：汇票号码前加印省别代号

表 4-17

××银行
银行汇票（多余款
收账通知）4

第　　号

出票日期 （大写）　年　月　日		代理付款行：		行号：								此联出票行结算多余款后交申请人
收款人：		账号：										
出票金额 人民币（大写）												
实际结算金额 人民币（大写）		千	百	十	万	千	百	十	元	角	分	

申请人：　　　　　　　　账号或住址：

出票行：　　　　行号：

备　注：

出票行盖章

年　月　日

多余金额									
千	百	十	万	千	百	十	元	角	分

左列退回多余金额已收入你账户。

财务主管　　复核　　经办

10cm×17.5cm（白纸紫油墨）　注：汇票号码前加印省别代号

银行汇票业务的核算过程分为出票、兑付、结清三个阶段。

（1）银行汇票出票的核算

申请人使用银行汇票，应向出票银行填写一式三联“银行汇票申请书”。

出票银行须审查以下内容：申请书是否填明收款人名称、汇票金额、申请人名称、申请日期等事项并签章，签章应为其预留银行的签章；大小写金额是否一致；申请书填明“现金”字样的，申请人和收款人是否均为个人并已交存现金，且申请人是否在申请书上填写代理付款人名称；申请人要求汇票不得转让的，是否在银行汇票申请书的“备注”栏内注明“不得转让”字样。

经出票银行审核银行汇票申请书无误后，办理转账。申请签发转账银行汇票的，以申请书第二联作借方凭证，第三联作贷方凭证，做出如下会计分录：

借：吸收存款——活期存款申请人户

　贷：吸收存款——其他存款（汇出汇款）申请人户

申请签发现金银行汇票的，以申请书第三联作贷方记账凭证（申请书第二联注销后作第三联的附件）入账，做出如下会计分录：

借：库存现金

　贷：吸收存款——其他存款（汇出汇款）申请人户

经出票银行复核无误后，将汇票申请书第一联退客户，第二、三联交汇票经办人员签发一式四联银行汇票。

填写的汇票经复核无误后，在第二联上加盖汇票专用章并由授权的经办人签名或盖章；在实际结算金额栏的小写金额上端，用总行统一配发的压数机压印出票金额，然后连同第三联交给申请人。汇票第一联上加盖经办、复核人名章，逐笔登记汇出汇款登记簿，连同汇票第四联一并专夹保管。

（收入）：汇出汇款——申请人户

在不能签发银行汇票的银行开户的申请人需要使用汇票，应由申请人向开户行填写“汇票申请书”，开户行转账后将款项移交附近能够签发汇票的银行办理，出票行不得拒绝受理。

（2）银行汇票兑付的核算

①代理付款行接到在本行开户的持票人直接交来的汇票、解讫通知和一式两联进账单时，应认真审查。经审查无误，以第二联进账单作贷方记账凭证，银行汇票第二联（汇票联）作借方记账凭证附件，办理转账。做出如下会计分录：

借：清算资金往来

　贷：吸收存款——活期存款持票人户

第一联进账单加盖“业务清讫”章作收账通知交给持票人。汇票二、三联交汇划发报复核柜员复核。

②代理付款行接到未在本行开户的持票人为个人交来的汇票、解讫通知和一式两联进账单时，必须认真审查持票人的身份证件，在汇票背面“持票人向银行提示付款签章”处是否签章，是否注明证件名称、号码及发证机关，并要求持票人提交身份证件复印件留存备查。对现金汇票持票人委托他人向代理付款行提示付款的，代理付款行必须查验持票人和被委托人的身份证件，在汇票背面是否作委托收款背书，以及是否注明持票人和被委托人身份证件名称、号码及发证机关，并要求提交持票人和被委托人身份证件复印件留存备查。审查无误后，以持票人姓名开立应解汇款及临时存款账户，进账单第一联加盖“业务清讫”章交给持票人，第二联作贷方记账凭证办理转账。做出如下会计分录：

借：清算资金往来

　贷：吸收存款——其他存款（应解汇款）持票人户

应解汇款及临时存款的解付有如下两种情形：

A. 原持票人需要一次或分次办理转账支付的，应由其填制支付凭证，并向银行交验本人身份证件。做出如下会计分录：

借：吸收存款——其他存款（应解汇款）持票人户

　贷：清算资金往来

B. 原持票人需要支取现金的，代理付款行经审查汇票上填写的申请人和收款人确为个人并按规定填明“现金”字样，以及填写的代理付款行名称确为本行的，可办理现金支付手续；未填明“现金”字样，需要支取现金的，由代理付款行按照现金管理规定审查支付，另填制一联现金借方凭证。做出如下会计分录：

借：吸收存款——其他存款（应解汇款）持票人户

　贷：库存现金

转账后将现金借方凭证按现金支票的处理手续送出纳柜台凭以付款。

③银行接到在本行开立账户的持票人交来的跨系统银行签发的汇票、解讫通知和两联进账单时，应按有关规定认真审查。经审查无误后，按同城票据交换的规定将汇票和解讫通知通过票据交换提交代理付款行审核支付后抵用；有关的代理付款行，收

到通过票据交换提入的汇票和解讫通知联，应按有关规定审查。凡不符合要求的，不予受理。

（3）银行汇票结清的核算

出票银行接到代理付款行的发报报文后，若汇票号码、日期、金额及付款账号与收报经办行（出票行）汇出汇款登记簿要素均相符，系统记账的会计分录为：

①汇票全额付款的，应在汇票卡片的实际结算金额栏填写全部金额，在汇票第四联多余款收账通知多余金额栏填“－0－”，汇票第一联作借方凭证，多余款收账通知和解讫通知作附件。做出如下会计分录：

借：吸收存款——其他存款（汇出汇款）申请人户

　贷：清算资金往来

同时，销记汇出汇款登记簿：

（付出）：汇出汇款——申请人户

②汇票有多余款的，应在汇票第一联卡片和第四联多余款收账通知上填写实际结算金额，汇票卡片作借方凭证，解讫通知作多余款贷方凭证。做出如下会计分录：

借：吸收存款——其他存款（汇出汇款）申请人户

　贷：清算资金往来

　　吸收存款——活期存款申请人户

同时销记汇出汇款登记簿，在第四联银行汇票（多余款收账通知）联填写清楚多余金额，加盖“业务清讫”章交汇票申请人。

例6　2008年9月6日，建设银行成都市分行收到开户单位鸿运经贸公司提交的银行汇票申请书，申请签发银行汇票180 000元，收款人为北京劲实医药公司。经审核无误，办理转账手续。做出如下会计分录：

借：吸收存款——活期存款鸿运经贸公司户　180 000

　贷：吸收存款——其他存款（汇出汇款）鸿运经贸公司户　180 000

例7　承前例6，建设银行北京市分行收到开户单位北京劲实医药公司提交建设银行成都市分行签发的银行汇票及进账单要求兑付，实际结算金额为178 000元。

经审核无误，按实际结算金额办理转账手续。做出如下会计分录：

借：清算资金往来　178 000

　贷：吸收存款——活期存款劲实医药公司户　178 000

例8　承前例7，建设银行成都市分行收到本行清算中心转来的电子汇划信息，建设银行北京市分行已兑付本行签发的银行汇票，金额为178 000元，经审核无误，办理转账手续。做出如下会计分录：

借：吸收存款——其他存款（汇出汇款）鸿运经贸公司户　180 000

　贷：清算资金往来　178 000

　　吸收存款——活期存款鸿运经贸公司户　2 000

（4）银行汇票退汇的核算

银行汇票申请人由于汇票超过付款期限或其他原因要求退款时，应交回银行汇票和解讫通知，并按照支付结算办法的规定提交证明或身份证件。出票行应与原专夹保管的汇票卡片核对无误，即在汇票和解讫通知的实际结算金额大写栏填写“未用退回”字样，汇票卡片作借方凭证，汇票作附件，解讫通知作贷方凭证，办理转账。做出如下会计分录：

借：吸收存款——汇出汇款申请人户

　贷：吸收存款——活期存款申请人户

或　（贷：库存现金）

同时销记汇出汇款登记簿。多余款收账通知的多余金额栏填入原出票金额并加盖转讫章作收账通知，交给原银行汇票申请人。

（四）银行本票业务的核算

1. 概念及适用范围

银行本票是由银行签发的，承诺自己在见票时无条件支付确定的金额给收款人或者持票人的票据。银行本票可以用于转账，注明“现金”字样的银行本票还可以用于支取现金。

单位和个人在同一票据交换区域需要支付的各种款项，均可以使用银行本票。

2. 基本规定

（1）签发银行本票必须记载下列事项：

①表明“银行本票”的字样；

②无条件支付的承诺；

③确定的金额；

④收款人名称；

⑤出票日期；

⑥出票人签章。

欠缺记载上列事项之一的，银行本票无效。

（2）银行本票的出票人，为经中国人民银行当地分支行批准，有权办理银行本票业务的商业银行机构。

（3）银行本票的提示付款期限自出票日起最长不超过两个月。持票人超过提示付款期限提示付款的，代理付款人不予受理，持票人在票据权利时效内可持票据向出票行请求付款。

（4）银行本票见票即付。对跨系统银行本票的兑付，持票人开户行可以根据人行规定的金融机构同业往来的利率，向出票银行收取利息。

（5）银行本票分为不定额银行本票和定额银行本票。定额银行本票面额分别为一千元、五千元、一万元和五万元。

（6）银行本票可以用于转账，注明用于“现金”字样的银行本票可以支取现金，支取现金的仅限于申请人和收款人均为个人的情况。

3. 银行本票业务的核算

银行本票凭证共有两套：

第一套为“银行本票申请书”，一式三联。第一联存根，第二联借方凭证（交现金办理本票的第二联注销），第三联贷方凭证。

第二套为“银行本票结算凭证”，分为不定额银行本票和定额银行本票。不定额银行本票一式两联（见表 4－18、表 4－19、表 4－20），一卡片联；二本票联；定额银行本票由单联组成（见表 4－21）。左边约 1/4 为存根，右边约 3/4 为本票联。

表 4–18

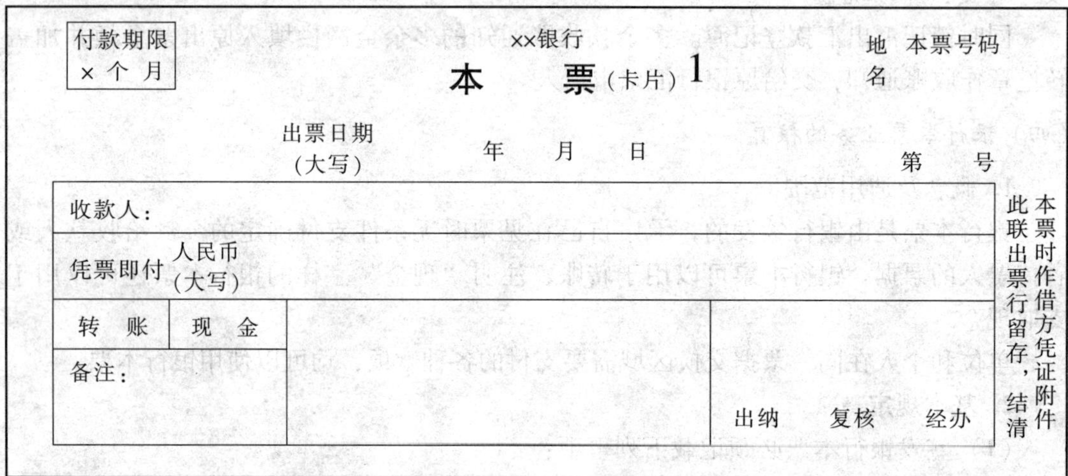

付款期限 × 个 月

××银行

本 票（卡片） 1

地名 本票号码

出票日期（大写） 年 月 日 第 号

收款人：			
凭票即付	人民币（大写）		
转 账	现 金		
备注：			出纳 复核 经办

此联出票行留存，结清本票时作借方凭证附件

8cm×17cm（白纸红油墨）

表 4–19

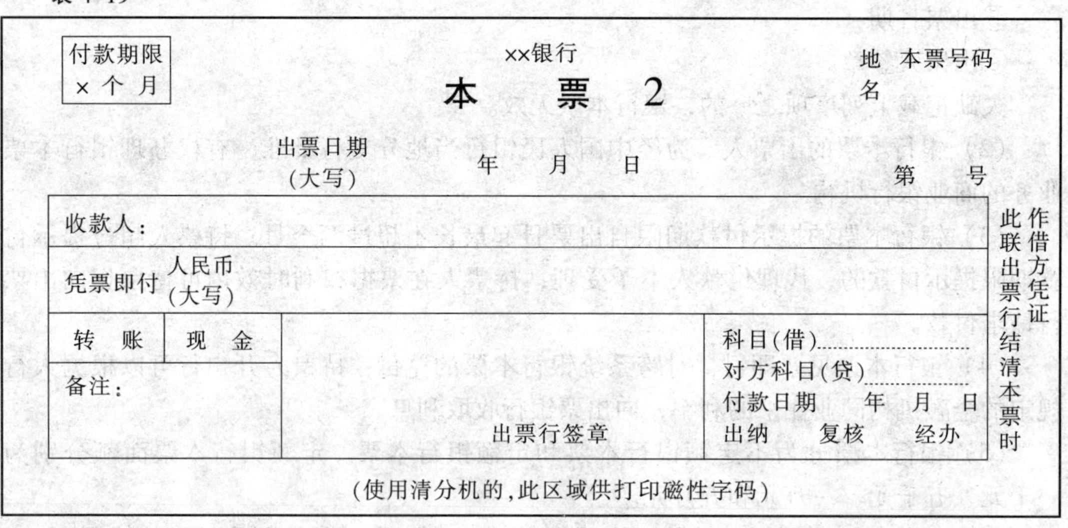

付款期限 × 个 月

××银行

本 票 2

地名 本票号码

出票日期（大写） 年 月 日 第 号

收款人：			
凭票即付	人民币（大写）		
转 账	现 金		科目（借） 对方科目（贷）
备注：		出票行签章	付款日期 年 月 日 出纳 复核 经办

此联出票行结清本票时作借方凭证

（使用清分机的，此区域供打印磁性字码）

8cm×17cm（专用水印纸蓝油墨）

表 4-20

被背书人	被背书人	被背书人	贴单处
背书人签章 年　月　日	背书人签章 年　月　日	背书人签章 年　月　日	
持票人向银行 提示付款签章：		身份证件名称： 号　　码： 发证机关：	

表 4-21

××银行本票存根	付款期限 × 个 月　　××银行　　地名　　本票号码
本票号码：IXV00000000	本　　票
地　　名	出票日期（大写）　年　月　日
收 款 人：	收款人
金　　额：壹万圆整	
用　　途：	凭票即付人民币　壹万圆整
科　　目(借)	
对方科目(贷)	¥10000
出票日期：　年　月　日	转账　现金
出纳　复核　经办	出票行签章

8cm×22.5cm，其中正联 17cm(专用水印纸黑油墨)

银行本票业务的核算分为出票、兑付、结清三个阶段。

(1) 银行本票出票的核算

当申请人向银行申请银行本票时，应填写“银行本票申请书”。银行本票申请书需填明收款人名称、申请人名称、申请金额、申请日期等事项签章。申请人要求本票不得转让的，应在“备注”栏内注明“不得转让”字样。

申请人或收款人为单位的，不得申请签发现金银行本票。

银行受理申请人提交的第二、三联申请书时，应按有关规定审查无误后，才能签发银行本票。

申请签发转账银行本票的，出票银行以第二联申请书作借方凭证，第三联作贷方凭证，办理转账。做出如下会计分录：

借：吸收存款——活期存款申请人户

　贷：开出本票——定额本票或不定额本票

申请签发现金银行本票的，以第三联申请书作贷方凭证，第二联注销，办理转账。做出如下会计分录：

借：库存现金

　　贷：开出本票——定额本票或不定额本票

出票行在办理转账或收妥现金后，签发银行本票。

签发的银行本票经复核无误后，交银行本票专用章保管人员在不定额银行本票第二联或定额银行本票正联加盖银行本票专用章并由授权的经办人员签章。定额本票正联交申请人，不定额银行本票第二联需用人民银行统一制作的压数机在银行本票“人民币（大写）”栏右端压印小写金额交给申请人。第一联卡片或存根联留存加盖经办复核员名章，专夹保管。

（2）银行本票兑付的核算

①代理付款行付款的核算

代理付款行接到在本行开户的持票人提交的本票和一式两联进账单时，认真审查以下内容：

A. 本票是否是统一规定印制的凭证，本票是否真实，提示付款期限是否超过。

B. 本票填明的持票人是否在本行开户，持票人名称是否为该持票人，与进账单上的名称是否相符。

C. 出票行的签章是否符合规定，加盖的本票专用章是否与印鉴相符。

D. 不定额本票是否有统一制作的压数机压印金额，与大写的出票金额是否一致。

E. 本票必须记载事项是否齐全，出票金额、出票日期、收款人名称是否更改，其他记载事项的更改是否由原记载人签章证明。

F. 持票人是否在本票背面“持票人向银行提示付款签章”处签章，背书转让的本票是否按规定的范围转让，其背书是否连续，签章是否符合规定，背书使用粘单的是否按规定在粘接处签章。

G. 个人持申请人为单位的银行本票向本行提示付款，将款项转入其个人银行结算账户的，是否提供符合规定的单位付款依据；如应纳税的，需提交税收代扣单位的完税证明。

经审查无误，以进账单第二联作贷方凭证，办理转账。做出如下会计分录：

借：清算资金往来——同城票据交换××户

　　贷：吸收存款——活期存款持票人户

进账单第一联加盖“转讫章”作收账通知交给持票人。在本票上加盖转讫章，通过票据交换向出票行提出交换。

②出票行付款的核算

A. 填明“现金”字样的本票支付款项时，必须到出票行办理。出票行接到持票人交来的填明“现金”字样的本票，抽出专夹保管的本票卡片或存根，经核对相符，确属本行签发的同时，还必须认真审查。审核无误后，办理付款手续。本票作借方凭证，本票卡片或存根联作附件。做出如下会计分录：

借：开出本票——定额本票或不定额本票

贷：库存现金

B. 出票行受理在本行开户的持票人提交的转账银行本票和一式两联进账单时，按规定审核无误后，办理转账。做出如下会计分录：

借：开出本票——定额本票或不定额本票

贷：吸收存款——活期存款持票人户

本票上未划去“现金”和“转账”字样的，一律按照转账办理。

(3) 银行本票的结清

出票行收到票据交换提入的本票时，抽出专夹保管的卡片或存根，经核对无误后，以本票作借方凭证，卡片联或存根联作附件，结清本票。做出如下会计分录：

借：开出本票——定额本票或不定额本票

贷：清算资金往来——同城票据交换××户

例9　甲公司准备向A县采购农产品6.9万元，协定用银行定额本票结算。甲公司来行提交一式三联“银行本票申请书”，经审查后同意签发，做出如下会计分录：

借：吸收存款——活期存款甲公司户　69 000

贷：开出本票——定额本票　69 000

例10　作为代理行本行收到本行开户的甲公司提交的银行本票和进账单，金额150 000元，经审查无误，立即转账，做出如下会计分录：

借：清算资金往来——同城票据交换××户　150 000

贷：吸收存款——活期存款甲公司户　150 000

例11　本行接到持票人雨荷的银行“现金”本票，金额100 000元，经核对无误，确属本行签发，立即转账，做出如下会计分录：

借：开出本票——定额本票或不定额本票　100 000

贷：库存现金　100 000

例12　本行从票据交换所提入本票，抽卡核对系开户A单位申请的银行不定额本票，金额25 000元，经核对无误，立即转账，做出如下会计分录：

借：开出本票——不定额本票　25 000

贷：清算资金往来——同城票据交换××户　25 000

(4) 银行本票退款的核算

银行本票申请人由于本票超过付款期限或其他原因要求退款时，应填制一式两联进账单连同本票交出票行，并按照支付结算办法的规定提交证明或身份证件。出票行应与原专夹保管的本票卡片核对无误，即在本票上注明“未用退回”字样，第二联进账单作贷方凭证，本票作借方凭证，本票卡片或存根联作附件，办理转账。做出如下会计分录：

借：开出本票——定额本票或不定额本票

贷：吸收存款——活期存款申请人户

或　(贷：库存现金)

（五）商业汇票结算业务的核算

1. 概念及适用范围

商业汇票是出票人签发的，委托付款人在指定日期无条件支付确定的金额给收款人或者持票人的票据。

商业汇票分为银行承兑汇票和商业承兑汇票。由银行承兑的汇票为银行承兑汇票。由银行以外的付款人承兑的汇票为商业承兑汇票。商业承兑汇票可以由付款人签发并承兑，也可以由收款人签发交由付款人承兑。银行承兑汇票应由在承兑银行开立存款账户的付款人签发，由其开户银行承兑。

在银行开立存款账户的法人以及其他组织、必须具有真实交易关系或债权债务关系，才能使用商业汇票。该种结算方式同城、异地均可使用。

2. 基本规定

（1）签发商业汇票必须记载下列事项：

①表明“银行承兑汇票”或“商业承兑汇票”的字样；

②无条件支付的委托；

③确定的金额；

④付款人名称；

⑤收款人名称；（记名汇票）

⑥出票日期；

⑦出票人签章。

欠缺记载上列事项之一的商业汇票无效。

（2）商业承兑汇票的出票人，为在银行开立存款账户的法人以及其他经济组织；与其开户行具有真实的委托付款关系；具有支付汇票金额的可靠资金来源。

（3）银行承兑汇票的出票人，必须是在承兑银行开立存款账户的法人以及其他经济组织；与承兑银行具有真实的委托付款关系；具有支付汇票金额的可靠资金来源。

（4）出票人不得签发无对价的商业汇票用以骗取银行或其他票据当事人的资金。

（5）商业汇票可以在签发时向付款人提示承兑后使用，也可以在汇票出票后先使用，再向付款人提示承兑。

定日付款或者出票后定期付款的商业汇票，持票人应当在汇票到期日前向付款人提示承兑。见票后定期付款的汇票，持票人应当自出票日起一个月内向付款人提示承兑。

汇票未按规定的期限提示承兑的，持票人丧失对其前手的追索权。

（6）商业汇票的付款期限最长不得超过六个月。商业汇票的提示付款期限为自汇票到期日起十日。

（7）银行承兑汇票的出票人应于汇票到期前将票款足额交存开户银行。承兑银行应在汇票到期日或到期后的见票当日支付票款。

（8）商业汇票的持票人可持未到期的商业汇票，贴现凭证连同交易合同原件和增值税发票或普通发票复印件向银行申请贴现。贴现银行可持未到期的商业汇票向其他银行办理转贴现，也可向中国人民银行申请再贴现。

3. 商业汇票业务的核算

商业汇票的会计凭证：

商业承兑汇票一式三联（见表4－22、表4－23、表4－24、表4－25）：一卡片联；二商业承兑汇票；三存根联。

银行承兑汇票一式三联（见表4－26、表4－27、表4－28）：一卡片联；二银行承兑汇票；三存根联。

银行承兑协议一式三联（见表4－29）：一正本；二正本；三副本。

表4－22 **商业承兑汇票**（卡片） 1

出票日期（大写） 年 月 日　　汇票号码 第 号

<table>
<tr><td rowspan="3">付款人</td><td>全　称</td><td colspan="3"></td><td rowspan="3">收款人</td><td>全　称</td><td colspan="3"></td></tr>
<tr><td>账　号</td><td colspan="3"></td><td>账　号</td><td colspan="3"></td></tr>
<tr><td>开户银行</td><td></td><td>行号</td><td></td><td>开户银行</td><td></td><td>行号</td><td></td></tr>
<tr><td colspan="2">出票金额</td><td colspan="4">人民币（大写）</td><td colspan="4">千 百 十 万 千 百 十 元 角 分</td></tr>
<tr><td colspan="2">汇票到期日</td><td colspan="3"></td><td>交易合同号码</td><td colspan="4"></td></tr>
<tr><td colspan="5">出票人签章</td><td colspan="5">备注：</td></tr>
</table>

此联承兑人留存

10cm×17.5cm（白纸黑油墨）

表4－23 **商业承兑汇票** 2

出票日期（大写） 年 月 日　　汇票号码 第 号

<table>
<tr><td rowspan="3">付款人</td><td>全　称</td><td colspan="3"></td><td rowspan="3">收款人</td><td>全　称</td><td colspan="3"></td></tr>
<tr><td>账　号</td><td colspan="3"></td><td>账　号</td><td colspan="3"></td></tr>
<tr><td>开户银行</td><td></td><td>行号</td><td></td><td>开户银行</td><td></td><td>行号</td><td></td></tr>
<tr><td colspan="2">出票金额</td><td colspan="4">人民币（大写）</td><td colspan="4">千 百 十 万 千 百 十 元 角 分</td></tr>
<tr><td colspan="2">汇票到期日</td><td colspan="3"></td><td>交易合同号码</td><td colspan="4"></td></tr>
<tr><td colspan="5">本汇票已经承兑，到期无条件支付票款
承兑人签章
承兑日期 年 月 日</td><td colspan="5">本汇票请予以承兑于到期日付款
出票人签章</td></tr>
</table>

此联持票人开户行随委托收款凭证寄付款人作借方凭证附件

10cm×17.5cm（专用水印纸蓝油墨，出票金额栏加红水纹）

表 4－24

被背书人	被背书人	被背书人
  背书人签章 年　月　日	 背书人签章 年　月　日	 背书人签章 年　月　日

表 4－25

商业承兑汇票（存根）　3

出票日期　　年　月　日
（大写）

汇票号码
第　　号

付款人	全　称				收款人	全　称			
	账　号					账　号			
	开户银行		行号			开户银行		行号	
出票金额	人民币（大写）					千 百 十 万 千 百 十 元 角 分			
汇票到期日					交易合同号码				
备注：									

此联出票人存查

10cm×17.5cm（白纸黑油墨）

表 4－26

银行承兑汇票（卡片）　1

出票日期　　年　月　日
（大写）

汇票号码
第　　号

出票人全称				收款人	全　称		
出票人账号					账　号		
付款行全称		行号			开户行	行号	
出票金额	人民币（大写）					千 百 十 万 千 百 十 元 角 分	
汇票到期日					承兑协议编号		
本汇票请你行承兑，此项汇票款我单位按承兑协议于到期日前足额交存你行，到期请予以支付 出票人签章 年　月　日		备注：			科目（借） 对方科目（贷） 转账　年　月　日 复核　记账		

此联承兑行留存备查，到期支付票款时作借方凭证附件

10cm×17.5cm（白纸黑油墨）

表 4－27

银行承兑汇票　2

出票日期　　年　　月　　日　　　　汇票号码
（大写）　　　　　　　　　　　　　第　　号

<table>
<tr><td>出票人全称</td><td colspan="3"></td><td rowspan="3">收款人</td><td>全　称</td><td colspan="3"></td></tr>
<tr><td>出票人账号</td><td colspan="3"></td><td>账　号</td><td colspan="3"></td></tr>
<tr><td>付款行全称</td><td></td><td>行号</td><td></td><td>开户行</td><td></td><td>行号</td><td></td></tr>
<tr><td>出票金额</td><td colspan="5">人民币
（大写）</td><td colspan="3">千 百 十 万 千 百 十 元 角 分</td></tr>
<tr><td>汇票到期日</td><td colspan="2"></td><td colspan="3" rowspan="2">本汇票已经承兑，到期日由本行付款

承兑行签章

承兑日期　年　月　日
备注：</td><td>承兑协议编号</td><td colspan="2"></td></tr>
<tr><td colspan="3">本汇票请你行承兑，到期无条件支付

出票人签章

年　月　日</td><td colspan="3">科目（借）
对方科目（贷）
转账　　年　　月　　日

复核　　　记账</td></tr>
</table>

此联收款人开户行随委托收款凭证寄付款行作借方凭证附件

10cm×17.5cm（专用水印纸蓝油墨）

表 4－28

银行承兑汇票（存根）　3

出票日期　　年　　月　　日　　　　汇票号码
（大写）　　　　　　　　　　　　　第　　号

<table>
<tr><td>出票人全称</td><td colspan="3"></td><td rowspan="3">收款人</td><td>全　称</td><td colspan="3"></td></tr>
<tr><td>出票人账号</td><td colspan="3"></td><td>账　号</td><td colspan="3"></td></tr>
<tr><td>付款行全称</td><td></td><td>行号</td><td></td><td>开户行</td><td></td><td>行号</td><td></td></tr>
<tr><td>出票金额</td><td colspan="5">人民币
（大写）</td><td colspan="3">千 百 十 万 千 百 十 元 角 分</td></tr>
<tr><td>汇票到期日</td><td colspan="2"></td><td colspan="3" rowspan="2">

备注：</td><td>承兑协议编号</td><td colspan="2"></td></tr>
<tr><td colspan="3"></td><td colspan="3"></td></tr>
</table>

此联出票人存查

10cm×17.5cm（白纸黑油墨）

表 4－29

银行承兑协议 1
编号：________
银行承兑汇票的内容：
出票人全称________收款人全称________
开 户 银 行________开 户 银 行________
账　　　号________账　　　号________
汇 票 号 码________汇票金额（大写）________
出票日期____年____月____日到期日期____年____月____日
以上汇票经银行承兑，出票人愿遵守《支付结算办法》的规定及下列条款：
一、出票人于汇票到期日前将应付票款足额交存承兑银行。
二、承兑手续费按票面金额千分之（　　）计算，在银行承兑时一次付清。
三、出票人与持票人如发生任何交易纠纷，均由其双方自行处理，票款于到期前仍按第一条办理不误。
四、承兑汇票到期日，承兑银行凭票无条件支付票款。如到期日之前出票人不能足额支付票款时，承兑银行对不足支付部分的票款转出票申请人逾期贷款，并按照有关规定计收罚息。
五、承兑汇票款付清后，本协议自动失效。
承兑银行签章　　　　　　出票人签章
订立承兑协议日期____年____月____日

此联出票人存执一联，在“银行承兑协议”之后，第二联加印 2，第三联加印（副本）字样。

25cm×18cm（白纸黑油墨）

邮（电）划委托收款凭证一式五联：一回单；二贷方凭证；三借方凭证；四收账通知（或发报依据）；五付款通知。

（1）商业承兑汇票的核算：

①持票人开户行受理商业承兑汇票的处理

持票人持到期的商业承兑汇票，委托开户银行向付款人提示付款时（未经背书转让的商业汇票提示付款时，持票人不再限于委托票面记载的开户银行收取票款，可委托票面载明开户银行同系统内任一开户分支机构收取票款。），应填制电划委托收款凭证一式五联，（在“委托收款凭据名称”栏注明“商业承兑汇票”及其汇票号码，并在汇票背面作成委托收款背书），连同汇票一并送交开户银行办理委托收款。

开户银行收到汇票持票人交来的委托收款凭证和汇票后，应审查：汇票是否是统一规定印制的凭证，汇票是否超过提示付款期限；汇票填明的持票人是否在本行开户；出票人、承兑人的签章是否符合规定；汇票的必须记载事项是否齐全，出票金额、出票日期、收款人名称是否更改，其他记载事项的更改是否由原记载人签章证明；持票人是否作成“委托收款”背书；背书转让的汇票，其背书是否连续，签章是否符合规定，背书使用粘单的是否按规定在粘接处签章；委托收款凭证必须记载事项是否齐全，与汇票的记载事项是否相符。

经审查无误，在委托收款凭证各联上加盖“商业承兑汇票”戳记。其余手续比照发出委托收款凭证的手续处理。

②付款人开户银行收到汇票的处理

付款人开户银行收到持票人开户银行寄来的委托收款凭证及汇票，按有关规定进行审查外，还应核对付款人是否在本行开户。承兑人在汇票上的签章与预留银行签章相符的，在委托收款凭证上填注收到日期，逐笔登记“收到委托收款登记簿”，将第三、四联委托收款凭证和汇票专夹保管。将第五联加盖业务公章及时交付款人通知其付款。

银行在接到付款通知书，或在付款人接到开户行的付款通知的次日起 3 日内仍未通知银行付款的，银行应及时办理划款手续。

A. 当付款人账上有足额的款项时

以委托收款凭证第三联作借方凭证，商业承兑汇票加盖转讫章作附件，按照委托收款方式办理。做出如下会计分录：

借：吸收存款——活期存款付款人户

　贷：清算资金往来

转账后，在“收到委托收款凭证登记簿”上注明转账日期.

B. 当付款人账上不足支付或无款支付时

银行应向持票人开户行发出付款人“未付票款通知书”，在委托收款凭证备注栏注明“付款人无款支付”字样，按照委托收款无款支付的手续办理。(填制三联付款人未付款通知书，将一联通知书和第三联委收凭证留存备查，第二、三联通知书和第四联委收凭证及商业承兑汇票一并寄持票人开户行)

C. 当付款人拒绝付款时

银行在付款人接到通知日的次日起 3 日内，收到付款人的四联拒付理由书，按照委托收款方式的拒绝付款的手续办理。将第二联拒付理由书和第三联委收凭证留存备查，第三、四联拒付理由书和第四、五联委收凭证及商业承兑汇票一并寄持票人开户行。

③持票人开户行收到划回票款或退回票据的处理

收到全额划回款项

A. 持票人开户行收到付款人开户行的发报或划回款项的凭证，经与原专夹保管的委托收款凭证第二联核对无误后，办理转账。做出如下会计分录：

借：清算资金往来

　贷：吸收存款——活期存款持票人户

转账后，在“发出委托收款登记簿”上注明转账日期。

B. 无款支付或拒付款项

持票人开户行接到付款人开户行寄来的“未付票款通知书”或“拒付理由书”、汇票及委托收款凭证时，按照委托收款退票。将委托收款凭证及“未付票款通知书”或“拒付理由书”及汇票退给持票人，并由持票人签收。

(2) 银行承兑汇票的核算

①承兑银行办理汇票承兑的处理。

承兑申请人（持票人或出票人）持银行承兑汇票一式三联向汇票上记载的付款银行申请或提示承兑时，由承兑银行的信贷部门按照支付结算办法和有关规定审查同意后，与出票人签署银行承兑协议，将其中一联及副本连同汇票一、二联并交会计部门。

会计部门接到汇票和承兑协议，应认真审查，审核无误后，在第一、二联汇票上注明承兑协议编号，并在第二联汇票“承兑行签章”处加盖汇票专用章，并由授权的经办人签章。

由出票人申请承兑的，将第二联汇票连同一联承兑协议交给出票人；由持票人提示承兑的，将第二联汇票交给持票人，一联承兑协议交给出票人。

同时，做出如下会计分录：

收取保证金：

借：吸收存款——活期存款出票人户

　贷：存入保证金——出票人户

按票面金额的万分之五向出票人收取承兑手续费：

借：吸收存款——活期存款出票人户

　贷：手续费及佣金收入

承兑银行根据第一联汇票填制银行承兑汇票表外科目收入凭证，登记表外科目登记簿，并将第一联汇票卡片、承兑协议副本和会审单专夹保管：

（收入）：银行承兑汇票

②持票人开户行受理汇票的处理。

持票人凭汇票委托开户行向承兑银行收取票款时（未经背书转让的商业汇票提示付款时，持票人不再限于委托票面记载的开户银行收取票款，可委托票面载明开户银行同系统内任一开户分支机构收取票款），应填制委托收款凭证，在“委托收款凭据名称”栏注明“银行承兑汇票”及其汇票号码并在汇票背面作成委托收款背书，连同汇票一并送交开户行。开户银行收到汇票持票人交来的委托收款凭证和汇票后，审查无误后，在委托收款凭证各联上加盖“银行承兑汇票”戳记。其余手续比照发出委托收款凭证的手续处理。

③承兑银行对汇票到期收取票款的处理。

承兑银行应每天查看汇票的到期情况，对到期的汇票，应于到期日（遇法定休假日顺延）向出票人收取票款。收取票款时，根据出票人账户余额情况不同，分别处理：

A. 出票人账户余额足够支付汇票款时，填制二联特种转账借方凭证，一联特种转账贷方凭证，并在“转账原因”栏注明“根据××号汇票收取票款”，一联借方凭证加盖转讫章后作支款通知交出票人。做出如下会计分录：

借：存入保证金——出票人户

　　吸收存款——活期存款出票人户

　贷：吸收存款——其他存款（应解汇款）出票人户

B. 出票人保证金账户和存款账户不足支付时，其差额应转入该出票人的逾期贷款户，每日按万分之五计收利息。填制二联特种转账借方凭证，一联特种转账贷方凭证。做出如下会计分录：

借：存入保证金——出票人户

吸收存款——活期存款出票人户

贷款——逾期贷款××户

贷：吸收存款——其他存款（应解汇款）出票人户

④承兑银行支付汇票款项的处理。

承兑银行接到持票人开户行寄来的委收凭证及汇票，与专夹保管的汇票卡片和承兑协议副本核对．经审查无误后，应于汇票到期日或到期日之后的见票当日，按照委托收款付款的手续办理。做出如下会计分录：

借：吸收存款——其他存款（应解汇款）出票人户

贷：清算资金往来

在“收到委托收款登记簿”上注明转账日期，另填制银行承兑汇票表外科目付出凭证，销记表外科目登记簿。

（付出）：银行承兑汇票

⑤持票人开户行收到汇票款项的处理

持票人开户行收到承兑银行的发报或划回的委托收款凭证，按照委托收款款项划回手续办理。做出如下会计分录：

借：清算资金往来

贷：吸收存款——活期存款持票人户

例13　出票人B企业持银行承兑汇票（金额1 000 000元）向本行申请承兑，经信贷部门审查同意，按规定向出票人收取手续费500元。承兑银行做出如下会计分录：

借：吸收存款——活期存款B企业　　500

贷：手续费及佣金收入　　500

例14　系统内安南支行发来电报，系为本行开户的甲公司委托本行收取的商业承兑汇票款项，金额680 000元，审查后根据电划补充报单入账，做出如下会计分录：

借：清算资金往来　　68 000

贷：吸收存款——活期存款甲公司　　680 000

例15　经查看，当日有一笔申请人为B企业的银行承兑汇票1 000 000元，现已到期，填制两借一贷特种转账传票办理转账，做出如下会计分录：

借：吸收存款——活期存款B企业　　1 000 000

贷：吸收存款——其他存款（应解汇款）B企业　　1 000 000

例16　本行接到系统内宏桥支行（持票人开户行）寄来的委托收款凭证三四五联及银行承兑汇票，经审核该汇票出票人系M公司，无误后，支付汇票款项，金额650 000元。做出如下会计分录：

借：吸收存款——其他存款（应解汇款）M公司　　650 000

贷：清算资金往来　　650 000

例17　本行从票据交换所提入委托收款凭证三四五联及商业承兑汇票，金额863 544元，审查无误后，将第五联委收凭证交给承兑人丙公司（付款人）。当本行接到付款人付款通知书且其账上又有足额的资金时，立即办理付款，做出如下会计分录：

借：吸收存款——活期存款丙公司　　863 544

　贷：清算资金往来——同城票据交换　　863 544

三、信用卡业务的核算

1. 概念及适用范围

信用卡是指商业银行向个人和单位发行的，凭以向特约单位购物、消费和向银行存取现金，且具有消费信用的特制载体卡。

此种结算方式同城异地均可使用。

2. 种类

（1）按是否向发卡银行交存备用金分为贷记卡、准贷记卡两类。

贷记卡：是发卡银行给予持卡人一定的信用额度，持卡人可在信用额度内先消费，后还款的信用卡。

准贷记卡：是指持卡人须先按发卡银行的要求交存一定金额的备用金，当备用金账户余额不足支付时，可在发卡银行规定的信用额度内透支的信用卡。

（2）按使用对象分为单位卡和个人卡。

（3）按信誉等级分为金卡和普通卡。

3. 信用卡的有关规定

（1）商业银行未经人民银行批准不得发行信用卡。

（2）凡在中国境内金融机构开立基本存款账户的单位可申领单位卡。凡具有完全民事行为能力的公民可申领个人卡。

（3）单位卡账户的资金一律从其基本存款账户转账存入，不得交存现金，不得将销货收入存入单位卡账户，不得用于10万元以上的商品交易和劳务供应的核算；个人卡账户的资金以其持有的现金存入或以其工资性款项及属于个人的劳务报酬收入转账存入。严禁将单位的款项存入个人卡账户。

（4）信用卡仅限于合法持卡人本人使用，持卡人不得出租或转借信用卡。持卡人凭信用卡及身份证件可在特约单位购物、消费；在银行网点存取现金、办理异地大额购货转账结算；在自动柜员机（ATM）上存取现金。持卡人可在无卡的情况下凭卡号办理续存。

（5）单位卡一律不得支取现金，需要向其账户续存资金的，一律从其基本存款账户转账存入。

4. 信用卡业务的核算

（1）信用卡开户的核算

①单位卡发卡的处理

单位申请使用信用卡，应按规定向发卡银行填写申请表。发卡银行审查同意后，按规定向申请人收取备用金和手续费，办理开户手续。

发卡银行接到申请人送来的支票和进账单或同城票据交换提入的进账单时，支票作借方凭证，第二联进账单作贷方凭证。会计分录为：

借：吸收存款——活期存款××户

贷：吸收存款——单位卡——××持卡人户

规定收取年费时，填制二借一贷特种转账凭证，一联特转借方凭证加盖转讫章后退申请人作付款通知，另两联分别作借贷方凭证，会计分录为：

借：吸收存款——单位卡——××持卡人户

贷：手续费及佣金收入——银行卡年费收入

②个人卡发卡的处理

个人申请使用信用卡，应按规定向发卡银行提交申请表。发卡银行审查同意后，按规定向申请人收取备用金和手续费，办理开户手续。会计分录为：

借：库存现金

贷：吸收存款——活期储蓄存款——××个人信用卡户

收取年费

借：吸收存款——活期储蓄存款——××个人信用卡户

贷：手续费及佣金收入——银行卡年费收入

发卡银行办理信用卡开户手续时，应及时登记“信用卡账户开、销户登记簿”和“发卡清单”，并在“发卡清单”上记载领卡人身份证号码，请领卡人签收。

(2) 信用卡续存现金的处理手续

信用卡续存现金仅限于个人卡，单位卡续存只能从其基本存款账户转账续存，不得交存现金。信用卡续存现金可以凭卡存款，也可以无卡存款即凭信用卡卡号无卡存款。

个人持卡人交来现金并要求办理续存现金业务时，应按规定进行审核。审核是否为本行受理的业务；信用卡是否在有效期内；是否为止付卡。对已过有效期的卡，应提醒存款人是否续存；对止付卡，应与发卡机构取得联系，由发卡机构查明止付原因决定是否收卡。审核无误后，办理存款业务。对有卡存款的，由经办人员输入卡号或刷卡并输入存款金额，压印一式四联存款单，交存款人签名确认。对无卡存款的，由存款人填写存款单，存款单上必须清楚地填写持卡人的卡号、持卡人姓名、存款人姓名等内容。

①本地卡存款

A. 发卡行受理持卡人续存现金

发卡行按规定审核无误后办妥收款手续后，在第一联存款单上加盖现金收讫章作回单连同信用卡交给持卡人或代理人，第四联存款单留存备查；第二联存款单作贷方凭证。会计分录为：

借：库存现金

贷：吸收存款——活期储蓄存款——××个人信用卡户

B. 代理行受理持卡人续存现金

代理行按规定审核无误后办妥收款手续后，在第一联存款单上加盖现金收讫章作回单连同信用卡交给持卡人或代理人，第四联存款单留存备查；另填制一联特种转账贷方凭证，第三联存款单作贷方凭证附件，会计分录为：

借：库存现金

　　贷：其他应付款——信用卡代收户

②异地卡存款

代理行受理异地卡存款业务时，按规定点收现金、审查凭证无误后，办理转账。会计分录为：

借：库存现金

　　贷：其他应付款——信用卡代收户

　　　　手续费及佣金收入——银行卡结算业务收入

（3）信用卡取现的处理

个人持卡人来行提交信用卡及身份证要求办理取现业务时，应按规定进行审核。审核是否为本行受理的业务；信用卡是否有防伪标记；是否在有效期内；是否为止付卡；持卡人身份证件的照片是否与本人相同；持卡人身份证件上的姓名与信用卡背面签名条上的姓名及卡片凸印的姓名（拼音）是否一致。

审核无误后，压印一式四联取现单，在取现单上填写持卡人身份证号码、取现日期、取现金额。如需授权的，经取得授权同意后，经办人员应将授权号码填入取款单。取现单填妥后，交持卡人当面在四联取现单上签名确认，并核对持卡人签名是否与信用证背面签名条内的签名一致。

①本地卡取现

A. 发卡行受理持卡人取现

发卡行在取现单第一联加盖现金付讫章，连同信用卡、身份证件、现金一并交持卡人，第四联留存备查；取现单第二联作借方凭证。会计分录为：

借：吸收存款——活期储蓄存款——××个人信用卡户

　　贷：库存现金

B. 代理行受理持卡人取现

代理行将取现单第一联加盖现金付讫章连同信用卡、身份证件、现金交持卡人，第四联留存备查；另填制一联特种转账贷方凭证，作手续费科目的贷方凭证，第三联取现单作贷方凭证附件。会计分录为：

借：其他应收款——信用卡代付户

　　贷：库存现金

②异地卡取现

代理行对持卡人提交的信用卡、身份证审核无误后，支付现金。会计分录为：

借：其他应收款——信用卡代付户

　　贷：库存现金

　　　　手续费及佣金收入——银行卡结算业务收入

（4）信用卡购物消费的处理

信用卡持卡人可到接受信用卡、提供消费服务的商场、饭店、酒楼等特约商户刷卡购物，购物后需在签购单（见表4－30）上签名确认。特约商户填制两联进账单和按发卡行分别填制汇计单（见表4－31）连同签购单一并交开户行办理信用卡进账。

表 4－30

<table>
<tr><td colspan="2" rowspan="1">持卡人姓名及账号</td><td rowspan="3">编号 0000000
××银行
（英文缩写）
××卡签购单</td></tr>
<tr><td>证　　件</td><td>持卡人签名</td></tr>
<tr><td>授权号码</td><td>日　　期</td></tr>
<tr><td rowspan="2">特约单位名称、代号
经办人签章</td><td colspan="2">人　民　币</td></tr>
<tr><td>购物消费（小写）</td><td></td></tr>
<tr><td rowspan="4">请持卡人妥善保管</td><td>什　项（小写）</td><td></td></tr>
<tr><td>总　额（大写）</td><td></td></tr>
<tr><td>摘　要</td><td></td></tr>
</table>

第一联：特约单位给持卡人回单

主管　　　　　　　　复核　　　　　　　　记账

8. 3cm×13. 5cm（粉红纸黑油墨）

表 4-31

（行数）××银行

××卡

汇计单

日期＿＿＿＿＿＿

签购单总份数＿＿＿份

特约单位名称、代号

总计金额(¥) ☐

手续费% ☐

＿＿＿＿＿＿＿＿＿＿

净计金额(¥) ☐

编号 0000000

8.3cm×13.5cm(白纸黑油墨)

第一联：银行盖章后退特约单位作交费收据

①特约商户开户行的处理

A. 如发卡行为本行，则直接根据签购单办理转账。会计分录为：

借：吸收存款——单位卡——××持卡人户

或：　　吸收存款——活期储蓄存款——××个人信用卡户

　贷：吸收存款——活期存款特约商户存款户

　　　手续费及佣金收入——银行卡特约单位手续费收入

B. 如发卡行为同城跨系统他行，其会计分录为：

借：清算资金往来——同城票据清算××户

贷：吸收存款——活期存款特约商户存款户

手续费及佣金收入——银行卡特约单位手续费收入

C. 如发卡行为异地同系统他行，其会计分录为：

借：清算资金往来——电子汇划款户

贷：吸收存款——活期存款特约商户存款户

手续费及佣金收入——银行卡特约单位手续费收入

②发卡行的处理

A. 发卡行通过同城票据交换提入签购单时，按规定审核无误后办理转账。其会计分录为：

借：吸收存款——单位卡——××持卡人户

或：吸收存款——活期储蓄存款——××个人信用卡户

贷：清算资金往来——同城票据清算××户

B. 发卡行收到电子汇划信息时，按有关规定办理转账。其会计分录为：

借：吸收存款——单位卡——××持卡人户

或：吸收存款——活期储蓄存款——××个人信用卡户

贷：清算资金往来——电子汇划款户

(5) 信用卡透支的处理

持卡人的信用卡账户余额不足支付时，发卡行应根据透支金额编制特种转账借方凭证，作发放贷款处理。

单位卡透支，会计分录为：

借：贷款——银行卡透支

吸收存款——单位卡——××持卡人户

贷：××科目——××户

个人卡透支，会计分录为：

借：贷款——银行卡透支

吸收存款——活期储蓄存款——××个人信用卡户

贷：库存现金或 ××科目——××户

发卡银行收回透支款时，按规定计算收回透支利息后，余款用于归还透支本金。会计分录为：

借：库存现金或 ××科目——××户

贷：贷款——银行卡透支

利息收入——银行卡透支利息收入

(6) 信用卡销户的处理手续

发卡银行在确认持卡人具备销户条件时，应通知持卡人办理销户手续，并收回信用卡。有效卡无法收回的，应办理止付。发卡银行核对账务无误后，按以下情况处理：

①个人卡销户时，银行压制转账单。转账单一式四联，第一联回单，第二联借方凭证，第三联贷方凭证，第四联收账通知或取现单。按规定计付利息，由持卡人签名后，结清账户。第一联转账单加盖转讫章后交给持卡人，第二联转账单作借方凭证，退付现金的第三联转账单作其附件，另填制一联特种转账借方凭证作利息支出借方凭证，第四联转账单加盖现金付讫章或加盖转讫章交持卡人。会计分录为：

借：吸收存款——活期储蓄存款——××个人信用卡户

利息支出——信用卡存款利息支出

贷：库存现金或有关科目

②单位卡销户时，持卡人向发卡银行提交授权单位的销户证明和基本存款账户开户许可证及单位卡，银行审核无误后，压制转账单，并按规定计付利息，由持卡人签名后，结清账户。第一联转账单加盖转讫章后交给持卡人，第二联转账单作借方凭证，第三联转账单作贷方凭证，另填制一联特种转账借方凭证作利息支出借方凭证，第四联转账单加盖转讫章交申请人。会计分录为：

借：吸收存款——单位卡——××持卡人户

利息支出——信用卡存款利息支出

贷：吸收存款——活期存款××单位户

申请人与持卡人不在同一银行开户的，应将第三、四联转账单通过辖内往来或同城票据交换划转申请人的基本存款户。

例 18 贷记卡持卡人张力在异地某商场持卡购物消费 10 000 元。其发卡行收到特约商户开户行发来的电子汇划信息时，按规定审核无误后，办理付款手续，做出如下会计分录：

借：吸收存款——活期储蓄存款——张力个人信用卡户 10 000

贷：清算资金往来——电子汇划款户 10 000

四、三种结算方式的核算

（一）汇兑业务的核算

1. 概念及适用范围

汇兑是汇款人委托银行将其款项支付给收款人的一种结算方式。单位和个人的各种款项的结算，均可以使用汇兑结算方式。

2. 基本规定

（1）汇款人签发的汇兑凭证上必须记载下列事项：①表明“信汇”或“电汇”的字样；②无条件支付的委托；③确定的金额；④收款人的名称；⑤汇款人的名称；⑥汇入地点、汇入行名称；⑦汇出地点、汇出行名称；⑧委托日期；⑨汇款人签章。

汇兑凭证上欠缺上列记载事项之一的，银行不予受理。

（2）汇兑分为信汇和电汇两种，由汇款人选择使用。

（3）汇款人派人到汇入行领取汇款的，应在汇兑凭证各联“收款人账号或住址”栏注明“留行待取”字样；留行待取的汇款，需要指定单位的收款人领取汇款的，应注明收款人的单位名称。

(4) 汇款人和收款人均为个人，需要在汇入行支取现金的，应在汇兑凭证的“汇款金额”大写栏先写“现金”字样，后填写汇款金额。

(5) 汇款人确定不得转汇的，应在汇兑凭证各栏注明“不得转汇”字样。

3. 汇兑业务的核算

我国商业银行目前大多采用电子汇划方式办理汇兑结算业务。对本系统内各行际间的汇兑业务（信汇或电汇），通过电子汇划系统进行异地资金汇划；对跨系统银行汇款的，可通过中国现代化支付系统大额实时支付系统或转汇行划转。

汇兑结算的处理过程分为汇出行汇出款项和汇入行解付款项两个阶段。

汇兑结算凭证包括：

信汇凭证一式四联：第一联回单；第二联借方凭证；第三联贷方凭证；第四联收账通知或取款收据。

电汇凭证一式三联（见表4－32、表4－33、表4－34）：第一联回单；第二联借方凭证；第三联发电依据。

(1) 汇出行的处理

汇款人委托银行办理汇兑时，应向银行填制信汇凭证或电汇凭证。

汇出行受理汇兑凭证时，应认真审查：

①汇兑凭证填写的必须记载的各项内容是否齐全、正确；

②凭证的金额、委托日期、收款人名称是否更改；其他事项更改是否有原记载人签章证明；

③大小写金额是否一致；

④委托日期是否是当日；

⑤汇款人账户内是否有足够支付的余额；

⑥汇款人的签章与预留银行签章是否相符；

⑦对填明“现金”字样的信汇凭证，还应审查汇款人和收款人是否均为个人。

表4－32

××银行 **电汇凭证**（回单） 1

委托日期 年 月 日 第 号

汇款人	全　称						收款人	全　称											
	账　号或住址							账　号或住址											
	汇　出地　点	省	市县	汇出行名　称				汇　入地　点	省	市			汇入行名　称						
金额	人民币（大写）									千	百	十	万	千	百	十	元	角	分
汇款用途：							汇出行盖章												
单位主管　　会计　　复核　　记账							年　月　日												

此联汇出行给汇款人的回单

表 4－33

××银行　**电汇凭证**（借方凭证）　2

委托日期　　年　月　日　　　　　　　　第　　号

<table>
<tr><td rowspan="3">汇款人</td><td>全　称</td><td colspan="4"></td><td rowspan="3">收款人</td><td>全　称</td><td colspan="4"></td></tr>
<tr><td>账　号
或住址</td><td colspan="4"></td><td>账　号
或住址</td><td colspan="4"></td></tr>
<tr><td>汇　出
地　点</td><td>省</td><td>市
县</td><td>汇出行
名　称</td><td></td><td>汇　入
地　点</td><td>省</td><td>市
县</td><td>汇入行
名　称</td><td></td></tr>
<tr><td>金
额</td><td colspan="7">人民币
（大写）</td><td colspan="4">千　百　十　万　千　百　十　元　角　分</td></tr>
<tr><td colspan="12">汇款用途：</td></tr>
</table>

此联汇出行作借方凭证

此汇款支付给收款人。

汇款人签章

科目（借）

对方科目（贷）

汇出行汇出日期　　年　月　日

复核　　记账

表 4－34

××银行　**电汇凭证**（借方凭证）　3

委托日期　　年　月　日　　　　　　　　第　　号

<table>
<tr><td rowspan="3">汇款人</td><td>全　称</td><td colspan="4"></td><td rowspan="3">收款人</td><td>全　称</td><td colspan="4"></td></tr>
<tr><td>账　号
或住址</td><td colspan="4"></td><td>账　号
或住址</td><td colspan="4"></td></tr>
<tr><td>汇　出
地　点</td><td>省</td><td>市
县</td><td>汇出行
名　称</td><td></td><td>汇　入
地　点</td><td>省</td><td>市
县</td><td>汇入行
名　称</td><td></td></tr>
<tr><td>金
额</td><td colspan="7">人民币
（大写）</td><td colspan="4">千　百　十　万　千　百　十　元　角　分</td></tr>
<tr><td colspan="12">汇款用途：</td></tr>
</table>

此联汇出行凭以拍发电报

复核　　　　记账

审查无误后，转账交付的，以汇兑凭证第二联作借方凭证。做出如下会计分录：

借：吸收存款——活期存款汇款人户

　贷：清算资金往来

现金交付的，以汇兑凭证第二联作借方凭证，填制一联特种转账贷方凭证。做出如下会计分录：

借：库存现金

　贷：吸收存款——其他存款收款人户

借：吸收存款——其他存款收款人户

　贷：清算资金往来

转账后，在汇兑凭证第一联回单上加盖“转讫单”退给汇款人，根据第三联汇兑凭证进行电子汇划记账，然后加押，复核后通过汇划系统发送。如汇款人指定收款人需凭印鉴支取汇款的，应将信汇凭证第四联及汇款人附寄的有关通知、清单、证明等非记账凭证，作为电子汇划业务的附单邮寄给汇入行。

（2）汇入行的处理手续

汇入行通过电子汇划系统收到汇划来账或收到跨系统转汇行提交的有关凭证，应审查，汇入行是否是本行，收款人是否在本行开户，人民银行通过票据交换提交的凭证上有无人民银行票据审核章。

审核无误后，按下列手续处理：

①直接收账

收款人在汇入行开立存款账户的，以第三联信汇凭证或第二联电划贷方补充报单或“人民银行电汇贷方补充报单”作贷方传票，电子汇划凭证及有关往来凭证作借方传票。做出如下会计分录：

借：清算资金往来

　贷：吸收存款——收款人户

在第四联信汇凭证或第三联电划贷方补充报单或一联“人民银行电汇贷方补充报单”上加盖转讫章，作收账通知，交收款人。

②不直接收账

收款人为未在汇入行开立账户的个人，应通过“应解汇款”账户处理。以第三联信汇凭证或第二联电划贷方补充报单或“人民银行电汇贷方补充报单”作贷方传票，电子汇划凭证及有关往来凭证作借方传票。做出如下会计分录：

借：清算资金往来

　贷：吸收存款——其他存款（应解汇款）收款人户

登记应解汇款登记簿，同时将第四联信汇凭证或第三联电划贷方补充报单或“人民银行电汇贷方补充报单”编列应解汇款顺序号、加盖转讫章并专夹保管，另通知收款人来行办理取款手续。

收款人持取款通知来行办理取款时，抽出专夹保管的第四联信汇凭证或第三联电划贷方补充报单或“人民银行电汇贷方补充报单”，认真审查收款人身份证件，并将其证件名称、号码、发证机关批注在上述凭证空白处，由收款人在“收款人盖章”处签章。如系信汇留交凭签章付款的，收款人签章必须同预留印章相符。审核无误后，办理付款手续。

A. 收款人需要支付现金的，汇兑凭证上必须有汇出行按规定填明的“现金”字样，应一次办理现金支付手续；未填明“现金”字样，需要支取现金的，由汇入银行按照现金管理规定审查支付。支取现金时，由收款人提交支款单一联作借方传票，第四联信汇凭证或第三联电划贷方补充报单或“人民银行电汇贷方补充报单”作借方传票附件。做出如下会计分录：

借：吸收存款——其他存款（应解汇款）收款人户

贷：库存现金

销记应解汇款登记簿。

B. 收款人需要分次转账支取的，由收款人向汇入行提交一联支款单和三联进账单。汇入行受理后按规定审核无误，即可办理分次转账支付手续。待最后结清时，第四联信汇凭证或第三联电划贷方补充报单或“人民银行电汇贷方补充报单”作借方传票附件。做出如下会计分录：

借：吸收存款——其他存款（应解汇款）收款人户

贷：清算资金往来

销记应解汇款登记簿。

例 19　成都市某丝绸公司向其开户银行交通银行某支行提交电汇凭证及转账支票一份，要求汇往交通银行杭州市分行开户的某丝绸厂一笔购货款，金额 500 000 元。该行审核无误后，办理转账，做出如下会计分录：

借：吸收存款——活期存款某丝绸公司户　　500 000

贷：清算资金往来　　500 000

例 20　承上例，交通银行杭州市分行收到系统传输来的电子汇划信息，编制电划贷方补充报单，为收款人办理收账手续，做出如下会计分录：

借：清算资金往来　　500 000

贷：吸收存款——活期存款某丝绸厂户　　500 000

例 21　建设银行成都市分行收到省外系统内某行电汇汇款 20 000 元，当即通知收款人李东收款。收款人来行要求将款项转至其在本市他行的存款账户。该行按规定审核相关凭证无误后，为其办理转账，做出如下会计分录：

借：清算资金往来　　20 000

贷：吸收存款——其他存款李东户　　20 000

借：吸收存款——其他存款李东户　　20 000

贷：清算资金往来　　20 000

（3）退汇的处理

汇款人要求退汇时，对收款人在汇入行开立账户的，由汇款人与收款人自行联系退汇；收款人未在汇入行开立账户的，应由汇款人备函或持本人身份证件连同原信、电汇凭证回单交汇出行办理退汇。

①汇出行承办退汇的处理手续。汇出行接到退汇函件或身份证件以及回单，应填制四联“退汇通知书”，在第一联上批注“X 年 X 月 X 日申请退汇，待款项退回后再办理退款手续”字样，加盖业务公章交汇款人，第二、三联加盖结算专用章寄汇入行，第四联与函件和回单一起保管。如汇款人要求用电报通知退汇时，只需填制两联“退汇通知书”，比照信汇退汇通知书第一、四联的手续处理，并凭退汇通知书第四联拍发电报通知汇入行。

②汇入行退汇的处理手续。汇入行接到汇出行寄来的第二、三联退汇通知书或通知退汇的电报，如该笔汇款尚未解付的，应与收款人联系，索回取款通知，以第二联

“退汇通知书”作借方记账凭证，第四联汇款凭证作附件。做出如下会计分录：

借：吸收存款——其他存款（应解汇款）收款人户

贷：清算资金往来等

转账后，第三联退汇通知书或一联特种转账贷方凭证寄原汇出行。如电报通知退汇的，应另填制一联特种转账借方凭证，并填制电划贷方报单，凭以拍发电报。如系跨系统退汇的第三联退汇通知书或一联特种转账贷方凭证随转汇清单提交人民银行。

如该笔汇款业已解付或不能索回取款通知，应在第二、三联退汇通知书或通知退汇的电报上注明解付情况或不能索回取款通知等原因及日期后，将第二联退汇通知书或电报留存，以第三联退汇通知书或拍发电报通知汇出行。

③汇出行收到退汇款或退回的通知书的处理手续。汇出行接到汇入行寄来的邮划贷方报单及第三联退汇通知书或退汇电报时，应以第三联退汇通知书或第二联电划贷方补充报单代贷方凭证（第三联电划补充报单作贷方凭证附件）或人民银行电汇贷方补充报单代贷方凭证并注明“退汇”字样的。做出如下会计分录：

借：清算资金往来等

贷：吸收存款——原汇款人户

在原第二联汇款凭证上注明“此款已于____年__月__日退汇”字样，以备查考。以留存的第四联退汇通知书注明“退汇款汇回已代进账”字样，加盖转讫章后作为收账通知交给原汇款人。

汇出行如接到汇入行寄回的第三联退汇通知书或发来的电报注明汇款业已解付时，应在留存的第四联退汇通知书上批注解付情况，通知原汇款人。

（二）异地托收承付结算业务的核算

1. 概念及适用范围

托收承付是根据购销合同由收款人发货后委托银行向异地付款人收取款项，由付款人向银行承认付款的结算方式。

使用托收承付结算方式的单位，必须是国有企业、供销合作社以及经营管理较好，并经开户银行审查同意的城乡集体所有制工业企业。

2. 基本规定

（1）签发托收承付凭证必须记载下列事项：①表明“托收承付”的字样；②确定的金额；③付款人名称及账号；④收款人名称及账号；⑤付款人开户银行名称；⑥收款人开户银行名称；⑦托收附寄单证张数或册数；⑧合同名称、号码；⑨委托日期；⑩收款人签章。

托收承付凭证上欠缺记载上列事项之一的，银行不予受理。

（2）托收承付结算每笔的金额起点为一万元。新华书店系统每笔金额起点为一千元。

（3）办理托收承付结算的款项，必须是商品交易，以及因商品交易而产生的劳务供应的款项。代销、寄销、赊销商品的款项，不得办理托收承付结算。

（4）收款人办理托收，必须具有商品确已发运的证件（包括铁路、航运、公路等运输部门签发运单、运单副本和邮局包裹回执)。

(5) 托收承付结算款项的划回方法，分邮寄和电划两种，由收款人选用。

3. 托收承付业务的核算

托收承付结算凭证一式五联（见表4－35、表4－36、表4－37、表4－38、表4－39)：第一联回单；第二联贷方凭证；第三联借方凭证；第四联收账通知；第五联承付通知。

表4－35　　　　　　　　　　　　　　　　　　　　　　　　　　第　　号

托收承付凭证（回　单）　1　托收号码：

委托日期　　年　月　日

付款人	全　称		收款人	全　称											
	账号或住址			账　号											
	开户银行			开户银行		行号									
托收金额	人民币（大写）					千	百	十	万	千	百	十	元	角	分
附　件		商品发运情况				合同名称号码									
附寄单证张数或册数															
备注：		款项收妥日期 19　　年　月　日			收款人开户银行盖章　月　日										

此联是收款人开户银行给收款人的回单

单位主管　　会计　　复核　　记账

10cm×17.5cm（白纸蓝油墨）

表 4－36

第　　号

托收承付凭证（贷方凭证）　2　托收号码：

委托日期　　年　月　日

<table>
<tr><td rowspan="3">付款人</td><td>全　称</td><td></td><td rowspan="3">收款人</td><td>全　称</td><td colspan="3"></td></tr>
<tr><td>账号或住址</td><td></td><td>账　号</td><td colspan="3"></td></tr>
<tr><td>开户银行</td><td></td><td>开户银行</td><td></td><td>行号</td><td></td></tr>
<tr><td>托收金额</td><td colspan="4">人民币（大写）</td><td colspan="3">千 百 十 万 千 百 十 元 角 分</td></tr>
<tr><td colspan="2">附　　件</td><td colspan="3">商品发运情况</td><td colspan="3">合同名称号码</td></tr>
<tr><td colspan="2">附寄单证张数或册数</td><td colspan="3"></td><td colspan="3"></td></tr>
<tr><td colspan="2">备注：</td><td colspan="2">本托收款项随附有关单证等件，请予办理托收。
收款人签章</td><td colspan="4">科目（贷）
对方科目（借）
转账　　年　月　日
复核　　记账</td></tr>
</table>

收款人开户银行收到日期　　年　月　日

此联是收款人开户银行作贷方凭证

10cm×17.5cm（白纸红油墨）

表 4－37

第　　号

托收承付凭证（借方凭证）　3　托收号码：

承　付　期　限
到期　　年　月　日

委托日期　　年　月　日

<table>
<tr><td rowspan="3">付款人</td><td>全　称</td><td></td><td rowspan="3">收款人</td><td>全　称</td><td colspan="3"></td></tr>
<tr><td>账号或住址</td><td></td><td>账　号</td><td colspan="3"></td></tr>
<tr><td>开户银行</td><td></td><td>开户银行</td><td></td><td>行号</td><td></td></tr>
<tr><td>托收金额</td><td colspan="4">人民币（大写）</td><td colspan="3">千 百 十 万 千 百 十 元 角 分</td></tr>
<tr><td colspan="2">附　　件</td><td colspan="3">商品发运情况</td><td colspan="3">合同名称号码</td></tr>
<tr><td colspan="2">附寄单证张数或册数</td><td colspan="3"></td><td colspan="3"></td></tr>
<tr><td colspan="2">备注：</td><td colspan="2">银行意见
收款人开户银行盖章　月　日</td><td colspan="4">科目（借）
对方科目（贷）
转账　　年　月　日
复核　　记账</td></tr>
</table>

付款人开户银行收到日期　　年　月　日

此联付款人开户银行作借方凭证

10cm×17.5cm（白纸黑油墨）

表 4－38　　　　　　　　　　　　　　　　　　　　　　　　第　　号

托收承付凭证（收账通知）　　4　托收号码：

承　付　期　限
到期　　年　月　日

委托日期　　年　月　日

付款人	全　称		收款人	全　称											
	账号或住址			账　号											
	开户银行			开户银行		行号									
托收金额	人民币（大写）					千	百	十	万	千	百	十	元	角	分
附　件		商品发运情况			合同名称号码										
附寄单证张数或册数															
备注：		本托收款项已由付款人开户行全额划回并收入你账户内。 收款人开户银行盖章　月　日			科目 对方科目 转账　　年　月　日 单位主管　　会计 复核　　记账										

此联是收款人开户银行在款项收妥后给收款人的收账通知

付款人开户银行收到日期　　年　月　日　　支付日期　　年　月　日

10cm×17.5cm（白纸紫油墨）

表 4－39 第　号

托收承付凭证（收账/支款通知） 5 托收号码：

承付期限
到期　年　月　日

委托日期　年　月　日

付款人	全称		收款人	全称											
	账号或住址			账号											
	开户银行			开户银行		行号									
托收金额	人民币（大写）					千	百	十	万	千	百	十	元	角	分
附件		商品发运情况				合同名称号码									
附寄单证张数或册数															
备注：		付款人注意： 1. 根据支付结算办法规定，上列托收款项，在承付期限内未拒付时，即视同全部承付。如系全额支付即以此联代付款通知；如遇延付或部分支付时，再由银行另送延付或部分支付的付款通知。 2. 如需提前承付或多承付时，应另写书面通知送银行办理。 3. 如系全部或部分拒付，应在承付期限内另填拒绝承付理由书送银行办理。													

付（付款）通知　此联是付款人开户银行通知付款人按期承付货款

单位主管　会计　复核　记账　付款人开户银行盖章　月　日

10cm×17.5cm（白纸绿油墨）

异地托收承付结算分为托收和承付划款两个阶段。在托收阶段，收付款双方的开户银行只对有关凭证进行审查、处理、登记和传递，尚未发生资金的收付；而在承付划款阶段，则会发生资金在收付款双方存款账户之间的划转。

（1）收款人开户银行受理托收承付的处理手续

收款人办理托收时，应填制电划托收承付凭证。收款人在第二联托收凭证上签章后，将有关托收凭证和有关单证提交开户行。

收款人开户行收到收款单位办理的托收承付一式五联凭证后，审查如下内容：

①托收款项是否符合支付结算办法规定的范围、条件、金额起点以及其他有关规定。

②有无商品确已发运的证件。收款人在托收凭证上应注明“发运日期”和“发运号码”，收款人必须在托收凭证上加盖明显的“验货付款”戳记。

③托收凭证必须记载的各项内容是否齐全和符合填写凭证的要求。

④托收凭证与所附单证的张数是否相符。

⑤第二联托收凭证是否有收款人签章，其签章是否符合规定。必要时，还应查验收付款人签订的购销合同。

经审查无误后，将电划第一联托收凭证加盖业务公章退给收款人。对收款人提供的发运证件需带回保管或自寄的，应在各联凭证和发运证件上加盖“已验发运证件”戳记，然后将发运证件退给收款人：将电划第二联托收凭证专夹保管，并登记发出托收结算凭证登记簿，在第三联上加盖带有联行行号的结算专用章。

将电划第三、四、五联托收凭证连同交易单证，一并邮寄交付款人开户行。

（2）付款人开户行收到托收承付的处理手续

付款人开户行接到收款人开户行寄来的电划第四、五联托收凭证及交易单证后，应审查：

付款人是否在本行开户，所附单证张数与凭证是否相符，第三联凭证上是否盖收款人开户行结算专用章。审查无误后，在每联凭证上注明收到日期和承付日期，根据电划凭证，逐笔登记“代收结算凭证登记簿”。

将电划第三、四联托收凭证专夹保管，将第五联托收凭证加盖业务公章，连同交易单证一并及时通知付款人。通知的方法，可以根据具体情况与付款人签订协议。

承付货款分为验单付款和验货付款两种，由收付双方选用，并在合同中明确规定。

①验单付款。验单付款的承付期为三天，从付款人开户银行发出承付通知的次日算起（承付期内遇例假日顺延）。必须邮寄的须加邮寄时间。付款人在承付期内，未向银行表示拒绝付款，银行即视作承付，并在承付期满的次日（例假日顺延）上午银行开始营业时，将款项主动从付款人的账户内付出，按照收款人指定的划款方式划给收款人。

②验货付款。验货付款的承付期为十天，从运输部门向付款人发出提货通知的次日算起。对收付双方在合同中明确规定，并在托收凭证上注明验货付款期限的，银行从其规定。付款人收到提货通知后，应即向银行交验提货通知。付款人在银行发出承付通知后（次日算起）的十天内，如未收到提货通知，应在第十天将货物尚未到达的情况通知银行。如不通知，银行即视作已经验货，于十天期满的次日上午银行开始营业时，将款项划给收款人。托收凭证未注明验货付款，经付款人提出合同证明是验货付款的，银行可按验货付款处理。

A. 全额付款的处理手续

付款人在承付期满日开户行营业终了前，账户有足够资金支付全部款项的，付款人开户行应在次日上午（遇例假日顺延）以第三联托收凭证作借方凭证，办理汇款，在登记簿上填注汇出日期。做出如下会计分录：

借：吸收存款——活期存款付款人户

　　贷：清算资金往来

跨系统的托收承付，付款后将第四联加盖业务用公章，填注支付日期，随转汇清单通过同城票据交换提交人民银行转汇。

例 22　农业银行重庆市某支行开户客户万华饭店付款的托收承付款一笔，金额 250 000 元，承付期满，本日将款项全额划出。收款人开户行为系统内成都市某支行。该银行做出如下分录：

借：吸收存款——活期存款万华饭店户　　250 000

　　贷：清算资金往来　　250 000

B. 提前承付的处理手续

付款人在承付期满前通知银行提前付款，银行划款的可按 A 的手续处理，但应在托收凭证和登记簿备注栏分别注明“提前承付”字样。

C. 多承付的处理手续

付款人如因商品的价格、数量或金额变动等原因，要求对本笔托收多承付款项一并划回时，付款人应填制四联“多承付理由书”（以托收承付拒绝付款理由书改用）提交开户行。开户行审查后，在托收凭证和登记簿备注栏注明多承付的金额，以第二联多承付理由书代借方凭证，第三联托收凭证作附件。做出如下会计分录：

借：吸收存款——活期存款付款人户

　　贷：清算资金往来

转账后，将第一联多承付理由书加盖转讫章作支款通知交给付款人，第三、四联和第四联托收凭证随同联行邮划贷方报单一并寄收款人开户行。

D. 逾期付款的处理手续

付款人在承付期满日开户行营业终了前，其账户只能部分支付的（即部分付款），付款人开户行应在托收凭证上注明当天可以扣收的金额，注明原托收号码及金额。填制特种转账借方、贷方凭证各一联，以一联特种转账借方凭证作借方记账凭证，汇出款项。做出如下会计分录：

借：吸收存款——活期存款付款人户

　　贷：清算资金往来

另一联特种转账借方凭证加盖转讫章作支款通知交付款人，并在登记簿备注栏分别注明已承付和未承付金额，并批注“部分付款”字样，或将未承付金额登记“到期未收登记簿”。第三、四联托收凭证按付款人及先后日期单独保管。

跨系统的托收承付扣收金额付款后，将特种转账贷方凭证加盖业务公章，注明支付日期、原托收金额随转汇清单提交人民银行。

付款人部分付款之后，其不足部分，即为逾期未付款项，按逾期付款处理。付款人开户行应在托收凭证和登记簿备注栏分别注明“逾期付款”字样或注销登记簿，另登记“到期未收登记簿”并填制三联“托收承付结算到期未收通知书”。将第一、二联通知书寄收款人开户行转收款人，第三联通知书留存。

托收经办员和会计记账员要随时掌握付款人账户余额，等到付款人账户有款可以一次扣款的，比照部分付款的有关手续办理，将逾期付款的款项和赔偿金一并划收款人，并注销“到期未收登记簿”。

付款人分次付款的，付款人开户银行要随时掌握付款入账户逾期未付的资金情况，账户有款时，必须将逾期未付款项和应付的赔偿金及时扣划给收款人，不得拖延扣划。同时应逐次扣收逾期付款赔偿金，最后清偿完毕，应在托收凭证上注明“扣清”字样，托收凭证作借方记账凭证附件，并销记登记簿。

付款人开户银行对付款人逾期支付的款项，应当根据逾期付款金额和逾期天数，按每天万分之五计算逾期付款赔偿金。逾期付款天数从承付期满日算起。承付期满日银行营业终了时，付款人如无足够资金支付，其不足部分，应当算作逾期一天，计算一天的赔偿金。在承付期满的次日（如遇例假日，逾期付款赔偿金的天数计算也相应顺延，但在以后遇到例假日应当照算逾期天数）银行营业终了时，仍无足够资金支付，其不足部分，应当算作逾期二天，计算二天的赔偿金。余此类推。

银行审查拒绝付款期间，不能算作付款人逾期付款，但对无理的拒绝付款，而增加银行审查时间的，应从承付期满日起，计算逾期付款赔偿金。

实行定期扣付赔偿金，每月计算一次，于次月三日内单独划给收款人。在月内有部分付款的，其赔偿金随同部分支付的款项划给收款人，对尚未支付的款项，月终再计算赔偿金，于次月三日内划给收款人；次月又有部分付款时，从当月一日起计算赔偿金，随同部分支付的款项划给收款人，对尚未支付的款项，从当月一日起至月终再计算赔偿金，于第三月三日内划给收款人；第三月仍有部分付款的，按照上述方法计扣赔偿金。

赔偿金的扣付列为企业销货收入扣款顺序的首位，如付款人账户余额不足全额支付时，应排列在工资之前，并对该账户采取“只收不付”的控制办法，待一次足额扣付赔偿金后，才准予办理其他款项的支付。因此而产生的经济后果，由付款人自行负责。

每月单独扣付赔偿金时，付款人开户行应填制特种转账借方、贷方凭证各二联，并注明原托收号码及金额，在转账原因栏注明第×个月逾期付款的金额及相应扣付赔偿金的金额，以一联特种转账借方凭证作借方记账凭证。做出如下会计分录：

借：吸收存款——活期存款付款人户

　贷：清算资金往来

汇款后，另一联特种转账借方凭证加盖转讫章后，作付款通知交给付款人，并在“登记簿”备注栏注明第 X 个月扣付赔偿金的金额。

付款人开户银行对逾期未付的托收凭证，负责进行扣款的期限为三个月（从承付期满日算起）。逾期付款期满，付款人账户不能全额或部分支付该笔托收款项，开户行应向付款人发出索回单证的通知。付款人于银行发出通知的次日起两日内（到期日遇到例假日顺延，邮寄的加邮程）必须将第五联托收凭证（部分无款支付的除外）及有关单证（单证已做账务处理或已部分支付的，可以填制“应付款项证明单”）退回开户行。银行核对无误后，在托收凭证和“登记簿”备注栏注明单证退回日期和“无款支付”字样，将一联通知书和第三联托收凭证一并留存备查，将两联通知书连同第四、五联托收凭证（部分无款支付系第四联托收凭证）及有关单证一并寄收款人开户行。

付款人开户行在退回托收凭证和单证时，须将应付的赔偿金一并划给收款人。如付款人账户当时不足支付应付的赔偿金，应在托收凭证和“登记簿”备注栏加注应扣付赔偿金的金额，俟应扣付的赔偿金全部扣付时，销记“登记簿”。

付款人逾期不退回单证的，开户行按照托收尚未付清的金额自发出通知的第三天起，每天收取万分之五但不低于五十元的罚款，并暂停付款人向外办理结算业务，直到退回单证时止。

付款人开户银行对不执行合同规定、三次拖欠货款的付款人，应当通知收款人开户银行转知收款人，停止对该付款人办理托收。如果收款人不听劝告，继续对该付款人办理托收，付款人开户银行对发出通知的次日起一个月之后收到的托收凭证，可以拒绝受理，注明理由，原件退回。

E. 全部拒绝付款的处理手续

付款人在承付期内提出拒绝付款时，必须填写四联“拒绝付款理由书”，并加盖预留印章，注明拒绝付款理由，涉及合同的应引证合同上的有关条款。属于商品质量问题，需要提出商品检验部门的检验证明；属于商品数量问题，需要提出数量问题的证明及其有关数量的记录；属于外贸部门进口商品，应当提出国家商品检验或运输等部门出具的证明，连同第五联托收凭证及所附单证一并送交开户银行。

付款人开户银行受理全部或部分拒绝付款时，先由经办人员审查，再交由会计主管人员复审，审查内容如下：

（1）没有签订购销合同或购销合同未订明托收承付结算方式的款项；

（2）未经双方事先达成协议．收款人提前交货或因逾期交货，付款人不再需要该项货物的款项；

（3）未按合同规定的到货地址发货的款项；

（4）代销、寄销、赊销商品的款项；

（5）验单付款，发现所列货物的品种、规格、数量、价格与合同规定不符或货物已到，经查验货与合同规定或发货清单不符的款项；

（6）验货付款，经查验货物与合同规定或与发货清单不符的款项；

（7）货款已经支付或计算有误的款项。

对于不属于上述七种情况之一的，付款人不得向其开户银行提出拒绝付款。

外贸部门托收进口商品的款项的，在承付期内，订货部门不能因商品的质量问题提出拒绝付款，而应当另行向外贸部门提出索赔。属于上述其他情况，订货部门可以向银行提出全部或部分拒绝付款。

审查后，对手续不全、依据不足、理由不符合规定和不属于上述七种可以拒绝付款情况的，以及超过承付期拒付和应当部分拒付提为全部拒付的，均不得受理拒付。

对无理的拒绝付款，而增加银行审查时间的，应从承付期满日起，为收款人计扣逾期付款赔偿金。

对于军品的拒绝付款，银行不审查拒绝付款理由。

对符合规定，银行同意拒付时，应在拒绝付款理由书上签注意见，由经办员和会计主管人员签章，金额较大的要报经主管行长（主任）批准并签章后方可办理。在托收凭证和“登记簿”备注栏注明“全部拒付”字样，将第一联拒绝付款理由书加盖业务公章，作为回单退还付款人，将第二联连同托收凭证第三联一并留存备查，将第三、四联连同有关的拒付证明和托收凭证第四、五联及单证一并寄收款人开户行。

F. 部分拒绝付款的处理手续

付款人在承付期内向银行提出部分拒绝付款时，应填制四联“部分拒绝付款理由书”，连同有关的拒付证明，拒付部分商品清单送交开户行。

开户行应按照全部拒绝付款的审查程序和要求认真审查，对不符合规定的拒付，不得受理。对符合规定同意拒付的，依照全部拒绝付款的审查手续办理，并在托收凭证和登记簿备注栏注明“部分拒付”字样及部分拒付金额。

对同意承付部分，以第二联拒绝付款理由书代借方记账凭证，第三联托收凭证作借方凭证附件。做出如下会计分录：

借：吸收存款——活期存款付款人户

　贷：清算资金往来

汇款后，将拒绝付款理由书第一联加盖转讫章作为支款通知交给付款人，将第三、四联和托收凭证第四联连同拒付部分的商品清单和有关证明寄收款人开户行。

（3）收款人开户行办理托收款划回的处理手续

①全额划回的处理手续

收款人开户行接到付款人开户行电汇贷方报单，或人民银行交来的转汇清单和电汇贷方报单，抽出专夹保管第二联托收凭证进行核对，经审查无误后，在第二联托收凭证上注明转账日期作附件，以第一联电汇贷方报单作贷方凭证。做出如下会计分录：

借：清算资金往来

　贷：吸收存款——活期存款收款人户

转账后，将第二联电汇贷方报单加盖转讫章作收款通知交给收款人，并销记登记簿。

例 23　成都市农业银行某支行收到系统内重庆某支行划来款项，金额 250 000 元，是该行客户华夏商厦收款的托收承付款。该行审核无误，为收款人办理收账手续，做出如下会计分录：

借：清算资金往来　250 000

　贷：吸收存款——活期存款华夏商厦户　250 000

②多承付款划回的处理手续

收款人开户行接到联行贷方报单以及所附第四联托收凭证和第三、第四联多承付理由书后，抽出留存的第二联托收凭证，在备注栏注明多承付的金额，以第三联多承付理由书代贷方凭证，第二联托收凭证作附件。其会计分录为：

借：清算资金往来

　贷：吸收存款——活期存款收款人户

转账后，按原托收金额销记登记簿，第四联托收凭证作第四联多承付理由书的附件交给收款人。

③逾期划回、无款支付退回凭证或单独划回赔偿金的处理手续

收款人开户行接到第一、二联“托收承付结算到期未收通知书”后，应在第二联托收凭证上加注“逾期付款”字样及日期，然后将第二联通知书交给收款人，第一联附于第二联托收凭证后一并保管，其会计处理比照全额划回。对于单独划回赔偿金的，在第二联托收凭证和登记簿上注明第 × 个月划回的赔偿金的金额。

收款人开户行在逾期付款期满后接到第四、五联托收凭证及两联“无款支付通知书”和有关单证，经核对无误后，抽出第二联托收凭证，并在该联凭证备注栏注明“无款支付”字样，销记“登记簿”。然后将第四、五联托收凭证及一联“无款支付通知书”和有关单证退给收款人。收款人在另一联“无款支付通知书”上签收，然后连

同第二联托收凭证一并保管备查。

④部分划回的处理手续

收款人开户行接到部分划回的电汇贷方报单，以第一联贷方报单作贷方凭证，并销记登记簿。做出如下会计分录：

借：清算资金往来

　贷：吸收存款——活期存款收款人户

将第二联电汇贷方报单加盖转讫章，作收账通知交给收款人，第二联托收凭证和登记簿上注明部分划回的金额。俟最后清偿完毕，在第二联托收凭证上注明结算终了日期，将其作贷方凭证的附件，并销记登记簿。

⑤全部拒绝付款的处理

收款人开户行接到第四、五联托收凭证及有关单证和第三、四联全部拒绝付款理由书及拒付证明，经核对无误后，抽出第二联托收凭证，并在该联备注栏注明“全部拒付”字样，销记登记簿。然后将第四、五联托收凭证及有关单证和第四联拒绝付款理由书及拒付证明退给收款人。收款人在第三联拒绝付款理由书上签收，然后连同第二联托收凭证一并保管备查。

⑥部分拒绝付款的处理

收款人开户行收到电汇贷方报单后，抽出第二联托收凭证，并在该联备注栏注明“部分拒付”字样，填明日期和部分拒付金额。以第一联电汇贷方报单作贷方记账凭证（第二联托收凭证作贷方凭证附件），并销记登记簿。做出如下会计分录：

借：清算资金往来

　贷：吸收存款——活期存款收款人户

转账后，第二联电汇贷方报单盖章交收款人，待收到邮寄的第三、四联部分拒绝付款理由书以及拒付部分的商品清单及证明后，第三联拒绝付款理由书留存备查，第四联及所附清单和证明交给收款人。

（三）委托收款业务的核算

1. 概念及适用范围

委托收款是收款人委托银行向付款人收取款项的结算方式。

适用于单位和个人凭已承兑商业汇票、债券、存单等付款人债务证明办理款项的结算，同城、异地均可使用。

2. 基本规定

（1）签发委托收款凭证必须记载下列事项：①表明“委托收款”的字样；②确定的金额；③付款人名称；④收款人名称；⑤委托收据名称及附寄单证张数；⑥委托日期；⑦收款人签章。

欠缺以上记载事项之一的，银行不予受理。

（2）收款人办理委托收款应向银行提交委托收款凭证和有关的债务证明，仅凭发票不能使用委托收款方式。

（3）委托收取异地发行、兑付债券款项的，应在债券到期日才能办理。在同城范围内，收款人收取公用事业费或依据国务院规定，可以使用同城特约委托收款。收取公用事业费，必须具有收付双方事先签订的经济合同，由付款人向开户银行授权，并经开户银行同意，报经中国人民银行当地分支行批准。

（4）付款人开户银行接到寄来的委托收款凭证及债务证明，审查无误后办理付款。以银行为付款人的，银行应在当日将款项主动支付给收款人。以单位为付款人的，银行应及时通知付款人，按有关办法规定需要将有关债务证明交给付款人的，应交给付款人并签收。

（5）银行在办理划款时，付款人存款账户不足支付的，应通过被委托银行向收款人发出未付款项通知书。按照有关办法规定，债务证明留存付款人开户银行的，应将其债务证明连同未付款项通知书邮寄被委托银行转交收款人。

（6）付款人审查有关债务证明后，拒绝付款的，可以办理拒绝付款。

3. 委托收款业务的核算

委托收款结算凭证一式五联（见表 4－40、表 4－41、表 4－42、表 4－43、表 4－44）：第一联回单；第二联贷方凭证；第三联借方凭证；第四联收账通知；第五联付款通知。

表 4－40

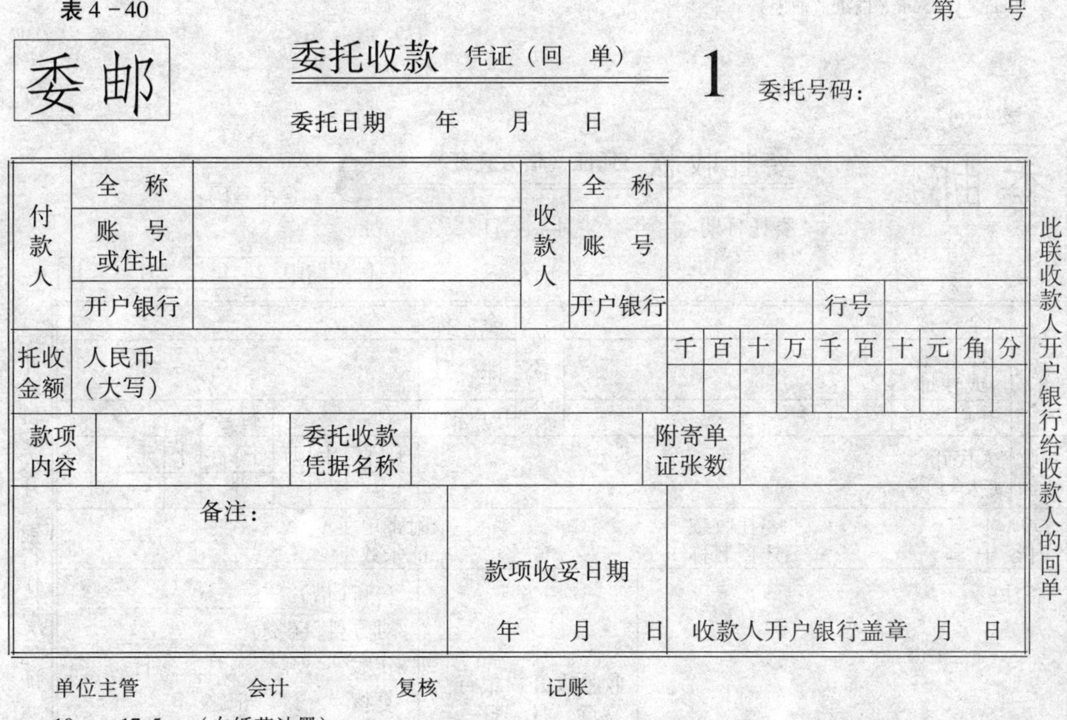

第　　号

委邮

委托收款　凭证（回　单）　1　委托号码：

委托日期　　年　　月　　日

付款人	全　称		收款人	全　称	
	账　号或住址			账　号	
	开户银行			开户银行	行号

托收金额	人民币（大写）	千	百	十	万	千	百	十	元	角	分

款项内容		委托收款凭据名称		附寄单证张数	

备注：	款项收妥日期　年　月　日	收款人开户银行盖章　月　日

此联收款人开户银行给收款人的回单

单位主管　　会计　　复核　　记账

10cm×17.5cm（白纸蓝油墨）

表 4－41　　　　　　　　　　　　　　　　　　　　　第　　号

委邮　　**委托收款** 凭证（贷方凭证）　　2　　委托号码：

委托日期　　年　　月　　日

<table>
<tr><td rowspan="3">付款人</td><td>全　称</td><td></td><td rowspan="3">收款人</td><td>全　称</td><td colspan="11"></td></tr>
<tr><td>账　号
或住址</td><td></td><td>账　号</td><td colspan="11"></td></tr>
<tr><td>开户银行</td><td></td><td>开户银行</td><td></td><td>行号</td><td colspan="9"></td></tr>
<tr><td rowspan="2">托收
金额</td><td colspan="4" rowspan="2">人民币
（大写）</td><td>千</td><td>百</td><td>十</td><td>万</td><td>千</td><td>百</td><td>十</td><td>元</td><td>角</td><td>分</td></tr>
<tr><td></td><td></td><td></td><td></td><td></td><td></td><td></td><td></td><td></td><td></td></tr>
<tr><td>款项
内容</td><td></td><td>委托收款
凭据名称</td><td></td><td>附寄单
证张数</td><td colspan="11"></td></tr>
<tr><td colspan="3">备注：</td><td colspan="2">上列委托收款随附有关单证请予办理收款。

收款人签章</td><td colspan="11">科目（贷）
对方科目（借）
转账　　年　　月　　日
复核　　　记账</td></tr>
</table>

此联收款人开户银行作贷方凭证

收款人开户银行收到日期　　年　　月　　日

10cm × 17.5cm（白纸蓝油墨）

表 4－42　　　　　　　　　　　　　　　　　　　　　第　　号

委邮　　**委托收款** 凭证（借方凭证）　　3　　委托号码：

委托日期　　年　　月　　日

付款期限　　年　　月　　日

<table>
<tr><td rowspan="3">付款人</td><td>全　称</td><td></td><td rowspan="3">收款人</td><td>全　称</td><td colspan="11"></td></tr>
<tr><td>账　号
或住址</td><td></td><td>账　号</td><td colspan="11"></td></tr>
<tr><td>开户银行</td><td></td><td>开户银行</td><td></td><td>行号</td><td colspan="9"></td></tr>
<tr><td rowspan="2">托收
金额</td><td colspan="4" rowspan="2">人民币
（大写）</td><td>千</td><td>百</td><td>十</td><td>万</td><td>千</td><td>百</td><td>十</td><td>元</td><td>角</td><td>分</td></tr>
<tr><td></td><td></td><td></td><td></td><td></td><td></td><td></td><td></td><td></td><td></td></tr>
<tr><td>款项
内容</td><td></td><td>委托收款
凭据名称</td><td></td><td>附寄单
证张数</td><td colspan="11"></td></tr>
<tr><td colspan="3">备注：</td><td colspan="2">收款人开户银行
签章　月　日</td><td colspan="11">科目（借）
对方科目（贷）
转账　　年　　月　　日
复核　　　记账</td></tr>
</table>

此联付款人开户银行作借方凭证

表 4-43

第 号

委邮

委托收款 凭证（收账通知） 4 委托号码：

委托日期 年 月 日

付款期限 年 月 日

<table>
<tr><td rowspan="3">付款人</td><td>全 称</td><td></td><td rowspan="3">收款人</td><td>全 称</td><td colspan="10"></td></tr>
<tr><td>账 号
或住址</td><td></td><td>账 号</td><td colspan="10"></td></tr>
<tr><td>开户银行</td><td></td><td>开户银行</td><td colspan="3"></td><td colspan="2">行号</td><td colspan="5"></td></tr>
<tr><td rowspan="2">托收金额</td><td colspan="4" rowspan="2">人民币
（大写）</td><td>千</td><td>百</td><td>十</td><td>万</td><td>千</td><td>百</td><td>十</td><td>元</td><td>角</td><td>分</td></tr>
<tr><td></td><td></td><td></td><td></td><td></td><td></td><td></td><td></td><td></td><td></td></tr>
<tr><td>款项内容</td><td></td><td>委托收款凭据名称</td><td></td><td>附寄单证张数</td><td colspan="10"></td></tr>
<tr><td colspan="3">备注：</td><td colspan="12">上列款项：
1. 已全部划回收入你方账户。
2. 全部未收到。
收款人开户行盖章
年 月 日</td></tr>
</table>

此联收款人开户银行在款项收妥后给收款人的收账通知

单位主管 会计 复核 记账 付款人开户银行收到日期 年 月 日

支付日期 年 月 日

10cm×17.5cm（白纸紫油墨）

表 4-44

第 号

委邮

委托收款 凭证（付款通知） 5 委托号码：

委托日期 年 月 日

付款期限 年 月 日

<table>
<tr><td rowspan="3">付款人</td><td>全 称</td><td></td><td rowspan="3">收款人</td><td>全 称</td><td colspan="10"></td></tr>
<tr><td>账 号
或住址</td><td></td><td>账 号</td><td colspan="10"></td></tr>
<tr><td>开户银行</td><td></td><td>开户银行</td><td colspan="3"></td><td colspan="2">行号</td><td colspan="5"></td></tr>
<tr><td rowspan="2">托收金额</td><td colspan="4" rowspan="2">人民币
（大写）</td><td>千</td><td>百</td><td>十</td><td>万</td><td>千</td><td>百</td><td>十</td><td>元</td><td>角</td><td>分</td></tr>
<tr><td></td><td></td><td></td><td></td><td></td><td></td><td></td><td></td><td></td><td></td></tr>
<tr><td>款项内容</td><td></td><td>委托收款凭据名称</td><td></td><td>附寄单证张数</td><td colspan="10"></td></tr>
<tr><td colspan="3">备注：</td><td colspan="12">付款人注意：
1. 应于见票当日通知开户银行划款。
2. 如需拒付，应在规定期限内，将拒付理由书并附债务证明退交开户银行。</td></tr>
</table>

此联付款人开户银行给付款人按期付款的通知

（1）收款人开户银行受理委托收款的处理

收款人办理委托收款时，应填制邮划或电划委托收款凭证。收款人在第二联委托收款凭证上签章后，将有关委托收款凭证和债务证明提交开户行。

收款人开户行收到上述凭证后，应按照规定和填写凭证的要求进行认真审查：

①委托收款凭证是否统一规定格式的凭证。

②收款人是否在本行开户。

③是否凭已承兑的商业汇票、债券、存单等付款人债务证明办理委托收款。

④委托收取商业汇票款项的，委托收款凭证上的付款人名称是否是商业汇票的承兑人名称，商业汇票是否接近提示付款期，或票据是否超过提示付款期；债券是否规定由异地出售银行兑付，是否已到兑付日。

⑤委托收款凭证上必须记载的事项是否齐全。

⑥委托收款凭证的金额、委托日期、收款人是否更改，改其他记载事项的是否由原记载人签章证明。

⑦第二联委托收款凭证的签章是否符合规定。

⑧所附单证种类、数量、金额与委托收款凭证记载是否一致。

⑨商业汇票背书转让的，背书是否连续，签章是否符合规定。

⑩委托收取贴现、转贴现、再贴现商业汇票款项的，委托收款凭证的收款人栏是否是贴现、转贴现、再贴现的银行名称。

⑪是否作成委托收款背书，其签章是否符合规定。

审查不符的，将委托收款凭证及有关债务证明退还收款人。审查无误后，对委托收款凭证作如下处理：

将第一联邮划或电划委托收款凭证加盖业务公章，退给收款人；将第二联邮划或电划委托收款凭证专夹保管，并登记发出委托收款凭证登记簿。有第五联贴现或转贴现凭证作第二联委托收款凭证附件的，一并保管。

将第三联邮划或电划委托收款凭证加盖带有联行行号的结算专用章，连同第四、五联委托收款凭证及有关债务证明，一并寄交付款人开户行。

（2）付款人开户行的处理

付款人开户行接到收款人开户行寄来的邮划或电划第三、四、五联委托收款凭证及有关债务证明时，应审查是否属于本行的凭证，付款人是否在本行开户；委托收款凭证第三联是否加盖带有联行行号的结算专用章；所附单证是否已经办理挂失。

审查无误后，在凭证上填注收到日期。根据邮划或电划第三、四联委托收款凭证逐笔登记收到委托收款凭证登记簿。将电划第三、四联委托收款凭证及商业承兑汇票或按照有关办法规定需要留存付款人开户行的有关债务证明一并专夹保管，并分别作如下处理：

①付款人为银行的处理

银行接到委托收款凭证和有关债务证明，按规定付款时，第三联委托收款凭证作借方凭证，有关债务证明作借方凭证附件。属于大额汇划或跨系统的委托收款付款后，应将第四联委托收款凭证填注支付日期和加盖业务公章通过同城票据交换提交人民银行办理转汇。做出如下会计分录：

借：吸收存款——其他存款（应解汇款）付款人户

　　贷：清算资金往来

② 付款人为单位的处理

银行在接到委托收款凭证和有关债务证明时，按照有关办法规定需要将有关债务证明留存的（如商业承兑汇票），应将第五联委托收款凭证加盖业务公章及时交给付款人，并由付款人签收；按照有关办法规定需要将有关债务证明交给付款人的，应将第五联委托收款凭证加盖业务公章连同有关债务证明一并及时交付款人，并由付款人签收。按以下两种手续处理：

A. 全额付款的。银行接到付款人的付款通知书时，或银行未接到付款人付款通知书，在付款人接到通知日的次日起第四天上午开始营业时，付款人账户足够支付全部款项的，第三联委托收款凭证作借方凭证，（如留存债务证明的，其债务证明和付款通知书作借方凭证附件。）根据第四联委托收款凭证填制电划贷方报单，向收款人开户行汇款。属于大额汇划或跨系统的委托收款付款后，应将第四联委托收款凭证填注支付日期和加盖业务公章通过同城票据交换提交人民银行办理转汇。做出如下会计分录：

借：吸收存款——活期存款付款人户

　贷：清算资金往来

转账后，在收到委托收款凭证登记簿上填明汇出日期。

例24　本行从票据交换所提入“委托收款凭证”三、四、五联及“商业承兑汇票”，金额为190 000元，审查无误后，将第五联委收凭证交给承兑人A公司（付款人）。当本行接到付款人“付款通知书”时，立即转账。做出如下分录：

借：活期存款——A公司　　190 000

　贷：清算资金往来——同城票据交换××户　　190 000

B. 付款人账户余额不足的。银行在办理划款时，付款人账户余额不足支付全部款项的，银行在委托收款凭证和收到委托收款登记簿上注明退回日期和“无款支付”字样，并填制三联付款人未付款项通知书，将第一联通知书和第三联委托收款凭证留存备查，将第二、三联通知书连同第四联委托收款凭证寄收款人开户行。留存债务证明的，其债务证明一并寄收款人开户行。

③付款人拒绝付款的处理

银行在付款人签收日的次日起三天内，收到付款人填制的在第二联签盖预留银行签章的四联拒绝付款理由书以及付款人持有的债务证明和第五联委托收款凭证，经核对无误后，在委托收款凭证和收到委托收款登记簿备注栏注明“拒绝付款”字样。将第一联拒绝付款理由书加盖业务公章作为回单退还付款人，第二联拒绝付款理由书连同第三联委托收款凭证一并留存备查，第三、四联拒绝付款理由书连同付款人提交或本行留存的债务证明和第四、五联委托收款凭证一并寄收款人开户行。

（3）收款人开户银行办理款项划回的处理：

①款项划回的处理

收款人开户行接到付款人开户行或转汇行的电汇贷方报单，或同城跨系统转汇行通过同城票据交换提回的转汇清单、划收报单及所附第四联委托收款凭证，或通过人民银行转来的贷方报单时，经与留存的第二联凭证核对无误后，办理转账。做出如下会计分录：

借：清算资金往来

　贷：吸收存款——活期存款收款人户

转账后，在第二联委托收款凭证上填注转账日期，销记发出委托收款凭证登记簿。

经审查核对有误：属误划的，能确认收款银行的，应代为转划，不能确认收款银行的，应退回原汇出行；属于与原凭证记载事项不符的，应进行查询。

②付款人无款支付的处理手续

收款人开户行接到第四联委托收款凭证和第二、三联付款人未付款项通知书以及付款人开户行留存的债务证明，经审核无误，抽出第二联委托收款凭证，并在该联凭证“备注栏”注明“无款支付”字样，销记发出委托收款凭证登记簿。然后将第四联委托收款凭证及一联未付款项通知书以及收到的债务证明退给收款人。收款人在未付款项通知书上签收后，收款人开户行将一联未付款项通知书连同第二联委托收款凭证一并保管备查。

（4）拒绝付款的处理

收款人开户行接到第四、五联委托收款凭证及有关债务证明和第三、四联拒绝付款理由书，经核对无误后，抽出第二联委托收款凭证，并在该联凭证备注栏注明“拒绝付款”字样。销记发出委托收款登记簿。然后将第四、五联委托收款凭证及有关债务证明和第四联拒付理由书一并退给收款人。收款人在第三联拒付理由书上签收后，收款人开户行将第三联拒付理由书连同第二联委托收款凭证一并保管备查。

第三节　代理业务的核算

代理业务是目前商业银行中间业务中重要的金融产品。代理业务是指商业银行通过为客户代理支付、代理收费、代理保管等事项，从中收取手续费的各项业务。包括代理销售投资基金业务、代理保险业务、代收代付业务、保管箱业务、代理资金清算业务以及其他代理业务等。本节主要介绍代理保险业务和代理基金的核算。

一、代理保险业务的核算

代理保险业务是指商业银行根据保险公司的委托，在保险公司授权范围内代为办理保险业务并向保险公司收取代理手续费。目前由商业银行代理保险业务，是我国银保合作的最普遍的方式。通过该项业务，可以充分利用商业银行的网络资源和客户资源以及银行强大的信用优势和网点优势，大力推广保险业务；同时，商业银行也可以通过代理保险业务，扩大服务群体，增加长期稳定的资金来源，并收取相应的代理手续费，增加利润。

（一）代理保险业务要求

1. 代理保险合同的确定

商业银行开办代理保险业务，应与保险公司签订代理合同，建立正式的业务代理关系。代理保险合同的主要内容包括：代理的责任、享有的权利和履行的义务、代理的业务种类、结算方式、合同期限、手续费率及支付方式等。合同确定后，商业银行将严格按照合同代为办理相关业务。

2. 代理保险的业务范围

商业银行代理保险业务是保险兼业代理人的身份，亦即在从事自身业务的同时兼业为保险公司代办保险业务。因此，其业务范围仅限于代理销售保险单，代理收取保费，而且只能代理与本行业相关的保险业务。

由于商业银行是代理业务，因此必须根据商业银行的特点，设计符合商业银行操作、方便银行柜台销售及营销的保险品种。目前银行代理的保险产品包括寿险（个人寿险、团体寿险、分红型寿险、短期寿险及投资理财型寿险等）和非寿险（企业财产险、家财险、住房按揭保险、机动车辆险、货运险、工程险等等）。

（二）代理保险业务的核算

1. 代收保费

发生代理保险业务时，商业银行应按照保险公司的规定填制“代理保险业务保费结算单”。

个人客户以现金支付的，应填制现金缴款单办理。做出如下会计分录：

借：库存现金

　贷：代理业务资金——代收保费款项

以储蓄存款支付，先办理储蓄款项的支付，应填写储蓄取款凭条和进账单办理。做出如下会计分录：

借：吸收存款——活期储蓄存款××户

　贷：代理业务资金——代收保费款项

单位客户缴存保费的，应填制转账支票和进账单办理。做出如下会计分录：

借：吸收存款——活期存款××单位户

　贷：代理业务资金——代收保费款项

2. 代付保险金

商业银行一般不直接办理理赔，只是有些赔案由商业银行填制“赔款计算书”，交由保险公司具体办理，商业银行不得以保费坐支或垫支。待保险公司办妥后，将款项划转商业银行转付给被保险人。

商业银行代理保险公司支付保险金时，应根据保险公司理赔部门签署的理赔文件，填制保险公司存款账户的付款凭证办理。做出如下会计分录：

借：吸收存款——活期存款保险公司户

　贷：吸收存款——活期存款××单位户

或：　　库存现金

3. 划转保费

按照代理保险协议规定，商业银行定期向保险公司划转代收的保费。划转时，填制特种转账凭证，并将“代理保险业务保费结算单”交保险公司。做出如下会计分录：

借：代理业务资金——代收保费款项

贷：存放中央银行款项（或××账户）

4. 收取代理保险手续费

商业银行根据代理合同规定，定期向保险公司按照事先确定的手续费率收取手续费，应填制特种转账凭证或“代理手续费结算单”办理。做出如下会计分录：

借：存放中央银行款项（或××账户）

贷：手续费及佣金收入——代理财（寿）险手续费收入

也可根据代理保险协议，按收取保费的一定比例从代收的保费中扣收手续费。做出如下会计分录：

借：代理业务资金——代收保费款项

贷：手续费及佣金收入——代理财（寿）险手续费收入

例1　本行按约定，从客户张强的储蓄存款账户扣收保费25 000元。本行按规定办理转账，做出如下会计分录：

借：吸收存款——活期储蓄存款张强户　　25 000

贷：代理业务资金——代收保费款项　　25 000

例2　按照代理保险协议规定，本行向保险公司划转代收的保费750 000元。做出如下会计分录：

借：代理业务资金——代收保费款项　　750 000

贷：存放中央银行款项　　750 000

例3　根据代理合同规定，本行向保险公司按照事先确定的手续费率收取手续费（保费额的0.5‰），填制特种转账凭证或“代理手续费结算单”办理。做出如下会计分录：

应收取的手续费 = 750 000 × 0.5‰ = 375（元）

借：存放中央银行款项　　375

贷：手续费及佣金收入——代理财（寿）险手续费收入　　375

二、基金代理销售业务的核算

基金代理销售业务是指商业银行经中国证监会和中国人民银行审批，接受基金管理人的委托，为其办理开放式基金单位的认购、申购和赎回等交易的业务。通过基金代理销售业务，商业银行可取得按基金代销额度一定比例的认、申购手续费；按规定标准收取的开户、交易查询等服务费，是商业银行取得低风险收益的重要来源。

基金代理销售网络由总行、分行和营业网点共同组成。总行负责代理销售业务的管理和监督；分行负责代理销售业务的组织实施；营业网点负责开放式基金的代理销售。

（一）基金代理销售业务的基本规定

（1）投资人办理开放式基金业务，必须开立借记卡资金账户，并通过开户行在注册登记中心开立基金账户。资金账户与基金账户为一一对应关系。

(2) 认购日、申购日、赎回日是指经办网点接受投资人认购、申购、赎回申请的日期。成交确认日是指按照"基金契约"规定，登记中心确认投资人申购、赎回等交易是否成交的日期。

(3) 投资人办理认购、申购、赎回业务时，按照"基金契约"及"证监会"的有关规定支付手续费。以上手续费在交易确认成交时自动扣收，并划付基金管理公司。应支付银行的手续费由基金管理公司定期划付总行，总行定期全额划付各分行。

(4) 代理基金业务资金清算遵循"自上而下，逐级清算"的原则。

(二) 基金代理销售业务的核算

主要介绍经办网点的会计核算。

1. 投资人开立基金账户的处理

投资人开立基金账户，需填写基金客户资料登记表及代理基金开/销户申请书，连同开户手续费、借记卡、有关证件及复印件交经办员审核，无误后刷卡，投资人输入密码；经办员分别录入有关内容，"业务处理系统"将有关数据传送总行"业务处理中心"，总中心返回受理信息后，分别打印基金客户资料登记表、代理基金开/销户申请书、手续费收费凭证，投资人在有关凭证上签字后，经办员签章，将一联基金客户资料登记表、代理基金开/销户申请书、收费凭证、借记卡及有关证件交投资人；投资人有关证件复印件以及机构投资人提供的授权委托书作代理基金开/销户申请书附件，与留存的基金客户资料登记表，作为会计档案，分别专夹保管，定期装订。

为客户开立借记卡资金账户做出如下会计分录：

借：吸收存款——活期存款××单位户

或：　　库存现金

　　贷：吸收存款——单位卡——××持卡人户

或：　　　吸收存款——活期储蓄存款——××个人卡户

收取手续费时做出如下会计分录：

借：库存现金

　　贷：手续费及佣金收入——开户手续费收入

2. 认购日经办网点的处理

投资人认购基金时，填写"代理基金申/认购申请表"，连同借记卡提交经办员审核，无误后刷卡，投资人输入密码，经办员录入基金代码、基金份额或金额等内容，系统自动冻结投资人认购所需资金后，并将数据传送总中心。总中心返回受理信息后，打印"代理基金申/认购申请表"，交投资人签字后，经办员签章，一联连同借记卡交投资人，一联作为会计档案，专夹保管，定期装订。做出如下会计分录：

借：吸收存款——单位卡——××持卡人户

或：　　吸收存款——活期储蓄存款——××个人卡户

　　贷：清算资金往来

如基金募集失败，则将清退资金本息合计退回投资人资金账户。会计分录相反。

3. 申购日经办网点的处理

会计处理同“认购日经办网点的处理”。

4. 赎回日经办网点的处理

投资人填写“代理基金赎回申请表”，连同借记卡提交经办员审核，无误后刷卡，投资人输入密码，经办员录入基金代码、赎回基金份额等内容，数据传送总中心，总中心返回受理信息后，打印“基金赎回申请表”，交投资人签字后，经办员签章，一联连同借记卡交给投资人，一联作为会计档案，专夹保管，定期装订。做出如下会计分录：

借：清算资金往来

　贷：吸收存款——单位卡——××持卡人户

或：　　吸收存款——活期储蓄存款——××个人卡户

第四节　委托贷款业务的核算

委托贷款是指由委托人提供资金并承担全部贷款风险，商业银行作为受托人，根据委托人确定的贷款对象、用途、金额、期限、利率等代为发放、监督使用并协助回收的贷款。委托人包括各级政府部门、企事业单位和个人。

开办委托贷款业务，商业银行为委托人提供金融服务，应收取手续费，不得垫付委托贷款资金，不得垫付委托人应纳的营业税，不得承担任何形式的贷款风险。贷款期满，商业银行以受托人的名义协助委托方收回贷款本息。

收到委托人的资金，应按实际收到的金额入账。做出如下会计分录：

借：吸收存款——活期存款委托人户

　贷：代理业务负债

发放受托的贷款，按实际发放金额核算。做出如下会计分录：

借：代理业务资产——成本

　贷：吸收存款——活期存款借款人户

定期或在合同到期与委托单位结算，按合同比例计算受托贷款收益，结算已实现未结算的收益。做出如下会计分录：

借：代理业务资产——已实现未结算损益

　贷：代理业务负债（委托客户的收益）

手续费及佣金收入（本行的收益）

贷款期满，收回受托的贷款。做出如下会计分录：

借：吸收存款——活期存款借款人户

　贷：代理业务资产——成本

　　　　　　　　——已实现未结算损益

合同到期，按规定划转或退还代理业务资金。做出如下会计分录：

借：代理业务负债

　贷：吸收存款——活期存款委托人户

本章小结：

中间业务是指不构成商业银行表内资产、表内负债，形成银行非利息收入的业务。支付结算业务是商业银行重要的中间业务。

支付结算是指单位、个人在社会经济活动中，使用票据、信用卡和汇兑、托收承付、委托收款等结算方式进行货币给付及其资金清算的行为。银行现行的结算方式包括“三票一卡和三方式”。“三票”业务核算中，转账支票的核算程序取决于出票人与收款人是否同行开户以及收款人收款的方式；银行汇票和银行本票的核算过程均为出票、兑付、结清三个环节；商业汇票则由于承兑人的不同，分为银行承兑汇票和商业承兑汇票，二者的核算环节有所差异。“三种结算方式”的核算中，汇兑的核算过程包括汇出行汇出款项和汇入行解付款项两个环节；托收承付、委托收款的核算过程均为三个环节：收款人开户行受理的处理、付款人开户行付款的处理和收款人开户行收款的处理。要注意在第二个环节核算规定上的差异。

代理业务是指商业银行通过为客户代理支付、代理收费、代理保管等事项，从中收取手续费的各项业务。包括代理销售投资基金业务、代理保险业务、代收代付业务、保管箱业务、代理资金清算业务以及其他代理业务等。本节着重介绍了代理保险业务和基金代销业务的核算。

委托贷款是指由委托人提供资金并承担全部贷款风险，商业银行作为受托人，根据委托人确定的贷款对象、用途、金额、期限、利率等代为发放、监督使用并协助回收的贷款。本节对商业银行办理的委托贷款业务从收到委托人的资金、代发放委托贷款、定期结算应收取的手续费、贷款期满收回进行了介绍。

复习思考题：

1. 什么是中间业务？包括哪些种类？
2. 什么是支付结算？现行的结算方式有哪些？
3. 银行汇票和银行本票的核算环节是怎样的？
4. 转账支票在核算中应注意哪些问题？
5. 汇兑的核算环节有哪些？
6. 托收承付与委托收款的核算有何不同？
7. 什么是商业银行的代理业务？包括哪些内容？

第五章 银行间往来及清算业务的核算

本章提要：本章共有两节内容。第一节，银行间往来业务的核算。主要介绍商业银行系统内往来业务的核算、同业往来的核算以及商业银行与中央银行往来业务的核算。第二节，银行间清算业务的核算。在明确清算概念的基础上，主要讲解系统内资金清算的核算和跨系统资金清算的核算。

第一节 银行间往来业务的核算

银行间往来包括商业银行系统内的联行往来、跨系统商业银行间的同业往来以及商业银行与中央银行的往来。产生这些往来关系的原因是商业银行履行支付中介的职能，商业银行内部资金划拨，同业拆借，以及在中央银行体系下商业银行要向中央银行上缴存款、借款及再贴现等。

一、商业银行系统内往来业务的核算

（一）联行往来的概念

联行往来，是指同一银行系统辖内所属各行处之间因办理对外结算、对内资金调拨等业务，相互代收、代付款项而发生的资金账务往来。联行往来一般涉及两家银行网点，双方互称联行，双方构成了相互依存的对应关系，两者缺一不可。

联行往来的实质是各行处间相互代收、代付款项所引起的资金存欠关系，是划拨各种资金的工具。

联行往来核算，就是要通过会计凭证的审核，会计账务的正确登记，反映联行资金存欠关系并及时清算联行汇差资金。

（二）联行往来的核算

在我国银行体系中，中央银行和商业银行各自建立了系统内联行往来。目前商业银行系统内的异地支付业务大约三分之二是通过这些系统实现的。

1. 联行往来的业务范围

汇划业务主要包括汇兑、托收承付、委托收款、银行汇票、银行卡、内部资金划拨、代收学费等款项的汇划；储蓄、灵通卡、对公异地通存通兑业务及外卡 ATM 取现业务、信用卡异地业务、金卡业务、跨行支付业务，同时办理有关的查询查复业务及差错补账和冲账处理。

其中：汇划贷报（贷记）业务包括：汇兑、委托收款、托收承付、商业承兑汇票、银行承兑汇票、信用卡、资金划拨等。

汇划借报（借记）业务包括：银行汇票、信用卡、资金划拨。

2. 联行往来的核算程序

联行往来的核算包括发报经办行和收报经办行的处理。经办行是具体办理结算资金和内部资金汇划业务的行处。汇划业务的发生行是发报经办行；汇划业务的接收行是收报经办行。一个行处既可能是发报经办行，也可能是收报经办行。

（1）发报经办行的处理

发报经办行是资金汇划业务的发生行，应根据汇划业务种类，录入凭证各要素及账户类型，经过复核、授权后产生有效汇划数据，由系统按规定时间发送至上辖清算行进入资金汇划清算系统。如为贷记业务，会计分录为：

借：××科目——××户

　贷：清算资金往来——汇划清算户

如为借记业务，则会计分录相反。

业务数据经过复核，按规定权限授权无误后，产生有效汇划数据，发送至清算行。每日营业终了，发报经办行还应对本网点当天发生的汇划贷记业务和借记业务进行汇总，并核对当日录入笔数、金额和当日发送笔数、金额等数据。此外，还应装订凭证，核对清单。

（2）收报经办行的处理

收报经办行收到上辖清算行传来的实时、批量汇划信息（分散模式下），经检查无误后，打印“资金汇划（借方）补充凭证”或“资金汇划（贷方）补充凭证”一式两联，第一联为记账凭证；第二联为回单。并自动进行账务处理。如为贷记业务，会计分录为：

借：清算资金往来——汇划清算户

　贷：××科目——××户

如为借记业务，则会计分录相反。

二、同业往来的核算

同业往来是指商业银行与跨系统的各商业银行及非银行性金融机构之间的业务往来。主要包括回购、同业拆借、票据转贴现、代理同城票据交换及清算等业务。

（一）回购业务的核算

回购业务是一种以买卖票据、证券、贷款等金融资产的形式融通资金的业务，包括买入返售金融资产业务和卖出回购金融资产业务。

商业银行的回购业务只能通过国家规定场所——全国统一同业拆借市场进行。

1. 买入返售金融资产业务的核算

买入返售金融资产业务是商业银行按照返售协议约定先买入再按固定价格返售票据、证券、贷款等金融资产而融出资金的业务。这种业务实际上是以金融资产为依据向交易对方融出资金，而金融资产并不真正转移。

（1）根据返售协议买入金融资产时，应按实际支付的金额入账。做出如下会计分录：

借：买入返售金融资产

　贷：存放中央银行款项

（2）资产负债表日，应计算确定买入返售金融资产的利息收入。做出如下会计分录：

借：应收利息

　贷：利息收入

（3）返售日，按实际收到金额，借记“存放中央银行款项”、“结算备付金”等账户，按其账面余额，贷记“买入返售金融资产”、“应收利息”账户，按其差额，贷记“利息收入”账户。做出如下会计分录：

借：存放中央银行款项等

　贷：买入返售金融资产

　　应收利息

　　利息收入

2. 卖出回购金融资产业务的核算

卖出回购金融资产业务是商业银行按照回购协议先卖出再按固定价格买入票据、证券、贷款等金融资产而融入资金的业务，是商业银行解决资金暂时不足的一项措施，属短期融通资金性质的业务。一般来说卖出价格要低于回购价，其差额作为资金使用的代价，金融资产不作真正的转移。

（1）根据回购协议卖出金融资产时，应按实际收到的金额入账。做出如下会计分录：

借：存放中央银行款项

　贷：卖出回购金融资产款

（2）资产负债表日，应计算确定卖出回购金融资产的利息费用。做出如下会计分录：

借：利息支出

　贷：应付利息

（3）回购日，按其账面余额，借记“卖出回购金融资产款”、“应付利息”账户，按实际支付的金额，贷记“存放中央银行款项”、“结算备付金”等账户，按其差额，借记“利息支出”账户。做出如下会计分录：

借：卖出回购金融资产款

　应付利息

　利息支出

　贷：存放中央银行款项

（二）同业拆借业务的核算

同业拆借源于中央银行的存款准备金制度。当商业银行缴存中央银行存款大于法定存款准备金率所要求的存款余额时，形成商业银行的超额准备金；反之，当商业银行缴存中央银行存款小于法定存款准备金率所要求的存款余额时，商业银行应及时补足，否则，将受到中央银行的处罚。商业银行的超额准备金主要是保证银行间资金清算的需要，应该保持一定的额度，但是它又是商业银行的低盈利性资产。因此，当超额准备金有多余时，商业银行希望通过全国银行间同业拆借市场把多余的资金拆借出去，以获得更多的收益；当超额准备金不足时，商业银行则希望从该市场拆入资金，以补充资金头寸的不足。

由此可见，同业拆借就是商业银行（也包括非银行金融机构）之间融通资金的一种短期信贷行为。这是商业银行在资金流动性发生困难，尤其是临时性困难时，一般首先考虑的筹资方式。

（1）拆出行根据双方协议，开出中央银行存款账户转账支款凭证，办理转账。做出如下会计分录：

借：拆出资金——××行借款户

　贷：存放中央银行款项

（2）拆入行收到中央银行的收账通知后，办理转账。做出如下会计分录：

借：存放中央银行款项

　贷：拆入资金——××行贷款户

（3）到期归还拆借的核算

拆借到期，拆入行应及时归还拆借，将本息通过中央银行一并归还。做出如下会计分录：

借：拆入资金——××行贷款户

　　利息支出

　贷：存放中央银行款项

拆出行收到中央银行收账通知后，办理转账。做出如下会计分录：

借：存放中央银行款项

　贷：拆出资金——××行借款户

　　利息收入

三、商业银行与中央银行往来的核算

（一）商业银行与中央银行往来概述

商业银行与中央银行往来是指各商业银行与中央银行之间因资金缴存、汇划款项、现金存取、资金融通等引起的资金账务往来。

商业银行在日常经营中与开户中央银行主要有如下往来关系：

（1）在当地中央银行开立存款户，将业务资金存入中央银行并与中央银行建立收支往来关系；

（2）商业银行要按规定的比例向中央银行缴存法定的存款准备金；

（3）商业银行上下级行处之间的业务资金调拨，可以通过开户中央银行汇拨；

（4）商业银行与其他商业银行的资金清算和系统内大额汇划款项要通过中央银行办理；

（5）商业银行的业务现金，要向中央银行发行库或发行保管库办理存取；

（6）商业银行可以在核定的额度内向中央银行借入资金，商业银行按规定可通过中央银行办理资金拆入、拆出和再贴现；

（7）商业银行可以接受中央银行的委托，办理中央银行的委托贷款业务；

（8）商业银行经收的国家金库款必须缴存中央银行等。

（二）商业银行与中央银行往来的核算

1. 存放中央银行款项的核算

（1）存入款项的核算

存入款项时，应填制人民银行交款凭证，根据人民银行回单填制转账借、贷方凭证，并以人民银行回单作借方记账凭证的附件，办理转账。做出如下会计分录：

借：存放中央银行款项

　贷：库存现金——××机构户

（2）支付款项的核算

支付款项时，应填制人民银行付款凭证，根据人民银行回单填制转账借、贷方凭证，并以付款凭证存根联作贷方记账凭证的附件，办理转账。做出如下会计分录：

借：库存现金——××机构户

　贷：存放中央银行款项

2. 缴存存款准备金的核算

（1）缴存一般性存款准备金的核算

一般性存款准备金是由各商业银行总行缴存中央银行。商业银行总行应根据全行旬末一般性存款的余额，若存放中央银行存款余额小（大）于应缴存存款准备金（本旬本行吸收的一般性存款×法定存款准备金率）时，应及时调增（减）存款，并填制有关记账凭证办理转账。做出如下会计分录：

缴存（调增）时：

借：存放中央银行款项——法定准备金

　贷：存放中央银行款项——超额准备金

退缴（调减）时：

借：存放中央银行款项——超额准备金

　贷：存放中央银行款项——法定准备金

（2）缴存财政性存款准备金

各市地行、县支行吸收的财政性存款，应全部缴存当地人民银行。缴存时间、缴存金额计算的方法同一般性存款（但缴存比率为100%）。根据填制的“缴存财政性存款划拨凭证”进行账务处理。缴存（调增）时，做出如下会计分录：

借：存放中央银行款项——法定准备金——××分行

　贷：存放中央银行款项——超额准备金

调减时，做出如下会计分录：

借：存放中央银行款项——超额准备金

贷：存放中央银行款项——法定准备金——××分行

3. 向中央银行借款的核算

(1) 借款的核算

由商业银行总行集中向中央银行借款，分、支行不得向中央银行借款。

借款时，在办妥借款手续并收到人民银行的收账通知后，填制一联转账借方凭证和二联转账贷方凭证，以人民银行回单作借方记账凭证的附件，资金管理部门提交的借款合同副本作贷方记账凭证的附件，另一联转账贷方凭证加盖业务公章送资金管理部门。做出如下会计分录：

借：存放中央银行款项

贷：向中央银行借款

(2) 资产负债表日的核算

计算确定向中央银行借款的利息费用。做出如下会计分录：

借：利息支出

贷：应付利息

(3) 归还借款本息的核算

贷款到期后，商业银行应主动向中央银行归还贷款本息。商业银行依据资金管理部门的通知，填制人民银行付款凭证送交人民银行，另填制转账借、贷方凭证，以人民银行回单作贷方记账凭证的附件，办理转账。做出如下会计分录：

借：向中央银行借款

应付利息

贷：存放中央银行款项

4. 再贴现资金的核算

再贴现是贴现银行将已办理贴现的尚未到期的商业汇票，向人民银行申请再贴现，人民银行按照再贴现利率扣除贴现利息后将剩余票据支付给再贴现申请人的票据行为。

(1) 商业银行持客户已贴现的商业汇票据向中央银行申请再贴现时，会计部门依据中央银行的再贴现收账通知填制二联转账借方凭证和一联转账贷方凭证，以中央银行回单做“存放中央银行款项”科目借方记账凭证的附件。做出如下会计分录：

借：存放中央银行款项（实际收到金额）

贴现负债（利息调整）

贷：贴现负债（票据面值）

表外：(付出)：有价单证——买入票据实物

(2) 资产负债表日的核算

计算确定利息费用。做出如下会计分录：

借：利息支出

贷：贴现负债（利息调整）

(3) 贴现票据到期的核算

借：贴现负债（票据面值）

　　利息支出

　贷：存放中央银行款项（实际支付金额）

存在利息调整的，也应同时结转。

第二节　银行间清算业务的核算

银行间的往来业务，无论是商业银行系统内的联行往来还是跨系统商业银行间的同业往来，都会产生彼此间的债权债务关系。这种债权债务关系必须及时予以清偿，由此便产生了银行间的资金清算。银行间资金清算包括系统内资金清算和跨系统资金清算。

一、银行间资金清算业务概述

(一) 清算的概念

清算（Clearing）系发生在银行联行、同业之间的货币收付，用以清讫双边或多边债权债务的过程和方法。

(二) 清算产生的原因

清算产生的原因，一是对外办理结算的需要，二是银行办理自身业务的需要。

在办理对外结算业务时，大多数情况都是收、付款人不在同行开户。要实现资金从付款人账户划转到收款人账户，收、付款人开户行之间就必然会因相互代收代付款项而产生资金存欠关系，需要用货币及时收付清偿。此外，一家银行会与其他银行或非银行金融机构发生大量的业务往来（如系统内资金上存与调拨、同业拆借、代理发行证券、代理销售保险、向人行缴存法定存款准备金、向人行借款等）。银行联行、同业间会因资金汇划、缴存、借贷而产生债权债务关系，需要一定的清算组织和一定的清算程序与方法来进行支付指令的发送与接受、对账与确认、收付数额的统计轧差、金额或净额的结清，以便清偿其债权和债务关系。于是，清算产生了。

(三) 清算的实质

银行通过庞大的联行清算体系将企业间的货币结算转化为系统内的账户划转；当企业间的结算转化为系统内的账户划转时，银行的支付结算转化为银行的汇差清算。

银行通过庞大的清算体系便于理清其复杂的往来关系，清理债权、债务关系。

汇差清算的实质是清偿双边或多边的债权债务关系。

(四) 清算的意义

商业银行的清算业务具有很强的关联性和整体性，银行结算的社会覆盖面越大，社会资金周转就越是依赖于银行支付清算系统。资金清算是否安全、快捷、准确、合规，制约着货币流通的速度和质量，对我国经济金融的发展和稳定有着极为重要的意义。

（1）加快资金周转，提高社会资金的使用效益。市场经济极其讲求资金效益。社会经济金融运行中，每天都有大量巨额的资金进入清算环节，处于流转状态。资金流转的快慢、清算效率的高低，对市场发展产生着巨大的影响。商业银行清算系统实行逐笔、实时清算，有力地促进了市场经济的快速发展。

（2）支撑多样化支付工具的使用，满足各种社会经济活动的需要。经济形态的多元化、组织结构的多样化、资金管理的个性化、企业经营的集团化以及人民群众消费方式的多样化，迫切需要使用与之相适应的、便捷的支付工具，并不断创造能够满足不同市场主体需求的支付结算服务品种。各种支付结算工具的信息传输和资金结算都需要依靠清算系统才能得以顺利实现，需要清算系统为其提供业务量大、成本低廉的服务。

（3）增强商业银行的流动性，提高商业银行的经营管理水平。清算系统实现了资金使用效率尽可能的最大化，可以有效支持商业银行对其流动性的管理，使商业银行管理者以及开户行可以随时查询、监控其头寸的变动情况，从而根据需要及时调度资金，提高资金头寸的运用水平。

（五）我国目前存在的清算系统

清算系统是支撑各种支付工具应用、实现资金清算并完成资金最终结算的通道。我国目前有中央银行和国有商业银行两大类系统、三条支付清算渠道。

第一条渠道：中央银行支付清算系统，包括票据交换系统以及中国现代化支付系统。

中国现代化支付系统是中国人民银行按照我国支付清算需要，利用现代计算机技术和通信网络开发建设的，能够高效、安全处理各银行办理的异地、同城各种人民币支付业务及其资金清算和货币市场交易资金清算的应用系统。该支付系统将全面承担跨行支付重任。

票据交换系统是我国支付清算系统的重要组成部分，是由人民银行当地分支机构组织的，在指定区域内遵循“先付后收、收妥抵用、差额清算、银行不垫款”的原则，定时定点集中交换、清分人民银行和银行业金融机构提出的结算票据的跨行支付清算系统。票据交换系统主要处理纸质票据不能截留的支票、本票，跨行银行汇票以及跨行代收、代付的纸质凭证。其运行的主要机构是各地的票据交换所。

第二条渠道：商业银行行内资金汇划系统，大约三分之二的异地支付是通过这些系统进行清算的。

商业银行行内资金汇划系统，是银行业金融机构办理结算资金和 银行内部资金往来与清算的渠道，是集汇划业务、清算业务、结算业务等功能为一体的综合性应用系统。随着金融体制改革的不断深化和 经营水平的逐步提高，各商业银行均相继建设运行了基于计算机网络技术行内综合业务处理系统，并进行了不同程度的数据集中，实现了行内各项业务与支付清算业务的整合。

第三条渠道：商业银行同业之间的异地跨系统资金划转，视汇出行或汇入行所在地区机构设置的特点，采用“先横后直”、“先直后横”的方式，对开账户，相互转汇。

二、系统内资金清算的核算

经过不断的改革和完善，各家商业银行建立起了与商业银行统一法人治理和企业化管理相适应的资金汇划清算系统（又称为实时汇兑系统）。该系统的关键是将银行办理企业跨行结算的资金汇划与其资金清算紧密相连，消灭了在途资金，真正实现了联行零汇差资金。

（一）资金汇划清算系统概述

1. 资金汇划清算系统的组成

资金汇划清算系统是办理结算资金和内部资金汇划与清算的工具，该系统由汇划业务经办行、清算行、省区分行和总行清算中心通过计算机网络组成。

经办行是具体办理结算资金和内部资金汇划业务的行处。汇划业务的发生行是发报经办行；汇划业务的接收行是收报经办行。一个行处既可能是发报经办行，也可能是收报经办行。

清算行是在总行清算中心开立备付金存款账户，办理其辖属行处汇划款项清算的分行，包括直辖市分行、总行直属分行及二级分行。省区分行在总行开立备付金账户，只办理系统内资金调拨和内部资金利息汇划。

总行清算中心是办理系统内各经办行之间的资金汇划、各清算行之间的资金清算及资金拆借、账户对账的核算和管理部门。

2. 资金汇划清算的业务范围及汇划报文的种类

汇划业务主要包括汇兑、托收承付、委托收款、银行汇票、银行卡、内部资金划拨、代收学费等款项的汇划及其资金清算；储蓄、灵通卡、对公异地通存通兑业务及外卡 ATM 取现业务、信用卡异地业务、金卡业务、跨行支付业务的资金清算，同时办理有关的查询查复业务及差错补账和冲账处理。

其中：汇划贷报（贷记）业务包括：汇兑、委托收款、托收承付、商业承兑汇票、银行承兑汇票、信用卡、资金划拨等。

汇划借报（借记）业务包括：银行汇票、信用卡、资金划拨。

汇划报文分为实时和批量两种类型，用于控制收报处理行的报文确认处理时间。

实时报文实时下传收报经办行处理；批量报文先暂挂于收报清算行待次日自动转出处理。同时系统对账号、户名相符且其他要素一致的汇划报文、信用卡报文和各类清算报文采取收报自动入账处理。

3. 资金汇划清算的基本做法

联行资金汇划清算的基本做法是：实存资金、同步清算、头寸控制、集中监督。

实存资金，是指以清算行为单位在总行清算中心开立备付金存款账户，用于汇划款项时资金清算。

同步清算，是指发报经办行通过其清算行经总行清算中心将款项汇划至收报经办行，同时，总行清算中心办理清算行之间的资金清算。

头寸控制，是指各清算行在总行清算中心开立的备付金存款账户，保证足额存款，总行清算中心对各行汇划资金实行集中清算。清算行备付金存款不足，二级分行可向管辖省区分行借款，省区分行和直辖市分行、直属分行头寸不足，可向总行借款。

集中监督，是指总行清算中心对汇划往来数据发送、资金清算、备付金存款账户资信情况和行际间查询、查复情况进行管理和监督。

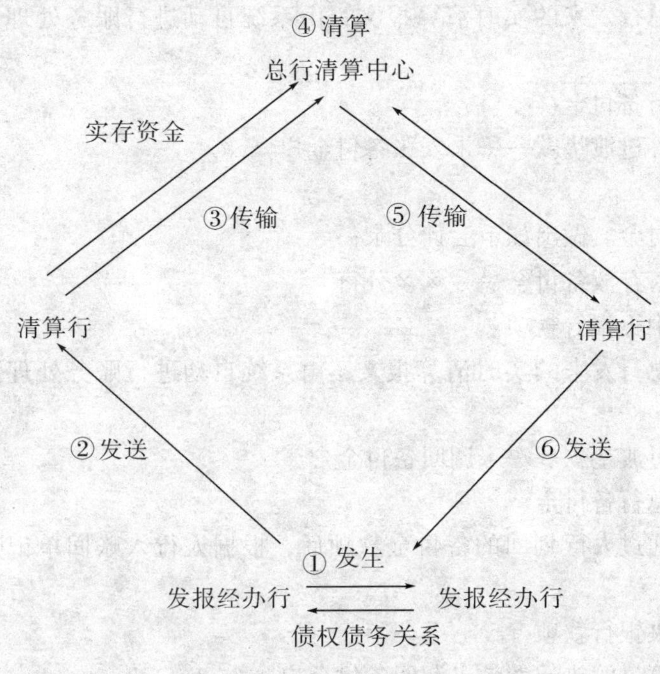

图5－1　债权债务关系

（二）核算程序

各级行上存用于清算电子汇划款项汇差的资金，主要在“上存总行备付金”、“境内分行存放备付金”、“存放中央银行准备金”、“清算资金往来”科目核算。

“上存总行备付金”，资产类，各清算行用于核算上存总行清算中心的备付金；“境内分行存放备付金”，负债类，总行清算中心用于核算各清算行上存的备付金；“存放中央银行款项”，资产类，各商业银行用于核算存放在中央银行的各种款项；“清算资金往来”，资产负债共同类，商业银行用于核算银行间业务往来的资金清算款项。

1. 备付金上存和调回的核算

（1）存入

清算行在总行清算中心开立备付金存款账户时，可通过人民银行将款项直接存入总行清算中心。具体处理手续是：

存入时，依据资金营运部门的资金调拨单，填制人民银行电（信）汇凭证，送交人民银行汇至总行清算中心。填制特种转账凭证一式两联进行账务处理。做出如下会计分录：

借：待清算过渡垫款——未入账备付金户

贷：存放中央银行款项

总行清算中心收到人民银行划来款项时，当日通知有关清算行，并进行账务处理。做出如下会计分录：

借：存放中央银行款项

贷：境内分行存放备付金——××分行

清算行收到总行发来的实时清算报文，由系统自动进行账务处理。做出如下会计分录：

借：上存总行备付金

贷：待清算过渡垫款——未入账备付金户

（2）调回

总行调出备付金。做出如下会计分录：

借：境内分行存放备付金——××分行

贷：存款中央银行款项

清算行收到总行发来的实时清算报文，由系统自动进行账务处理。做出如下会计分录：

借：待清算过渡垫款——未调回备付金户

贷：上存总行备付金

当收到总行通过人行划回的备付金款项后，根据人行入账回单记账。做出如下会计分录：

借：存放中央银行款项

贷：待清算过渡垫款——未调回备付金户

2. 汇划款项业务的核算（以贷记业务为例）

（1）发报经办行的处理

发报经办行是资金汇划业务的发生行，应根据汇划业务种类，录入凭证各要素及账户类型，经过复核、授权后产生有效汇划数据，由系统按规定时间发送至清算行。如为贷记业务，做出如下会计分录：

借：××科目——××户

贷：清算资金往来——汇划清算户

如为借记业务，则会计分录相反。

业务数据经过复核，按规定权限授权无误后，产生有效汇划数据，发送至清算行。每日营业终了，发报经办行还应对本网点当天发生的汇划贷记业务和借记业务进行汇总，并核对当日录入笔数、金额和当日发送笔数、金额等数据。此外，还应装订凭证，核对清单。

（2）发报清算行的处理

清算行收到发报经办行传输来的跨清算行汇划业务后，业务数据经过按规定权限授权、编押及账务处理后由计算机自动传输至总行。如为贷记业务，做出如下会计分录：

借：清算资金往来——汇划清算户

　贷：上存总行备付金

如为借记业务，则会计分录相反。

系统日终批量处理时，根据本行当日实际已发送的系统内汇划发报数据，更新上存总行备付金户和汇划差额户。若上存总行备付金余额出现负数，应及时补足资金，弥补透支差额；否则，将由总行通过强行拆借予以补足。每日营业终了，除使用"上存总行备付金"科目和向总行传输对账数据外，其余处理与发报经办行相同。

(3) 总行清算中心的处理

总行清算中心收到各发报清算行上传的汇划款项数据，由计算机自动登记后，将款项传送至收报清算行。

每日营业终了，系统根据日间汇划业务流水和省区分行上划的各清算行明细，批量更新各清算行备付金账户余额。

如为贷记业务，做出如下会计分录：

借：境内分行存放备付金——××分行（发报清算行备付金存款户）

　贷：境内分行存放备付金——××分行（收报清算行备付金存款户）

如为借记业务，则会计分录相反。

同时，总行清算中心也要进行日终处理和有关账务的核对。

(4) 收报清算行的处理

收报清算行收到总行清算中心传来的汇划数据后，计算机自动检测收报经办行是否为辖属行处，并经核押无误后自动进行账务处理。实时报文即时由系统自动记账或按报文的收报分签号下传至各收报经办行进行收报确认处理（主要是对紧急款项的划拨和查询查复事项的处理）；批量报文当日由系统按报文的收报分签号下传至各收报经办行，收报清算行先进行挂账处理，次日营业开始时，由系统自动转出自动记账或由收报经办行进行收报确认处理。

具体处理方式分为集中模式和分散模式两种。

集中模式：即以清算行作为业务处理中心，负责全辖汇划收报的集中处理及汇出汇款，应解汇款等内部账务的集中管理。

分散模式：即各项业务的处理核算均在各经办行，汇划业务只需经经办行划转。

①分散模式

采用分散模式的收报清算行，收到总行传来的汇划数据后，均传至收报经办行处理。

A. 实时报文要即时传至收报经办行记账。如为贷记业务，做出如下会计分录：

借：上存总行备付金

　贷：清算资金往来——汇划清算户

如为借记业务，则会计分录相反。

系统日终批量处理时，根据本行当日实际收到的系统内汇划数据，更新上存总行备付金户和汇划差额户。

B. 批量报文，收报清算行先挂账。如为贷记业务，做出如下会计分录：

借：上存总行备付金

　　贷：待处理汇划款项

如为借记业务，则会计分录相反。

次日待收报经办行确认、记账后，收报清算行再调整入账。如为贷记业务，做出如下会计分录：

借：待处理汇划款项

　　贷：清算资金往来——汇划清算户

如为借记业务，则会计分录相反。

系统日终批量处理时，根据本行当日实际收到的系统内汇划数据，更新上存总行备付金户和汇划差额户。

②集中模式

清算行作为业务处理中心，负责全辖汇划收报的集中处理及汇出汇款，应解汇款等内部账务的集中管理。

A. 收报清算行收到总行清算中心传来的实时报文后，即时代辖属经办行记账。如为贷记业务，做出如下会计分录：

借：上存总行备付金

　　贷：清算资金往来

借：清算资金往来

　　贷：××科目——××户

如为借记业务，则会计分录相反。将记账信息传至收报经办行。

B. 收报清算行收到总行清算中心传来的批量报文后，日终进行挂账处理。如为贷记业务，做出如下会计分录：

借：上存总行备付金

　　贷：待处理汇划款项

如为借记业务，则会计分录相反。

次日，清算行代经办行确认后记账。如为贷记业务，做出如下会计分录：

借：待处理汇划款项

　　贷：清算资金往来

借：清算资金往来

　　贷：××科目——××户

如为借记业务，则会计分录相反。

（5）收报经办行的处理

收报经办行收到清算行传来的实时、批量汇划信息（分散模式下），经检查无误后，打印“资金汇划（借方）补充凭证”或“资金汇划（贷方）补充凭证”一式两联，第一联为记账凭证；第二联为回单。并自动进行账务处理。如为贷记业务，做出如下会计分录：

借：清算资金往来——汇划清算户

贷：××科目——××户

如为借记业务，则会计分录相反。集中管理模式的收报业务均由清算行代理记账，收报经办行只须于日终打印汇划补充凭证和有关记账凭证及清单，用于账务核对。

三、跨系统资金清算的核算

跨系统资金清算指商业银行与跨系统的各商业银行及非银行金融机构之间的资金往来以及由此而产生的资金存欠的清偿。跨系统资金的清算，最终都是由相互往来的金融机构通过各自在中央银行开立的准备金存款账户清算。

跨系统资金清算包括异地跨系统资金清算和同城跨系统资金清算。异地跨系统资金清算可通过中国现代化支付系统的大额实时支付系统实现，同城跨系统资金清算可通过中国现代化支付系统的小额批量支付系统和同城票据交换及清算实现。

（一）现代化支付系统概述

中国现代化支付系统是人民银行按照我国支付清算需要，开发建设的能够高效、安全处理各银行办理的异地、同城各种支付业务及其资金清算和货币市场交易的资金清算的应用系统。它是各银行和货币市场的公共支付清算平台。

中国现代化支付系统主要包括大额实时支付系统和小额批量支付系统。

大额实时支付系统主要处理金融机构间同城和异地金额在起点以上的大额贷记支付业务和紧急的小额贷记支付业务，采取逐笔发送支付指令、全额实时清算资金。

小额批量支付系统主要处理跨行同城、异地纸质凭证截留的借记支付，以及金额在规定起点以下的小额贷记支付业务，采取批量发送支付指令，轧查净额清算资金。

（二）现代化支付系统的构成

1. 支付系统参与者

直接参与者：直接与支付系统城市处理中心连接并在中国人民银行开设清算账户的银行机构，以及人民银行地市级以上中心支行。

间接参与者：未在人民银行开设清算账户而委托直接参与者办理资金清算的银行和非银行金融机构，以及人民银行县支行。

特许参与者：经人民银行批准通过现代支付系统办理特许业务的机构，如中央债券登记公司。

2. 现代化支付系统的基本程序

现代化支付系统处理支付业务的程序是：发起行发起业务后，经发起清算行、发报中心、国家处理中心、收报中心，最后至收报行止。

发起行是向发起清算行提交支付业务的参与者。

发起清算行是向支付系统提交支付信息并开设清算账户的直接参与者或特许参与者。发起行也可以直接向支付系统发起支付业务。

发报中心是向国家处理中心转发发起清算行支付信息的城市处理中心。

国家处理中心是接收、转发支付信息，并进行资金清算处理的机构。

收报中心是向接收清算行转发国家处理中心支付信息的城市处理中心。

接收行是从接收清算行接收支付信息的参与者。接收清算行也可以作为接收行接收支付信息。

在该程序参与者中，发起行和接收行为间接参与者；发起清算行、发报中心、收报中心、接收清算行均为直接参与者。

（三）现代支付系统的账户设置与清算账户的开立

1. 账户设置

大额支付往来：核算支付系统发起清算行和接收清算行通过大额支付系统办理的支付结算往来款项，余额轧查反映。年度终了，本账户余额全额转入“支付清算资金往来”科目，该科目余额为零。

支付清算资金往来：核算支付系统发起清算行和接收清算行通过大额支付系统办理的支付结算汇差款项。年度终了，“大额支付往来”账户余额对清后，结转至本账户，余额轧差反映。

小额支付往来：核算支付系统发起清算行和接收清算行通过小额支付系统办理的支付结算往来款项。

2. 清算账户的设置

支付系统的直接参与者与支付系统城市处理中心是相连接的，其在人民银行当地分支机构开设清算账户。

（四）大额支付业务的核算

1. 发起大额支付业务的核算

发起行与清算行之间及清算行与接收行之间传输支付信息的核算，按照各行系统内往来清算的规定处理。

（1）发起行清算行的处理。

借：清算资金往来

　　贷：存放中央银行款项

（2）发报中心的处理。发报中心收到发起行清算行发来的支付信息，确认无误后，逐笔加编密押，实时发送至国家处理中心。

（3）国家处理中心的处理。国家处理中心收到发报中心发来的支付报文，逐笔确认无误后，进行账务处理。

借：××银行准备金存款

　　贷：大额支付往来——人民银行××行户

借：大额支付往来——人民银行××行户

　　贷：××银行准备金存款

国家处理中心账务处理完成后，将支付信息发往收报中心。

2. 接收支付信息的处理

（1）收报中心的处理。收报中心收到国家处理中心发来的支付信息确认无误后，逐笔加编密押，实时发送至接收清算行。

（2）接收清算行的处理。

借：存放中央银行款项

　贷：清算资金往来

例1　工商银行成都市分行营业部（直接参与行）为代理付款行的银行汇票一笔，开户单位烟草公司提交进账单与银行汇票二、三联，出票金额100万元，实际结算金额98万元，工商银行成都市分行营业部审查无误后，为烟草公司进账，并通过人行大额支付系统的城市处理中心汇划款项。

该银行汇票的出票行为建设银行西安市分行营业部，汇票的申请人为该营业部开户单位皇冠旅游公司。

工商银行成都市分行营业部：

	借方	贷方
借：存放中央银行款项	980 000	
贷：吸收存款——活期存款烟草公司户		980 000

国家处理中心：

	借方	贷方
借：大额支付往来——人民银行成都市分行户	980 000	
贷：工商银行准备金存款——工商银行成都市分行户		980 000
借：建设银行准备金存款——建设银行西安市分行户	980 000	
贷：大额支付往来——人民银行西安市分行户		980 000

建设银行西安市分行营业部：

	借方	贷方
借：吸收存款——其他存款（汇出汇款）	1 000 000	
贷：吸收存款——活期存款皇冠旅游公司户		20 000
存放中央银行款项		980 000

（五）小额支付系统的处理

小额支付业务分为小额贷记业务、借记业务和定期借记业务三类。

小额支付业务采取小额批量处理的方法，支付信息定时或实时转发，资金在日间规定时点轧差清算。

1. 发起行清算行

发起行清算行的处理与大额支付相同。

2. 发报中心

收到信息后分本城市处理中心覆盖的业务和非本城市处理中心覆盖的业务。

对于非本城市处理中心覆盖的业务，即时发往国家处理中心。对于本城市处理中心覆盖的业务，应在规定的时间轧差后，将支付信息分发接收清算行，轧差结果即时自动发送至国家处理中心。

3. 国家处理中心

国家处理中心收到发报中心发来的小额支付信息，在规定时间按接收清算行进行清分，并将小额支付明细信息发送收报中心，同时以直接参与者为单位进行轧差，通过清算账户管理系统进行清算。

4. 收报中心

收到国家处理中心发来的支付信息，即时转发接收清算行。

5. 定时轧差清算

城市处理中心可以定时轧算支付信息差额并通过国家处理中心清算资金。

(1) 轧差公式:

借记业务往账金额+贷记业务来账金额 > 贷记业务往账金额+借记业务来账金额为应收差额

借记业务往账金额+贷记业务来账金额 < 贷记业务往账金额+借记业务来账金额为应付差额

(2) 国家处理中心清算资金差额

国家处理中心按清算行清算轧算资金差额

对于商业银行清算行为应付差额，进行清算的处理，其会计分录为:

借: ××银行准备金存款

　贷: 小额支付往来——人民银行××行户

对于应收差额进行清算的会计分录相反。

(六) 同城票据交换的核算

1. 同城票据交换概述

在同城结算中，大量的结算业务的收款和付款单位不在同一银行系统的行处开户，其相互代收、代付票据可以参加同城票据交换进行资金清算。同城票据交换是指同一票据交换区域的各银行将相互代收、代付的票据、凭证，按规定时间集中到指定地点，进行集中交换，轧计应收、应付差额并清算资金的行为。

同城票据交换一般根据当地人民银行的要求，采取通过中央银行票据交换所进行的交换与清算，通过同业往来进行交换与清算，通过网络清算无票据交换所进行交换与清算的办法。具体采用什么办法，按当地中央银行规定办理。

同城票据交换应遵循如下基本要求:

(1) 票据交换业务必须实行票据交换定点、定时、定人进行制度。

(2) 票据交换业务必须实行经办员、复核员、交换员三分离制度。

(3) 认真核对有关印章。

(4) 加强交换票据审核及管理。

(5) 同城票据交换必须将收受的票据按场次全部提出交换，不得截留积压，不得擅自涂改、更改票据及附件的内容。代收他行票据，必须保证收妥抵用，未收妥款项不得提前签发进账回单。

(6) 票据交换员必须实行每年轮换制度。

(7) 票据交换员不得持有柜员权限卡（权限卡是指业务人员在办理业务时所必须持有的表明、控制其业务处理权限范围的磁卡)。

(8) 加强人民银行电子联行等系统柜员权限管理。

同城票据交换应坚持以下原则: 及时处理，差额清算; 先借后贷，收妥抵用; 银行不予垫款。

同城票据交换分为提出行和提入行两个系统。提出行是向他行提出票据的行处;

提入行是接受他行提交票据的行处。参加票据交换的行处一般既是提出行又是提入行。

2. 同城票据交换的核算

下面以“通过中央银行票据交换所进行交换与清算”的方式说明同城票据交换的核算。

（1）提出票据的核算

A. 提出贷方票据时，做出如下会计分录：

借：吸收存款——活期存款存款人户

　贷：清算资金往来 ——同城票据清算

例 2　本行收到开户甲单位提交的转账支票及一式三联进账单，金额 157 800 元。经审查合格入账。做出如下会计分录：

借：吸收存款——活期存款甲单位户　157 800

　贷：清算资金往来 ——同城票据清算　157 800

提出贷方票据，并在人民银行规定的退票时间内接到对方银行“退票理由书”时，应将一联退票理由书和有关贷方票据一并退收款人，同时，填制借、贷方记账凭证各一联，以退票理由书做贷方记账凭证附件。会计分录同上相反。

B. 提出借方票据时，做出如下会计分录：

借：清算资金往来 ——同城票据清算

　贷：其他应付款

已过退票时间未发生退票

借：其他应付款

　贷：吸收存款——活期存款××户

例 3　本行收到开户乙单位提交的转账支票及一式两联进账单，金额 177 800 元。经审查合格入账。做出如下会计分录：

借：清算资金往来 ——同城票据清算　177 800

　贷：其他应付款　177 800

已过退票时间未发生退票。做出如下会计分录：

借：其他应付款　177 800

　贷：吸收存款——活期存款乙单位户　177 800

（2）提入票据的核算

A. 提入贷方票据经审核无误后，以提入的贷方票据或结算凭证做贷方记账凭证。做出如下会计分录：

借：清算资金往来 ——同城票据清算

　贷：吸收存款——活期存款××户

例 4　承例 2，本行通过同城票据交换所提入进账单第二、三联后，经审查收款单位是开户丙单位。做出如下会计分录：

借：清算资金往来 ——同城票据清算　157 800

　贷：吸收存款——活期存款丙单位户　157 800

B. 提入借方票据经审核无误后，以提入的借方票据或结算凭证做借方记账凭证。

做出如下会计分录：

借：吸收存款——活期存款××户

　贷：清算资金往来——同城票据清算

例5 承例3，本行提入支票后，经审查收款单位是开户丁单位。做出如下会计分录：

借：吸收存款——活期存款丁单位户　177 800

　贷：清算资金往来——同城票据清算　177 800

（3）提入票据退票的处理

银行经审核，若提入票据或结算凭证存在印鉴不符、存款不足、收付款人账号户名有误、大小写金额不符等情况，须在规定时间内填制“退票理由书”作退票处理。若当天票据交换时间已过，不能退回的，应填制一联借方或贷方记账凭证，经审批人批准后，办理挂账，次日再办理提出退票处理。会计分录为：

提入贷方票据退票挂账时：

借：清算资金往来——同城票据清算

　贷：其他应付款

提入借方票据退票挂账时：

借：其他应收款

　贷：清算资金往来——同城票据清算

次日，提入的贷方、借方票据办理退票时，做相反方向的会计分录。

3. 同城票据交换差额清算的核算

由管辖分行与中央银行进行集中资金清算，会计分录为：

（1）若应付票据金额大于应收票据金额

借：清算资金往来——同城票据清算

　贷：存放中央银行款项

（2）若应付票据金额小于应收票据金额

借：存放中央银行款项

　贷：清算资金往来——同城票据清算

例6 交通银行某管辖分行与中央银行进行同城票据交换差额集中资金清算。假设当日辖内各行提出提入票据金额轧差结果为，应付票据金额小于应收票据金额，即应收汇差500万元。其会计分录为：

借：存放中央银行款项　5 000 000

　贷：清算资金往来——同城票据清算　5 000 000

（七）全国支票影像交换系统

2007年全国支票影像交换系统在全国全面推广，票据已不仅仅限于同一票据交换区域内的交换，可以在全国范围内交换。

支票影像交换系统（CIS）是基于影像技术将实物支票截留转换为支票影像信息，传递至出票人开户银行提示付款的支票清算系统。它是中国人民银行继大、小额支付系统建成后的又一重要金融基础设施。支票影像交换系统定位于处理银行机构跨行和行内的支票影像信息交换，其资金清算通过中国人民银行覆盖全国的小额支付系统处理。

支票影像交换系统采用两级两层结构：第一层是影像交换总中心，负责接收、转发跨分中心支票影像信息。第二层是影像交换分中心，分中心设在省（区）首府和直辖市，负责接收、转发同一省、自治区、直辖市区域内系统参与者的支票影像信息，并向总中心发送和从总中心接收跨分中心的支票影像信息。

支票影像交换系统支持支票全国通用，改变了传统的实物票据交换模式，其业务处理流程包括三个阶段：第一阶段是纸基票据流，即实物支票经过出票、转让和提示付款等环节流通到收款行或票据交换所，完成实物支票的截留和影像采集；第二阶段是影像信息流，即将采集的支票影像业务信息通过影像交换系统传递给出票人开户行审核付款；第三阶段是资金清算流，即出票人开户行收到支票影像信息审核无误后，通过小额支付系统返回业务回执和完成资金清算。

与传统支票业务处理流程相比，通过影像交换系统处理，支票在交易主体间的流通转让环节并未发生变化，主要是银行间的支票传递和清算环节发生了变化。体现在以下三个方面：一是支票在银行间的传递由实物票据交换转换为系统传输电子信息和影像信息。二是支票核验付款由出票人开户行根据实物支票核验付款转换为根据支票影像信息核验付款。三是银行间的资金清算由同城票据交换系统完成转换为由小额支付系统完成。

本章小结：

银行间往来包括商业银行系统内的联行往来、跨系统商业银行间的同业往来以及商业银行与中央银行的往来。

联行往来，是指同一银行系统辖内所属各行处之间因办理对外结算、对内资金调拨等业务，相互代收、代付款项而发生的资金账务往来。联行往来的核算包括发报经办行和收报经办行的处理。同业往来是指商业银行与跨系统的各商业银行及非银行性金融机构之间的业务往来。它主要包括回购、同业拆借、票据转贴现、代理同城票据交换及清算等业务。商业银行与中央银行往来是指各商业银行与中央银行之间因资金缴存、汇划款项、现金存取、资金融通等引起的资金账务往来。

清算是指发生在银行联行、同业之间的货币收付，用以清讫双边或多边债权债务的过程和方法。银行间资金清算包括系统内资金清算和跨系统资金清算。

资金汇划清算系统是办理结算资金和内部资金汇划与清算的工具，该系统由汇划业务经办行、清算行、省区分行和总行清算中心通过计算机网络组成。联行资金汇划清算的基本做法是：实存资金、同步清算、头寸控制、集中监督；跨系统资金清算包括异地跨系统资金清算和同城跨系统资金清算。异地跨系统资金清算可通过中国现代化支付系统的大额实时支付系统实现，同城跨系统资金清算可通过中国现代化支付系统的小额批量支付系统和同城票据交换及清算实现。

复习思考题：

1. 什么是联行往来？如何进行核算？
2. 商业银行与中央银行往来及同业往来包括哪些业务？
3. 什么是清算？
4. 如何进行系统内资金清算？
5. 如何进行跨系统资金清算？

第六章　保险业务的核算

本章提要：本章共有三节内容。第一节，保险合同概述。明确保险合同的概念、特点和分类等是学习和运用保险合同准则的前提和基础。第二节，原保险合同的核算。这是本章学习的重点，应全面掌握。先后介绍了原保险合同收入、原保险合同准备金和原保险合同成本的确认和计量。第三节，再保险合同的核算。在介绍了再保险合同预估法和账单法两种会计处理方法的基础上，重点讲解了再保险分出业务和分入业务的核算。尤其是分出业务的分出保费、摊回各项准备金、摊回分保费用的核算和分人业务的分保收入、分保费用和分保赔付成本的核算。

第一节　保险合同概述

如今人们在生存实践中面临的无法预测的事故越来越多，如2008年的中国南方冰雪冻灾、山东火车相撞、汶川特大地震以及长江洪灾、SARS、禽流感和涉及世界各国的二恶英、疯牛病、核泄漏、臭氧层空洞、台风、泥石流等。因此，应对风险成了人类社会的一个重要领域。灾害事故的发生，就整个社会而言，在客观上有其必然性，然而就局部来讲，却有偶然性。随着社会生产力的发展，人们逐渐开始运用经济方式来抵消灾害事故的影响，保险应运而生。

保险，是指投保人根据合同约定，向保险人支付保险费，保险人对于合同约定的可能发生的事故因其发生所造成的财产损失承担赔偿保险金责任，或者当被保险人死亡、伤残、疾病或者达到合同约定的年龄、期限时承担给付保险金的商业保险行为。

保险公司从事保险业务实质上是经营保险风险。保险公司承担的被保险人保险风险是通过与投保人签订保险合同来体现的。

一、保险合同的定义

保险合同，是指保险人与投保人约定保险权利义务关系，并承担源于被保险人保险风险的协议。其中，保险人（承保人），是指与投保人订立保险合同，并承担赔偿或给付保险金责任的保险公司。投保人，对于原保险合同，投保人指与保险公司订立原保险合同，并按照合同约定负有支付保险费义务的自然人、法人及其他组织；对再保险合同，投保人是指与保险公司（再保险接受人）订立再保险合同，并按照合同约定负有支付保险费义务的保险公司。被保险人，是指其财产或人身受保险合同保障，享有保险金请求权的自然人、法人及其他组织。投保人可以为被保险人。

保险合同的本质特征是承担被保险人的保险风险，即如果保险人承担了被保险人的保险风险，双方签订的合同就是保险合同。

风险，是指人们在日常生活中经常会遇到的一些难以预料的（具有不确定性）的意外事故和自然灾害。保险风险，是指从合同持有人转移到合同签发人的除金融风险之外的风险。保险风险有如下特性：风险不是投机性的；风险必须具有不确定性，就每一个具体单独的保险标的而言，保险当事人事先无法知道其是否发生损失，发生损失的时间和发生损失的程度如何；风险必须是大量标的均有遭受损失的可能性；风险必须是意外的；风险可能导致较大损失；在保险合同期限内预期的损失是可计算的，保险公司承保某一特定风险，必须在保险合同期间内收取足够的保险费，以聚集资金支付赔款，支付各项费用开支，并获得合理的利润。

保险从经济学角度看，保险是对客观存在的未来风险进行转移，把确定性损失转化为确定性成本（保费），是风险管理的有效手段；保险从法律角度看，保险是一种合同行为，投保人向保险人缴纳保费，保险人在被保险人发生合同规定的损失时给予补偿，体现的是一种民事法律关系。

CAS25（美国意外精算协会，英文缩写 CAS）定义的保险合同有如下特点：

（1）保险合同的定义强调了保险风险的转移；

（2）按照危险损失转移的层次的分类，保险合同被划分为原保险合同和再保险合同；

（3）与 IFRS 下保险合同的定义存在显著不同：国际财务报告准则第 4 号保险合同中，对保险合同成立的要素主要看重大保险风险的转移程度，而在新准则下，将“重大”两字移去，保险合同成立的要素主要看是否存在保险风险，不考虑保险风险转移的程度。

二、保险合同的分类

按照危险损失转移的层次的分类，保险合同被划分为原保险合同和再保险合同。

原保险合同，是指保险人向投保人收取保费，对约定的可能发生的事故因其发生所造成的财产损失承担赔偿保险金责任，或者当被保险人死亡、伤残、疾病或者达到约定的年龄、期限时承担给付保险金责任的保险合同。

再保险合同，是指一个保险人（再保险分出人）分出一定的保费给另一个保险人（再保险接受人），再保险接受人对再保险分出人由原保险合同所引起的赔付成本及其他相关费用进行补偿的保险合同。

保险人应当根据在原保险合同延长期内是否承担赔付保险金责任，将原保险合同分为寿险原保险合同和非寿险原保险合同。

原保险合同延长期，是指投保人自上一期保费到期日未交纳保费，保险人仍承担赔付保险金责任的期间。

原保险合同延长期内承担赔付保险金责任的，应当确定为寿险原保险合同。如定期寿险、终身寿险、两全保险、年金保险、长期健康保险等属于寿险原保险合同。原保险合同延长期内不承担赔付保险金责任的，应当确定为非寿险原保险合同。如企业财产保险、家庭财产保险、工程保险、责任保险、信用保险、保证保险、机动车交强保险、船舶保险、货运保险、航空航天保险、农业保险、短期健康保险和意外伤害保险等均属于非寿险原保险合同。

三、混合保险合同的处理

保险人与投保人签订的合同，使保险人既承担保险风险又承担其他风险的，应当分别下列情况进行处理：

（1）保险风险部分和其他风险部分能够区分，并且能够单独计量的，可以将保险风险部分和其他风险部分进行分拆。保险风险部分，确定为原保险合同；其他风险部分，不确定为原保险合同。

（2）保险风险部分和其他风险部分不能够区分，或者虽能够区分但不能够单独计量的，应当将整个合同确定为原保险合同。

第二节　原保险合同的核算

一、原保险合同收入的确认和计量

（一）保费收入确认的条件

保费收入同时满足三个条件的，才能予以确认。

（1）原保险合同成立并承担相应保险责任。原保险合同虽已成立，但未承担相应保险责任，在签订合同时，保险公司不能将收到的保费作为保费收入，而应作为预收款处理，待承担保险责任时再转入保费收入。

（2）与原保险合同相关的经济利益很可能流。如果有确凿证据表明投保人不能按原保险合同规定的期限和金额交纳保费，则不能确认保费收入。如果与原保险合同相关的经济利益流入的可能性很小，则不能确认保费收入。如赠与保险，由于不会有经济利益流入，公司不应确认保费收入。

（3）与原保险合同相关的收入能够可靠地计量。收入能够可靠计量，即是指收入金额能够确定。如收入金额不能确定，不能确认保费收入。

对于非寿险原保险合同，应当根据原保险合同约定的保费总额确定保费收入。

对于寿险原保险合同，分期收取保费的，应当根据当期应收取的保费确定；一次性收取保费的，应当根据一次性应收取的保费确定。

（二）设置和运用的账户

1. “保费收入”，损益类账户

本账户核算企业（保险）确认的保费收入。本账户可按保险合同和险种进行明细核算。期末，应将本账户的余额转入“本年利润”账户，结转后本账户无余额。

2. “预收保费”，负债类账户

本账户核算企业（保险）收到未满足保费收入确认条件的保险费。本账户按投保人进行明细核算。

3. “保户储金”，负债类账户

本账户核算企业（保险）收到投保人以储金本金增值作为保费收入的储金。本账户可按投保人进行明细核算。

4. “退保金”，损益类账户

本账户核算企业（保险）寿险原保险合同提前解除时按照约定应当退还投保人的保单现金价值。本账户可按险种进行明细核算。

（三）保费收入核算的账务处理

例1　2008 年 1 月 10 日，中国太平洋财产保险股份有限公司与投保人李静签订一份家庭财产保险合同，保险金额为 2 000 000 元，保险期间为一年，保费为 2 000 元。合同规定，该公司自 1 月 15 日零时起开始承担保险责任。合同签订日，该公司收到全部保费存入银行。太保公司做如下会计分录：

（1）核保前

借：银行存款　　2 000

　贷：预收保费　　2 000

（2）核保后

借：预收保费　　2 000

　贷：保费收入　　2 000

例2　2008 年 12 月 31 日，泰康人寿保险股份有限公司与投保人张进签订一份定期寿险保险合同，保险金额为 1 000 000 元，保险期间为 2009 年 1 月 1 日零时至 2028 年 12 月 31 日 24 时，保费总额为 60 000 元。合同生效日，该公司收到全部保费存入银行。泰康人寿做如下会计分录：

借：银行存款　　60 000

　贷：保费收入　　60 000

例3　2008 年 9 月 30 日，大地保险公司与金鑫公司签订保单，约定保费 20 万元，保费分期付款。签保单当日，大地保险公司收到首期保费 4 万元，其余 16 万元分 8 期，每期收取 2 万元，即以后每月底收取保费 2 万元，直至 2009 年 5 月 30 日。

收到首期保费时大地保险公司做如下会计分录：

借：银行存款　　40 000

　　应收保费　　160 000

　贷：保费收入　　200 000

2008 年 10 月—2009 年 4 月都按期收到保费，其会计分录如下：

借：银行存款　　20 000

　贷：应收保费　　20 000

假如 2012 年 5 月，泰康还没有收到最后一期应收保费，已超过 3 年，确认为坏账，按照批准的坏账转销凭证冲销坏账准备。则最后一期应收保费的会计分录如下：

借：坏账准备　　20 000
　贷：应收保费　　20 000

（四）退保费核算的账务处理

CAS25 第九条规定，原保险合同提前解除的，保险人应将退保费作为支出单独核算或是直接冲减保费，计入当期损益。具体说，非寿险合同发生退保应直接冲减保费收入；寿险合同在犹豫期间发生的退保行为，应当按照合同约定将相关的保费返回保户，冲减当期保费收入。寿险犹豫期后发生的退保，按保单持有期间累积而得的保单现金价值，确认为退保费支出。

例 4　家庭两全险保户张斌向泰康人寿提出要求退保，他投保时交纳储金 30 000 元，保险期为 3 年，现已投保 2 年零 2 个月。业务部门同意退保，审核报单及储金收据，签发批单，按保险费率计算每年保费为 700 元，前两年已计入应计利息 1 500 元，余额退还现金。

泰康人寿做如下会计分录：

借：保户储金——家财两全险　　30 000
　贷：保费收入　　700
　　应收利息　　1 500
　　现金　　27 800

二、原保险合同责任准备金的确认和计量

原保险合同准备金包括未到期责任准备金、未决赔款准备金、寿险责任准备金和长期健康险责任准备金。其中，未到期责任准备金、未决赔款准备金适应于非寿险原保险合同；寿险责任准备金和长期健康险责任准备金适应于寿险原保险合同。

未决赔款准备金、寿险责任准备金、长期健康险责任准备金又称为保险责任准备金。

根据 CAS25 第十一条，保险人应当在确认非寿险原保险合同保费收入的当期，按照保险精算确定的金额，提取未到期责任准备金，作为当期保费收入的调整，并确认未到期责任准备金负债。

根据 CAS25 第十二条，保险人应当在确认非寿险保险事故发生的当期期末，按照保险精算确定的金额，提取未决赔款准备金，并确认未决赔款准备金负债。

根据 CAS25 第十三条，保险人应当在确认寿险保费收入的当期，按照保险精算确定的金额，提取寿险责任准备金、长期健康险责任准备金金额，并确认寿险责任准备金、长期健康险责任准备金负债。

值得注意的是，保险公司评估的责任准备金应当以分保前的金额列示，应当从再保险接受人摊回的部分作为再保险资产列示。这一点和原来的会计处理有较大区别。未到期责任准备金是针对非寿险业务计提的，寿险责任准备金和长期健康险责任准备金是针对寿险业务计提的，而就未决赔款准备金而言，只要有未决的赔案责任就应该

计提。未决赔款准备金提取的对象既包括寿险业务又包括非寿险业务，既包括一年期及一年期以内的保单，又包括一年期以上的保单，核算的口径与现行法规一致。未到期责任准备金核算的对象及范围，也与现行法规一致。

(一) 未到期责任准备金

是指保险人为尚未终止的非寿险保险责任提取的准备金。

1. 实质

未赚取的保费收入。

2. 提取的缘由

为真实地反应保险人当期已赚取的保费收入。

3. 提取时间

在确认保费收入的当期期末提取，且需在资产负债表日重新计算确定。

4. 会计处理

例5　2007年11月1日，华泰财产保险股份有限公司确认宏基厂投保的货运保险合同的保费收入为9 600元；11月30日，保险公司精算部门计算确定该货运保险合同的未到期责任准备金金额为8 800元；12月31日，保险公司精算部门计算确定该货运保险合同未到期责任准备金金额为8 000元。华泰财产保险公司做如下会计分录：

(1) 11月1日 确认保费收入9 600元

借：银行存款　　9 600

　贷：保费收入　　9 600

(2) 11月30日 确认未到期责任准备金8 800元

借：提取未到期责任准备金　　8 800

　贷：未到期责任准备金　　8 800

(3) 12月31日调减未到期准备金800 (8 800－8 000) 元

借：未到期责任准备金　　800

　贷：提取未到期责任准备金　　800

(二) 未决赔款准备金

是指保险人为非寿险保险事故已发生尚未结案的赔案而提取的准备金。

1. 实质

它是保险人的现时义务。

2. 类别

包括已发生已报案未决赔款准备金、已发生未报案未决赔款准备金和理赔费用准备金。已发生已报案未决赔款准备金，是指保险人为非寿险保险事故已发生并已向保险人提出索赔、尚未结案的赔案提取的准备金。已发生未报案未决赔款准备金，是指保险人为非寿险保险事故已发生、尚未向保险人提出索赔的赔案提取的准备金。理赔费用准备金，是指保险人为非寿险保险事故已发生尚未结案的赔案可能发生的律师费、诉讼费、损失检验费、相关理赔人员薪酬等费用提取的准备金。

3. 提取时间

需在非寿险保险事故发生的当期提取，且需每年年度终了进行充足性测试。

4. 会计处理

例6　承上例5，2008年10月10日，宏基厂因发生保险事故，华泰财产保险股份有限公司精算部门计算确定该货运保险合同未决赔款准备金金额为300 000元，其中，已发生已报案未决赔款准备金为290 000元、理赔费用准备金为10 000元。当年12月31日，甲公司精算部门计算确定该类财产保险合同未决赔款准备金金额为310 000元。华泰财产保险公司做如下会计分录：

（1）10月31日提取未决赔款准备金300 000元

借：提取保险责任准备金　　300 000

　贷：保险责任准备金　　300 000

（2）12月31日补提10 000元

借：提取保险责任准备金　　10 000

　贷：保险责任准备金　　10 000

（三）寿险（长期健康险）责任准备金

寿险（长期健康险）责任准备金是指保险人为尚未终止的寿险（长期健康险）保险责任提取的准备金。

1. 实质

它是保险人的现实义务。

2. 提取时间

在确认保费收入的当期期末提取，且需每年年度终了进行充足性测试。

3. 会计处理

例7　2007年3月31日，中国人寿保险公司精算部门计算确定的宏源公司投保的团体终生寿险合同寿险责任准备金金额为1 200 000元。中国人寿保险公司做如下会计分录：

借：提取保险责任准备金　　1 200 000

　贷：保险责任准备金　　1 200 000

（四）准备金充足性测试

CAS25第十四条规定，保险人至少应当于每年年度终了，对未决赔款准备金、寿险责任准备金、长期健康险责任准备金进行充足性测试。如果准备金不足，保险合同存在损失的可能性，应当在损失发生的当期通过补提相关责任准备金的方式进行确认。

很多现行的精算模型都有测试以确保保险负债没有被低估。测试的具体形式取决于基本的计量方法。但是目前的会计模式并不存在这些测试。如果某个承保人对于因现有合约义务而产生的重要的可以合理预计的损失没有予以确认，则会降低财务报告的可信度，因此新会计准则要求进行负债充足性测试。

三、原保险合同成本的确认和计量

（一）准则规定

CAS25 第十六条：原保险合同成本，是指原保险合同发生的、会导致所有者权益减少的、与向所有者分配利润无关的经济利益的总流出。

原保险合同成本主要包括：发生的手续费或佣金支出、赔付成本，以及提取的未决赔款准备金、寿险责任准备金、长期健康险责任准备金等。

赔付成本包括保险人支付的赔款、给付，以及在理赔过程中发生的律师费、诉讼费、损失检验费、相关理赔人员薪酬等理赔费用。

CAS25 第十七条：保险人在取得原保险合同过程中发生的手续费、佣金，应当在发生时计入当期损益。

CAS25 第十八条：保险人按照保险精算确定提取的未决赔款准备金、寿险责任准备金、长期健康险责任准备金，计入当期损益。

保险人应当在确定支付赔付款项金额的当期，按照确定支付的赔付款项金额，计入当期损益；同时，冲减相应的未决赔款准备金、寿险责任准备金、长期健康险责任准备金余额。

保险人应当在实际发生理赔费用的当期，按照实际发生的理赔费用金额，计入当期损益；同时，冲减相应的未决赔款准备金、寿险责任准备金、长期健康险责任准备金余额。

CAS25 第十九条：保险人按照充足性测试补提的未决赔款准备金、寿险责任准备金、长期健康险责任准备金，计入当期损益。

CAS25 第二十条：保险人承担赔偿保险金责任取得的损余物资，应当按照同类或类似资产的市场价格计算确定的金额确认为资产，并冲减当期赔付成本。处置损余物资时，保险人应当按照收到的金额与相关损余物资账面价值的差额，调整当期赔付成本。

CAS25 第二十一条：保险人承担赔付保险金责任应收取的代位追偿款，同时满足下列条件的，应当确认为应收代位追偿款，并冲减当期赔付成本：

（1）与该代位追偿款有关的经济利益很可能流入；

（2）该代位追偿款的金额能够可靠地计量。

收到应收代位追偿款时，保险人应当按照收到的金额与相关应收代位追偿款账面价值的差额，调整当期赔付成本。

（二）设置和运用的账户

1.“赔付支出”，损益类账户

本账户核算企业（保险）支付的原保险合同赔付款项和再保险合同赔付款项。本账户应按险种设置明细账。期末，应将本账户的余额转入“本年利润”账户，结转后本账户应无余额。

企业也可以单独设置“赔款支出”、“期满给付”、“年金给付”、“死伤医疗给付”、

“分保赔付支出”账户。

2.“预付账（赔付）款”，资产类账户

本账户核算企业（保险）预先支付的赔付款。本账户按照保险人或受益人进行明细核算。

3.“应收代位追偿款”，资产类账户

本账户核算企业按照原保险合同约定承担赔付保险金责任后确认的代位追偿款，本账户可按被追偿单位（或个人）进行明细核算。

4.“损余物资”，资产类账户

本账户核算保险公司按照原保险合同约定承担赔偿保险金责任后取得的损余物质成本。本账户可按照损余物质种类进行明细核算。

（三）账务处理

例8　2008年2月28日，中国人寿保险公司确定应给付宏源公司职工李某投保的团体终身寿险款项80 000元，款项尚未支付。中国人寿保险公司做如下会计分录：

（1）确认应给付的赔款金额80 000元

借：赔付支出　　80 000

　贷：应付赔付款　　80 000

（2）同时，冲减寿险责任准备金余额80 000元

借：保险责任准备金　　80 000

　贷：提取保险责任准备金　　80 000

例9　2008年6月22日，华泰财产保险公司确定应赔偿张叶投保的家庭财产保险款100 000元，款项当日以银行存款支付。2008年5月31日，华泰财产保险公司为该保险事故确认的未决赔款准备金金额为105 000元。华泰财产保险公司做如下会计分录：

（1）确认应赔偿的赔款金额100 000元

借：赔付支出　　100 000

　贷：银行存款　　100 000

（2）按实际赔偿的金额冲减未决赔款准备金余额100 000元

借：保险责任准备金　　100 000

　贷：提取保险责任准备金　　100 000

例10　2008年8月31日，中国人寿保险公司分配相关理赔人员薪酬9 300 000元，其中与寿险责任准备金有关的金额为6 300 000元，与长期健康险责任准备金有关的金额为3 000 000元。中国人寿保险公司做如下会计分录：

（1）确认理赔费用，金额为9 300 000元

借：赔付支出　　9 300 000

　贷：应付职工薪酬　　9 300 000

（2）按实际发生的理赔费用金额冲减相应的责任准备金余额9 300 000元

借：保险责任准备金——寿险责任准备金　　6 300 000

——长期健康险责任准备金　　3 000 000

贷：提取保险责任准备金　　9 300 000

例 11　2008 年 8 月 5 日，中国平安财产保险股份有限公司与长江集团签订了一份货运险保险合同，保险金额为 1 200 万元。同时，收到趸交保费 60 万元。8 月 31 日，按保险精算确定的结果应提取未到期责任准备金金额为 55 万元。9 月 30 日，按保险精算确定的结果该货运险保险合同的未到期责任准备金金额为 50 万元。中国平安财产保险股份有限公司做如下会计分录：

（1）2008 年 8 月 5 日确认保费收入 600 000 元

借：银行存款　　600 000

贷：保费收入　　600 000

（2）8 月 31 日提取未到期责任准备金 550 000 元

借；提取未到期责任准备金　　550 000

贷：未到期责任准备金　　550 000

（3）9 月 30 日调减未到期准备金 50 000（550 000 - 500 000）元

借；未到期责任准备金　　50 000

贷：提取未到期责任准备金　　50 000

设：2008 年 10 月 20 日，因交通事故发生使该保险标的受损。同期，按保险精算确定的结果应提取未决赔款准备金 1 100 万元。经查勘，应赔偿金额为 1 000 万元，实际发生理赔费用为 10 万元；另，应收代位追偿款为 30 万元，实际收到 28 万元。

（1）2008 年 10 月 31 日提取未决赔款准备金 1 100 万元

借：提取保险责任准备金　　11 000 000

贷：保险责任准备金　　11 000 000

（2）支付赔款和发生理赔费用 1 010 万元

借：赔付支出　　10 100 000

贷：应付赔付款　　10 000 000

应付职工薪酬　　100 000

（3）同时，冲减相应的责任准备金余额 1 010 万元

借：保险责任准备金　　10 100 000

贷：提取保险责任准备金　　10 100 000

（4）承担赔款支出后确认代位追偿款 30 万元

借：应收代位追偿款　　300 000

贷：赔付支出　　300 000

（5）实际收到时代位追偿款 28 万元

借：银行存款　　280 000

赔付支出　　20 000

贷：应收代位追偿款　　300 000

2008 年 8 月，财政部印发了《企业会计准则解释第 2 号》（简称“2 号解释”），要求同时发行 A 股和 H 股的上市公司，对同一交易事项，应在 A 股和 H 股财务报告中

采用相同的会计政策和会计估计进行确认、计量和报告；

2009 年 1 月保监会发布《关于保险业实施〈企业会计准则解释第 2 号〉有关事项的通知》，要求我国所有保险公司编制 2009 年度财务报告时应遵循以下会计政策："第一，保费收入的确认和计量引入重大保险风险测试和分拆处理；第二，保单获取成本不递延，计入当期损益；第三，采用新的基于最佳估计原则下的准备金评估标准"。"2 号解释"是对 CAS25 的补充和完善。但是保监会未出台实施细则。

2009 年 12 月，财政部印发了《保险合同相关会计处理规定》（简称《规定》），就保费收入确认和准备金计量等相关会计处理问题进行了明确指示，要求保险公司自编制 2009 年度财务报告开始，执行相关保险混合合同分拆、重大保险风险测试和保险合同准备金计量等新的会计政策。

将"CAS25"、"CAS26"、"2 号解释"和《规定》合称为"保险会计新准则"。

第三节 再保险合同的核算

保险公司开展业务必须考虑自身的资本金实力，谨慎控制风险累积，安排必要的风险转移措施，以保持经营稳定性，避免受到重大损失事件的冲击。由此产生了再保险业务。

保险公司之间的再保险关系是通过签订再保险合同确立的。

一、再保险合同概述

（一）概念及特征

再保险合同，是指一个保险人（再保险分出人）分出一定的保费给另一个保险人（再保险接受人），再保险接受人对再保险分出人由原保险合同所引起的赔付成本及其他相关费用进行补偿的保险合同。

再保险合同具有如下特征：

（1）是保险人与保险人之间签订的合同；

（2）是补偿性合同；

（3）独立于原保险合同。

（二）再保险合同基本业务

再保险合同基本业务包括分出业务与分入业务。其中，分出业务：是指再保险分出公司转移出的保险业务。分入业务：是指再保险分入公司接受分入的保险业务。

再保险分出业务又包括分出保费、摊回分保费用、摊回保险责任准备金、摊回的赔付支出等具体业务。再保险分入业务又包括收取分保费、支付分保手续费、支付分保赔付款等具体业务。

此外，再保险接受人与再保险分出人之间还有支付和收取纯益手续费的业务。纯益手续费是指再保险接受人在其取得纯益基础上付给再保险分出人一定比例（即纯益手续费率）的报酬。“纯益”是指某个业务年度再保险分入业务获得的纯收益，即该年度分入业务收入项目合计减去支出项目合计的差额。

（三）再保险合同分类

按自留额与分保额计算的基础不同再保险合同分为比例再保险合同和非比例再保险合同。

1. 比例再保险合同

比例再保险合同，是指以原保险合同保险金额为基础来确定分出公司自留额和分入公司分保额的再保险合同。

自留额，是指再保险分出人对于每一危险单位或一系列危险单位的责任和损失，承担自负责任的限额。分保额，是指对于再保险分出人每一危险单位或一系列危险单位的责任和损失，再保险接受人承担分保责任的限额。危险单位，是指一次保险事故可能造成的最大损失范围。不同的保险有不同的危险单位，保险人在确定其本身可以承担的最高保险责任时，用危险单位来作为计算的基础。

比例再保险合同包括：成数再保险、溢额再保险两种具体方式。

（1）成数再保险合同

成数再保险合同，是指分出公司以原保险合同保险金额为基础，对每一危险单位按一定成数（固定比例）作为自留额，将其余的一定成数（固定比例）转让给分入公司，保险费和保险赔款按同一比例分摊。成数再保险合同有时还约定再保险接受人所承担分保额的最高险额。

例 10　一份成数再保险合同，双方约定，每一危险单位的最高限额为 500 万元，分出公司自留 40%，分入公司分入 60%，则此合同称为 60% 的成数再保险合同。若原保险合同的保险金额如下所示，成数再保险责任的分配见表 6－1。

表 6－1　　成数再保险责任分配　　单位：万元

原保险金额	自留额	分保额	其他
①40	16	24	
②100	40	60	
③500	200	300	
④600	200	300	100

④中的 100 万元如何处理？将放入其他合同或安排临时再保险；否则，仍由分出公司自负。

（2）溢额再保险合同

溢额再保险合同，是指分出公司以原保险合同保险金额为基础，规定每一危险单位的一定额度作为自留额，并将超过自留额的部分即溢额，分给分入公司。分入公司按承担的溢额责任占保险金额的比例收取分保费，分担分保赔款和分保费用。

在溢额再保险合同中，自留额是固定的，责任比例是不固定的。

分保额 = 保险金额 - 自留额

自留额比例 = 自留额 / 保险金额 ×100%

分保额比例 = 分保额 / 保险金额 ×100%

溢额再保险合同的分入公司不是无限度地接受分出公司的溢额责任，通常以自留额的一定倍数（或称线数）为限。整个合同容量是自留额加分保限额。

例 11　某一溢额再保险合同分出公司的自留额为 50 万，分入公司的分保限额为 10 线，则此合同称为 10 线溢额再保险合同。分保限额为 500 万元，合同容量为 550 万元。若原保险合同的保险金额如下所示，溢额再保险责任的分配见表 6 - 2。

表 6 - 2　　溢额再保险责任分配　　单位：万元

原保险金额	自留额（自留比）	分保额（分保比）	其他
① 40	40（100%）	0	0
②100	50（50%）	50（50%）	0
③500	50（10%）	450（90%）	0
④600	50（9%）	500（91%）	50

超过合同容量的 50 万将放入其他合同或安排临时再保险，否则，仍由分出公司自负。

例 12　某保险人与再保险人分别签订了两份货运险溢额再保险合同，危险单位可按每一船或每一航次划分。分出公司自留额为 10 万美元，第一溢额合同限额为 10 线，第二溢额合同限额为 15 线。若原保险合同的保险金额如下所示，溢额再保险责任的分配见表 6 - 3。

表 6 - 3　　溢额保险责任分配　　单位：万元

船名 项目	A	B	C	D	合计
保险总额	5	50	200	250	505
自留额	5	10	10	10	35
第一溢额分保额	0	40	100	100	240
第二溢额分保额	0	0	90	140	230

2. 非比例再保险合同

非比例再保险合同是指以再保险分出人赔付款金额（实际损失）为自留额和分保额计算基础的一种再保险合同。该种再保险方式下，再保险分出人与再保险接受人并不是按照比例分配相关的保费和赔付款，而通常是规定两个限额：

一是再保险分出人自己承担的赔付限额；

二是再保险接受人承担的最高限额。

非比例再保险是在比例再保险承担补偿责任以后才承担补偿责任的再保险。非比

例再保险合同分为超额赔款再保险合同和赔付率再保险合同

超额赔款再保险合同：即指双方签署协议，对每一危险单位损失或者一次巨灾事故的累计责任损失规定一个自赔额，自赔额以上至一定限度由分保接受人负责。前者叫做险位超赔再保险；后者叫做事故超赔再保险。

例 13　分出公司自赔额为 100 万元；分入公司接受大于 100 万元、小于 300 万元的赔款责任限额。假若：

其一：实际赔款额为 100 万元；分出公司自赔 100 万元。

其二：实际赔款额为 400 万元；分出公司自赔 100 万元，分入公司接受赔款责任 300 万元。

其三：实际赔款额为 600 万元。分出公司自赔 100 万元，分入公司接受赔款责任限额为 300 万元。其余 200 万元损失将放入其他合同安排。否则，仍由分出公司自负。

例 14　一次事故分出公司自赔额为 500 万元，分保额为 400 万元。假设在一次巨灾事故中有三个危险单位受损，情况一：其损失金额分别为 100 万元、90 万元和 500 万元，共计 690 万元；情况二：其损失金额分别为 300 万元、500 万元和 550 万元，共计 1 350 万元。

第一种情况：分出公司自赔 500 万元，分入公司接受赔款责任 190 万元。

第二种情况：分出公司自赔 500 万元，分入公司接受赔款责任 400 万元。超出的 450 万元损失将放入其他合同安排。否则，仍由分出公司自负。

超额赔付率再保险：即以一定时期（一般为一年）的累计责任赔付率为基础计算责任限额，当实际赔付率超过约定的赔付率时，超过部分由分入公司负责一定限额。

即只有在分出公司的自负赔款超过约定的赔付率时，分入公司才负责赔偿。故，正确的确定赔付率限额很重要。一般在实收保费中，营业费用占 25%，净保险费占 75%。因此，划分分出公司和分入公司的责任可以以 75% 的赔付率为准。

一般分入公司接受的限额为营业费用的两倍，即已得保费的 50%。其只负责赔付率在 75% ~125% 之间的赔款，并有金额限制，在两者中以低者为限。

二、再保险合同的会计处理方法

(一) 预估法

预估法，是指再保险业务相关收入、费用在发生时确认。

例 15　华泰财产保险公司与苏黎士保险公司签订再保险合同，接受苏黎士保险公司分出的原保险业务。再保险合同起期后，第一个账单期预估分保费收入 680 万元，预估分保手续费 180 万元。

(1) 再保险业务相关收入、费用发生时华泰财产保险公司的会计处理为：

借：分保费用	1 800 000	
贷：应付分保账款——苏黎士保险公司		1 800 000
借：应收分保账款——苏黎士保险公司	6 800 000	
贷：保费收入		6 800 000

（2）当收到第一期分保业务账单，账单标明金额为：分保费收入 700 万元，分保手续费 189 万元，华泰财产保险公司的会计处理为：

分保费收入调整金额 = 700 - 680 = 20（万元）

分保手续费调整金额 = 189 - 180 = 9（万元）

借：分保费用　　90 000

　贷：应付分保账款——苏黎士保险公司　　90 000

借：应收分保账款——苏黎士保险公司　　200 000

　贷：保费收入　　200 000

（3）以后各账单期和收到账单时均比照第 2 项进行会计处理。

（二）账单法

账单法，是指再保险业务相关收入、费用在发出或收到分保业务账单时确认。

例 16　承上例，在账单法下，没有收到分保业务账单时，华泰财产保险公司不需要进行账务处理，收到第一期账单时，直接作如下账务处理：

借：分保费用　　1 890 000

　贷：应付分保账款——苏黎士保险公司　　1 890 000

借：应收分保账款——苏黎士保险公司　　7 000 000

　贷：保费收入　　7 000 000

CAS26 号要求分出业务采用预估法进行会计处理；分入业务一般采用预估法，也可以采用账单法。

再保险合同准则着重解决与再保险分出业务和分入业务有关的确认、计量和列报，尤其是分出业务的分出保费、摊回各项准备金、摊回分保费用的处理，分入业务的分保收入、分保费用、分保赔付成本的处理。

三、分出业务的会计核算

再保险分出业务又包括分出保费、摊回分保费用、摊回保险责任准备金、摊回的赔付支出等具体业务。即：

（1）再保险分出人应当在确认原保险合同保费收入的当期，按照相关再保险合同的约定，确定分出保费、应向再保险接受人摊回分保费用，同时确认应收分保未到期责任准备金；

（2）在提取原保险合同未决赔款准备金、寿险责任准备金、长期健康险责任准备金的当期，按照相关再保险合同的约定，确认相应的应收分保合同准备金资产，同时确认摊回保险责任准备金收入；

（3）在确定支付赔付款项金额或实际发生理赔费用的当期，按照相关再保险合同的约定，确定应向再保险接受人摊回的赔付支出等。

（一）应收分保准备金的确认

CAS26 第六条规定，原保险合同为非寿险原保险合同的，再保险分出人应当按照相关再保险合同的约定，计算确认相关的应收分保未到期责任准备金资产，并冲减提取未到期责任准备金。

再保险分出人应当在资产负债表日调整原保险合同未到期责任准备金余额时，相应调整应收分保未到期责任准备金余额。

CAS26 第八条规定，再保险分出人应在提取原保险合同未决赔款准备金、寿险责任准备金、长期健康险责任准备金的当期，按照相关再保险合同的约定，计算确定应向再保接受人摊回的相应准备金，确认为相应的应收分保准备金资产。

1. 确认原则

应收分保准备金与有关原保险合同准备金不得相互抵消。

2. 确认方法

（1）再保险分出人应当在确认非寿险原保险合同保费收入的当期，按照相关再保险合同的约定，计算确认相关的应收分保未到期责任准备金资产，并冲减提取未到期责任准备金。

（2）再保险分出人应当在提取原保险合同未决赔款准备金、寿险责任准备金、长期健康险责任准备金的当期，按照相关再保险合同的约定，计算确定应向再保险接受人摊回的相应准备金，确认为相应的应收分保准备金资产。

例 17　2006 年 12 月 2 日，A 保险公司与 B 保险公司签订一份成数分保财险再保险合同，将合同规定范围内的原保险业务向 B 公司办理分保。合同约定，分保比例为 10%；分保手续费以分出保费作为计算基础，分保手续费率为 25%；合同起期日为 2007 年 1 月 1 日，保险责任期间为一年。

2007 年 1 月 1 日，A 公司就该再保险合同规定业务范围内的某企业财产保险合同确认保费收入 12 万元；1 月 31 日，A 公司就某企业财产保险合同提取未到期责任准备金 11 万元；3 月 18 日，某企业财产保险合同约定的保险事故发生，至 3 月 31 日尚未结案定损，A 公司就该合同提取未决赔偿准备金 7 500 万元。

A 公司确认应收分保准备金的会计处理为：

（1）2007 年 1 月 31 日，确认应收分保未到期责任准备金。

A 公司应确认的对 B 公司应收分保未到期责任准备金 = 11 × 10% = 1.1 万元

借：应收分保未到期责任准备金　　11 000

　贷：提取未到期责任准备金　　11 000

（2）2007 年 3 月 31 日，确认应收分保未决赔款准备金。

A 公司应确认的对 B 公司应收分保未决赔款准备金 = 7 500 × 10% = 750 万元

借：应收分保未决赔款准备金　　7 500 000

　贷：摊回未决赔款准备金　　7 500 000

3. 应收分保准备金账面余额的调整

（1）应收分保未到期责任准备金的调整

再保险分出人在资产负债表日按照保险精算重新计算确定的未到期责任准备金额与已提取的未到期责任准备金余额的差额调整未到期责任准备金余额时，应按照相关再保险合同约定计算确定应收分保未到期责任准备金和提取未到期责任准备金的账面余额。

（2）应收分保未决赔款准备金、寿险责任准备金、应收分保长期健康险责任准备金的调整：再保险分出人对应收分保未决赔款准备金、寿险责任准备金、应收分保长期健康险责任准备金进行充足性测试而补提相关准备金时，应按照相关再保险合同约定计算确定相关应收分保准备金的增加金额，调整增加应收分保准备金和摊回责任准备金的账面余额。

4. 应收分保准备金的冲减或转销

（1）再保险分出人在确定支付赔付款项金额或实际发生理赔费用而冲减原保险合同未决赔款准备金、寿险责任准备金、长期健康险责任准备金余额的当期，应按照相关再保险合同约定计算确定相关应收分保准备金的相应冲减金额，冲减相关应收分保准备金和摊回责任准备金的账面余额。

（2）再保险分出人应当在原保险合同提前解除而转销相关未到期责任准备金、寿险责任准备金、长期健康险责任准备金余额的当期，转销相关应收分保准备金余额。

（二）分出保费

CAS26 第六条规定，再保险分出人应当在确认原保险合同保费收入的当期，按照相关再保险合同的约定，计算确定分出保费，计入当期损益。

例 18　2007 年 1 月 31 日，新华保险公司与邹岩签订一份意外伤害保险合同，保险金额为 400 万元，合同于 2007 年 2 月 1 日生效，保险期间为 1 年。邹岩在合同生效当日交保险费 15 000 元。该份保险合同属于新华保险公司与大华公司签订的再保险合同约定的范围。再保险合同约定：每一被保险人的意外险自留额为 100 万元，大华公司的分保额最高限额为 350 万元，分保手续费率为 30%。

新华公司分出保费的会计处理为：

分出保费 =［15 000 ×（4 000 000 − 1 000 000）÷4 000 000］= 11 250（元）

借：分出保费　　11 250

　贷：应付分保账款—大华公司　　11 250

（三）摊回分保费用

CAS26 第七条规定，再保险分出人应当在确认原保险合同保费收入的当期，按照相关再保险合同的约定，计算确定应向再保险接受人摊回的分保费用，计入当期损益。

在原保险合同的保费收入确认的当期，原保险合同还会发生佣金支出、手续费支出、营业费用和营业税金及附加等费用支出。按照再保险合同的约定，再保险接受人应向再保险分出人摊回分保费用以弥补其发生的这些费用。

例 19　在例 2 中，新华公司摊回分保费用的会计处理为：

借：应收分保账款——大华公司　　3 375（11 250 ×30%）

　贷：摊回分保费用　　3 375

CAS26 第十三条规定，再保险分出人应当根据相关再保险合同的约定，在能够计算确定应向再保接受人收取的纯益手续费时，将该项纯益手续费作为摊回分保费用，计入当期损益。

（四）摊回赔付成本

CAS26第九条规定，再保险分出人应当在确定支付赔款金额的当期，按照相关再保险合同的约定，计算确定应向再保险接受人摊回的赔付成本，计入当期损益。

例20　承例2，2007年10月3日，邹岩发生车祸死亡，新华公司确认了赔付成本400万元，并于10月21日向邹某家属支付了保险赔款。

新华公司确认应摊回赔付成本时应作如下会计处理：

摊回赔付支出＝［4 000 000×（4 000 000－1 000 000）÷4 000 000］
　　＝3 000 000（元）

借：应收分保账款——大华公司　　3 000 000
　贷：摊回赔付支出　　3 000 000

（保险会计事务中，凡是保险事故发生后当月内保险公司能够结案定损的，一般不提未决赔款准备金。故，在确认摊回赔付成本时不再转销相关的应收分保未决赔款准备金。）

例21　2007年4月30日，大地公司与客户张琳签订了一份人身意外伤害保险合同，保险金额为600万元，自2007年5月1日零时合同生效，保险期间为1年；张琳于合同生效当日趸交保费1.42万元，大地公司开始承担保险责任并确认了保费收入。该份人身意外伤害保险合同属于大地公司与德隆公司签订的溢额再保险合同约定的业务范围。该再保险合同约定：每一被保险人的意外险自留额为200万元，德隆公司分保额最高限额为500万元，分保手续费率为35%。2007年9月10日，被保险人张某发生车祸死亡，大地公司确定该事故属于全额赔偿责任范围，与事故发生当月确认了赔付成本600万元。2007年9月30日，大地公司向张某家属支付了保险赔款，该保险事故结案。大地公司账务处理如下：

（1）2007年5月，大地公司就该业务确认应向德隆公司分出的保费金额：

1.42（600－200）÷600＝0.946 67（万元）

借：分出保费　　9 466.70
　贷：应付分保账款——德隆公司　　9 466.70

（2）大地公司就该业务确认应向德隆公司摊回的分保费用金额：

0.946 67×35%＝0.331 23（万元）

借：应收分保账款——德隆公司　　3 312.30
　贷：摊回分保费用　　3 312.30

（3）2007年9月，大地公司就该业务确认应向德隆公司摊回的赔款金额

600（600－200）÷600＝400（万元）

借：应收分保账款——德隆公司　　4 000 000
　贷：摊回赔付支出　　4 000 000

（五）分出保费、摊回分保费用、摊回赔付成本的调整

（1）再保险分出人应当在原保险合同提前解除的当期，按照相关再保险合同的约

定，计算确定分出保费、摊回分保费用的调整金额，计入当期损益。

（2）再保险分出人应当在因取得和处置损余物资、确认和收到应收代位追偿款等而调整原保险合同赔付成本的当期，按照相关再保险合同的约定，计算确定摊回赔付成本的调整金额，计入当期损益。

（3）再保险分出人与再保险接受人约定采用浮动（或累进）分保手续费方式下，再保险分出人依据合同规定在能够计算确定实际分保手续费率而调整分保手续费时，应将调整金额计入当期损益。再保险分出人确认入账的分保手续费调整金额应为经再保险接受人确认一致后的金额。

四、分入业务的会计核算

再保险分入业务又包括收取分保费、支付分保手续费、支付分保赔付等具体业务。即：

（1）再保险接受人应及时确认分保费收入，根据相关再保险合同的约定，确定应当向再保险分出人摊回的分保费用，并及时提取有关责任准备金；

（2）当在收到分保业务账单的当期，及时核算分保赔付支出 。

（一）分保费收入

1. 分保费收入的确认

CAS26 第十五条规定，分保费收入应在同时满足“再保险合同成立并承担相应的保险责任”、“与再保险合同相关的经济利益很可能流入”和“与再保险合同相关的收入能够可靠地计量”的条件时，才能予以确认。并且再保险接受人应根据再保险合同的约定，计算确定分保收入金额。

由于再保险合同一般只是规定某一时期再保险所承保的业务范围和地区范围、自留额和分保额的计算基础、分保费及手续费的计算方法等，并未明确分保费的具体金额。因此，对分保费收入的核算可采用预估法。但是，当再保险接受人不能对分保费收入进行合理估计时，应采用账单法。

2. 分保费收入的调整（仅针对预估法）

当收到该期分保业务账单时，按照账单标明的金额进行调整，将调整金额记入当期损益。

（二）分保费用

1. 分保费用的确认

CAS26 第十六条规定，再保险分出人应当在确认原保险合同保费收入的当期，按照相关再保险合同的约定，计算确定应向再保险接受人摊回的分保费用，计入当期损益。

对于纯益手续费，再保险接受人应根据再保险合同的约定，将纯益手续费作为分保费用，计入当期损益，金额为双方确认一致的金额。

2. 分保费用的调整

再保险接受人应在调整分保费收入当期，根据分保费用率或实际账单标明分保费用金额计算调整相关分保费用，计入当期损益。

例22　2008年6月30日，甲公司与乙公司签订一份再保险合同，接受乙公司分出的原保险业务。再保险合同约定：保险责任从2008年7月1日到2009年7月1日整一年，分保比例为20%，分保手续费为30%。假设甲公司预估2008年7月与乙公司再保险合同项下的分保费收入金额为800万元。又假设甲公司于2008年8月12日，收到乙公司发来的分保业务账单，账单标明的分保费收入为900万元，分保手续费270万元。

2008年7月31日，甲公司分保费收入的会计处理如下：

借：应收分保账款——乙公司　8 000 000

　贷：保费收入　8 000 000

借：分保费用　2 400 000

　贷：应付分保账款——乙公司　2 400 000

2008年8月12日，甲公司作如下调整分录：

借：应收分保账款——乙公司　(9 000 000 - 8 000 000) 1 000 000

　贷：保费收入　1 000 000

借：分保费用　(2 700 000 - 2 400 000) 300 000

　贷：应付分保账款——乙公司　300 000

（三）分入业务准备金

CAS26第十九条规定，再保险接受人提取分保未到期责任准备金、分保未决赔款准备金、分保寿险责任准备金、分保长期健康险责任准备金，以及进行相关分保准备金充足性测试，比照《企业会计准则第25号——原保险合同》的相关规定处理。

即：如果原保险合同为非寿险保险合同，再保险接受人应根据本期分保费收入提取分保未到期责任准备金，作为分保费收入的调整，并确认分保未到期责任准备金负债。再保险接受人应当在资产负债表日，调整确认分保未到期责任准备金负债，作为分保费收入的调整；并在非寿险保险事故发生的当期，根据精算确定的金额提取相关的分保未决赔款准备金；并至少应当于每年年度终了，对分保未决赔款准备金进行充足性测试。

如果原保险合同为寿险保险合同，再保险接受人应当在确认寿险分保费收入的当期，根据精算确定的金额提取相关分保寿险责任准备金、分保长期健康险责任准备金；并至少应当于每年年度终了，对分保寿险责任准备、分保长期健康险责任准备金进行充足性测试。

（四）分保赔付成本的会计处理

CAS26第二十条规定，再保险接受人应当在收到分保业务账单的当期，按照账单标明的分保赔付款项金额，作为分保赔付成本，计入当期损益；同时，冲减相应的分保准备金余额。

分保业务账单是保险人之间履行保险合同约定、办理再保险业务和进行再保险资金结算的主要凭证。分保业务账单一般由再保险分出公司按季度编制。为了减少付款次数和不必要的汇款费用，再保险合同双方通常约定按照账单上各项应收应付款项相抵后的净额结算。

分保业务账单格式如下：

分保业务账单

分出公司名称：

分入公司名称：

账单期：　　　　　　　　　　　　　　　　业务年度：

合同名称：　　　　　　　　　　　　　　　币种：

借方		贷方	
项目	金额	项目	金额
分保手续费		分保费	
分保赔付费			
纯益手续费			
应付你方余额		应付我方余额	
合计			
备注			

经办人：　　　　　　　　复核人：　　　　　　　　批准人：

日期：

盖章：

例23　承例22，假设甲公司于2008年8月12日，收到乙公司发来的分保业务账单，账单标明的分保赔款金额为300万元，甲公司已提取的相应分保未决赔款准备金为200万元。

甲公司的会计处理如下：

借：分保赔付支出　　3 000 000

　贷：应付分保账款——乙公司　　3 000 000

借：未决赔款准备金　　2 000 000

　贷：提取未决赔款准备金　　2 000 000

本章小结：

保险合同，是指保险人与投保人约定保险权利义务关系，并承担源于被保险人保险风险的协议。保险合同的本质特征是承担被保险人的保险风险。按照危险损失转移的层次的分类，保险合同被划分为原保险合同和再保险合同。原保险合同，是指保险人向投保人收取保费，对约定的可能发生的事故因其发生所造成的财产损失承担赔偿保险金责任，或者当被保险人死亡、伤残、疾病或者达到约定的年龄、期限时承担给付保险金责任的保险合同。再保险合同，是指一个保险人（再保险分出人）分出一定的保费给另一个保险人（再保险接受人），再保险接受人对再保险分出人由原保险合同所引起的赔付成本及其他相关费用进行补偿的保险合同。保险人应当根据在原保险合同延长期内是否承担赔付保险金责任，将原保险合同分为寿险原保险合同和非寿险原保险合同。原保险合同延长期内承担赔付保险金责任的，应当确定为寿险原保险合同。原保险合同延长期内不承担赔付保险金责任的，应当确定为非寿险原保险合同。

确认保费收入应同时满足三个条件的，即：①原保险合同成立并承担相应保险责任。②与原保险合同相关的经济利益很可能流出。③与原保险合同相关的收入能够可靠地计量。对于非寿险原保险合同，应当根据原保险合同约定的保费总额确定保费收入。对于寿险原保险合同，分期收取保费的，应当根据当期应收取的保费确定；一次性收取保费的，应当根据一次性应收取的保费确定。原保险合同保费收入的核算具体又包括保费收入的核算和退保费的核算两方面的内容，设置和运用的主要账户包括“保费收入”、“预收保费”、“保户储金”和“退保金”等。

原保险合同准备金包括未到期责任准备金、未决赔款准备金、寿险责任准备金和长期健康险责任准备金。其中，未到期责任准备金、未决赔款准备金适应于非寿险原保险合同；寿险责任准备金和长期健康险责任准备金适应于寿险原保险合同。未决赔款准备金、寿险责任准备金、长期健康险责任准备金又称为保险责任准备金。

未到期责任准备金的实质是未赚取的保费收入。未决赔款准备金、寿险（长期健康险）责任准备金的实质是保险人的现实义务。原保险合同准备金的核算设置和运用的主要账户包括“提取未到期责任准备金”、“未到期责任准备金”、“提取保险责任准备金”和“保险责任准备金”等。此外，保险人至少应当于每年年度终了，对未决赔款准备金、寿险责任准备金、长期健康险责任准备金进行充足性测试。

原保险合同成本，是指原保险合同发生的、会导致所有者权益减少的、与向所有者分配利润无关的经济利益的总流出。原保险合同成本主要包括：发生的手续费或佣金支出、赔付成本，以及提取的未决赔款准备金、寿险责任准备金、长期健康险责任准备金等。其中赔付成本包括保险人支付的赔款、给付，以及在理赔过程中发生的律师费、诉讼费、损失检验费、相关理赔人员薪酬等理赔费用。保险人在取得原保险合同过程中发生的手续费、佣金，应当在发生时计入当期损益。保险人按照保险精算确定提取的未决赔款准备金、寿险责任准备金、长期健康险责任准备金，计入当期损益。保险人应当在确定支付赔付款项金额（或实际发生理赔费用）的当期，按照确定支付的赔付款项金额（或按照实际发生的理赔费用金额）计入当期损益；同时，冲减相应的未决赔款准备金、寿险责任准备金、长期健康险责任准备金余额。保险人承担赔偿保险金责任取得的损余物资，应当按照同类或类似资产的市场价格计算确定的金额确认为资产，并冲减当期赔付成本。保险人承担赔付保险金责任应收取的代位追偿款，同时满足相应条件下，应当确认为应收代位追偿款，并冲减当期赔付成本。原保险合同成本的核算设置和运用的主要账户包括“赔付支出”、“预付账（赔付）款”、“应收代位追偿款”和“损余物资”等。

再保险合同基本业务包括分出业务与分入业务。其中，分出业务是指再保险分出公司转移出的保险业务；分入业务是指再保险分入公司接受分入的保险业务。再保险分出业务包括分出保费、摊回分保费用、摊回保险责任准备金、摊回的赔付支出等具体业务；再保险分入业务又包括收取分保费、支付分保手续费、支付分保赔付款等具体业务。按自留额与分保额计算的基础不同再保险合同分为比例再保险合同和非比例再保险合同。再保险合同的会计处理方法包括预估法（即指再保险业务相关收入、费用在发生时确认）和账单法（即指再保险业务相关收入、费用在发出或收到分保业务账单时确认）两种。对再保险分出业务的核算设置和运用的主要账户有“应收分保未到期责任准备金”、“应收分保未决赔款准备金”、“摊回未决赔款准备金”、“分出保费”、“应付分保账款”、“摊回分保费用”和“摊回赔付支出”等。对再保险分入业务的核算设置和运用的主要账户有“分保费收入”、“分保费用”、“分保赔付支出”、“应付分保账款”等。

值得一提的是“保险会计新准则”的实施对保险业务的会计处理带来了较大的影响。

复习思考题：

1. 简述保险合同的分类。
2. 确认保费收入的条件是什么？两类原保险合同保费收入确认的区别是什么？
3. 原保险合同准备金包括哪四种？其是如何划分的？
4. 原保险合同成本主要包括哪些项目？
5. 再保险合同有何特点？
6. 再保险分出业务和分入业务包含哪些具体业务内容？

第七章 证券业务的核算

本章提要：新《中华人民共和国证券法》取消了综合类和经纪类证券公司的划分，重新界定了证券公司的业务范围。根据第一百二十五条规定，经国务院证券监督管理机构批准，证券公司可以经营下列部分或者全部业务：（一）证券经纪；（二）证券投资咨询；（三）与证券交易、证券投资活动有关的财务顾问；（四）证券承销与保荐；（五）证券自营；（六）证券资产管理；（七）其他证券业务。与之对应，《证券公司风险控制指标管理办法》要求证券公司经营不同业务，应符合相应的净资本绝对指标和相对指标标准，以此实现证券公司业务范围与其净资本水平相匹配。《关于证券公司风险资本准备计算标准的规定》使得公司各项业务均有相应的净资本来支撑，实现了对各项业务规模的间接控制；同时，直接控制部分高风险业务规模，从而建立了各项业务规模与净资本水平动态挂钩机制。随着我国证券市场的发展，通过证券会计来加强证券公司的经营管理就显得更加迫切。本章包含三节内容，分别对证券经纪业务、证券自营业务和证券承销业务的核算加以了介绍。

第一节 证券经纪业务的核算

证券经纪业务，是指公司代客户（投资者）买卖证券的活动。具体又包括：代理买卖证券业务、代理兑付证券业务、代理保管证券业务。券商在开展本项业务时，不垫付资金，不赚取差价，仅仅是取得手续费（或佣金）收入。

根据《证券公司监督管理条例》第三十七条 证券公司从事证券经纪业务，应当对客户账户内的资金、证券是否充足进行审查。客户资金账户内的资金不足的，不得接受其买入委托；客户证券账户内的证券不足的，不得接受其卖出委托。第四十条 证券公司向客户收取证券交易费用，应当符合国家有关规定，并将收费项目、收费标准在营业场所的显著位置予以公示。

一、设置和运用的账户

（1）“代理买卖证券款”账户是负债类账户。核算证券公司接受客户委托，代理买卖股票、债券、基金和其他有价证券而由客户缴存的款项，以及公司代客户认购新股的款项、代客户领取的现金股利和债券利息、代客户向证券交易所支付的配股款等。

（2）“代理兑付证券”账户是资产类账户。核算证券公司接受客户委托代理兑付到期的证券。本账户借方登记收到客户交来的代兑付实物券金额，贷方登记公司向委托单位交回已兑付的实物券。借方余额，反映已兑付但未交付的债券。

如果委托单位尚未拨付兑付资金的，该账户借方登记收到客户交来的代兑付实物券金额，贷方登记向委托单位交回已兑付的债券并收回垫付的资金数。期末借方余额，反映企业已兑付但尚未收到委托单位兑付资金的证券余额。

本账户应按委托单位和债券种类设置明细账。

(3)“代理兑付证券款”账户是负债类账户。核算证券公司接受客户委托代理兑付证券而收到的委托单位预付的兑付资金。公司代兑付无记名债券时，本账户的贷方登记收到委托单位的兑付资金，借方登记公司向委托单位交回已兑付的债券；公司代兑付记名债券时，贷方登记收到委托单位的兑付资金，借方登记已兑付的债券本息。期末贷方余额，反映公司已收到但尚未兑付的代兑付债券款余额。

本账户应按委托单位和债券种类设置明细账。

(4)“结算备付金”账户是资产类账户。核算证券公司为证券交易的资金清算与交收而存入指定清算代理机构的款项。企业向客户收取的结算手续费、向证券交易所支付的结算手续费，也在本账户核算。将款项存入清算代理机构，借记本账户，贷记“银行存款”账户；从清算机构划回资金，借记“银行存款”账户，贷记本账户。期末借方余额，反映企业存入指定清算代理机构尚未使用的款项。

本账户应设置“公司”、“客户”两个明细账户。

二、账务处理

(一) 客户证券交易保证金的核算

(1) 客户以自己的名义在指定的存管银行开立交易结算资金账户后，存管银行应为证券公司开立客户交易结算资金存管专户以集中反映所有客户交易保证金情况。当开设专户并已交存款项时：

借：银行存款

  贷：代买卖证券款——××户

(2) 客户日常存款（分录同上）

(3) 客户取款：

借：代买卖证券款——××户

  贷：银行存款

(4) 按季计提客户存款利息：

借：利息支出

  贷：应付款项——应付客户资金利息

(5) 客户资金专户统一结息：

借：应付款项——应付客户资金利息

  利息支出

  贷：代买卖证券款——××户

(6) 公司代为客户在证券交易所开设清算资金专户，将客户资金划入指定的清算代理机构：

借：结算备付金——××客户

　贷：银行存款

（二）代理买卖证券业务的核算（一定是根据券商当日买入卖出净额进行核算）

（1）企业接受客户委托，通过上交所或深交所买卖证券，与客户清算时，如果买入证券成交总额大于卖出证券成交总额：

借：代理买卖证券款（买卖证券成交价的差额＋代扣代缴的印花税费＋应向客户收取的手续费佣金）

　贷：结算备付金——客户（同上）

同时：

借：手续费及佣金支出（即公司应负担的交易费用）

　　结算备付金——自有（公司应向客户收取的手续费及佣金与公司应负担的交易费用的差额）

　贷：手续费及佣金收入（向客户收取的手续费及佣金）

（2）公司接受客户委托，通过上交所或深交所买卖证券，与客户清算时，如果卖出证券成交总额大于买入证券成交总额：

借：结算备付金——客户（买卖证券成交价的差额＋代扣代缴的印花税费＋应向客户收取的手续费及佣金）

　贷：代理买卖证券款（同上）

同时：手续费收、支的核算同上。

例1　客户王红委托宏源证券公司当日买入A股票，卖出B股票。

（1）假设买入A股票的成交总额为100 000元，卖出B股票的成交总额为90 000元。应向客户收取的交易费用率为0.2%，印花税为单边收取，税率为0.1%。证券公司负担的交易费用率为0.05%。

（2）假设买入A股票的成交总额为95 000元，卖出B股票的成交总额为110 000元。税、费率同上。

分析①：买入A股票的成交总额为10万元，卖出B股票的成交总额为9万元，买入大于卖出，净额（净支出）为1万元。同时，券商应向客户收取的手续费为（10万元＋9万元）×0.2%＝380元；应向客户代收的印花税为9万元×0.1%＝90元；券商应支付的交易费用为（10万元＋9万元）×0.05%＝95元。宏源证券公司账务处理如下：

借：代理买卖证券款	10 470
贷：结算备付金——王红	10 470
同时：借：手续费及佣金支出	95
结算备付金——公司	285
贷：手续费及佣金收入	380

分析②：买入A股票的成交总额为9.5万元，卖出B股票的成交总额为11万元，

卖出大于买入，净额（净收入）为1.5万元。同时，券商应向客户收取的手续费为（9.5万元+11万元）×0.2%=410元；应向客户代收的印花税为11万元×0.1%=110元；券商应支付的交易费用为（9.5万元+11万元）×0.05%=102.5元。

借：结算备付金——王红　　14 480
　贷：代理买卖证券款　　14 480
同时：借：手续费及佣金支出　　102.5
　　　　　结算备付金——自有　　307.5
　　　贷：手续费及佣金收入　　410

（三）代理兑付证券业务的核算

代理兑付证券，是指证券公司接受委托代理国家或企业兑付到期债券的业务。代理兑付债券业务的证券公司一般不垫付资金，而是先由债券发行人拨付一部分资金。代理兑付债券业务结束后，证券公司将已兑付的债券交付债券发行人，收取相应的手续费。

1. 接受委托代兑付无记名证券（已拨付资金）

（1）收到委托单位拨付的兑付资金

借：银行存款
　贷：代理兑付证券款

（2）收到客户交来的实物券

借：代兑付证券
　贷：银行存款

（3）兑付期结束，向委托单位交回已兑付的实物券，同时退还尚未使用的兑付资金。

借：代理兑付证券款
　贷：代兑付证券
　　　银行存款

（4）收取代理兑付证券手续费收入

借：银行存款
或：　应收手续费及佣金
　贷：手续费及佣金收入

2. 接受委托代兑付无记名证券（未拨付资金）

（1）收到客户交来的实物券

借：代兑付证券
　贷：银行存款

（2）向委托单位交回已兑付的实物券，同时收回已兑付的垫付资金

借：银行存款
　贷：代兑付证券

(3) 收取代理兑付证券手续费收入

借：银行存款

或：应收手续费及佣金

　贷：手续费及佣金收入

例2　华西证券公司代理A公司兑付到期的无记名债券（实物券），6月1日收到A公司的兑付资金1 000万元，截止到6月底兑付期结束，华西证券公司兑付的债券共计1 000万元。兑付期结束，收到手续费4万元。

分析：这是一笔收到了委托单位兑付资金的代理兑付无记名债券的业务。应编制的会计分录如下：

(1) 收到A公司的兑付资金时：

借：银行存款	10 000 000	
贷：代理兑付证券款——A公司		10 000 000

(2) 兑付期结束，收到客户交来的实物券金额时：

借：代兑付证券——A公司	10 000 000	
贷：银行存款		10 000 000

(3) 兑付期结束，向委托单位A公司交回已兑付的实物券时：

借：代理兑付证券款——A公司	10 000 000	
贷：代兑付证券——A公司		10 000 000

(4) 收取代理兑付证券手续费收入时：

借：银行存款	40 000	
贷：手续费及佣金收入		40 000

2. 接受委托代兑付记名证券

(1) 收到委托单位的兑付资金

借：银行存款

　贷：代理兑付证券款

(2) 收到客户交来的证券

借：代理兑付证券款

　贷：银行存款

(3) 收取代理兑付证券手续费收入

借：银行存款

或：应收手续费及佣金

　贷：手续费及佣金收入

例3　联合证券公司代理兑付B公司记名债券（无纸化债券）。8月5日收到委托单位B公司的兑付资金450万元。截止8月底，公司共兑付债券450万元。收到B公司支付的手续费1.5万元。

分析：这是一笔收到了委托单位兑付资金的代理兑付记名债券的业务。应编制的会计分录如下：

(1) 收到委托单位的兑付资金时：

借：银行存款　　4 500 000
　贷：代理兑付证券款——B 公司　　4 500 000

（2）兑付期结束时：

借：代理兑付证券款——B 公司　　4 500 000
　贷：银行存款　　4 500 000

（3）收取代理兑付证券手续费收入时：

借：银行存款　　15 000
　贷：手续费及佣金收入　　15 000

（四）代保管证券业务的核算

代保管证券业务是指证券公司接受客户委托代理保管有价证券的业务。代理保管证券业务不需要单独设置表内账户核算，不论采用何种代保管方式，均需在专设的备查簿中记录代保管证券的情况。代保管证券业务的手续费收入，应在代保管服务完成时确认为收入。

第二节　证券自营业务的核算

证券自营业务，是指公司以自己的名义，使用公司自有资金和依法筹资在证券交易所或场外交易市场买卖各种证券以获取利润并承担交易风险的各项业务。具体又包括：买入证券业务和卖出证券业务。

根据《证券公司监督管理条例 》第四十一条 证券公司从事证券自营业务，限于买卖依法公开发行的股票、债券、权证、证券投资基金或者国务院证券监督管理机构认可的其他证券。第四十四条 证券公司从事证券自营业务，自营证券总值与公司净资本的比例、持有一种证券的价值与公司净资本的比例、持有一种证券的数量与该证券发行总量的比例等风险控制指标，应当符合国务院证券监督。

一、设置和运用的账户

1. “交易性金融资产”资产类账户

本科目核算企业为交易目的所持有的债券投资、股票投资、基金投资等交易性金融资产的公允价值。本科目期末借方余额，反映企业交易性金融资产的公允价值。

本科目应当按照交易性金融资产的类别和品种，分别“成本”、“公允价值变动”进行明细核算。

2. “公允价值变动损益”损益类账户

本科目核算企业交易性金融资产、交易性金融负债，以及采用公允价值模式计量的投资性房地产、衍生工具、套期保值业务等公允价值变动形成的应计入当期损益的利得或损失。本科目应当按照交易性金融资产、交易性金融负债、投资性房地产等进行明细核算。

3.“投资收益”损益类账户

本科目核算企业确认的投资收益或投资损失。本科目按投资项目进行明细核算。

4.“持有至到期投资”资产类账户

本科目核算企业持有至到期投资的摊余成本。期末余额反映企业持有至到期投资的摊余成本。

本科目应当按照持有至到期投资的类别和品种，分别“成本”、“利息调整”、“应计利息”等进行明细核算。

5.“持有至到期投资减值准备”资产类账户

本科目核算企业持有至到期投资的减值准备。

本科目应当按照持有至到期投资类别和品种进行明细核算。

6.“可供出售金融资产”资产类账户。本科目核算企业持有的可供出售金融资产的公允价值，包括划分为可供出售的股票投资、债券投资等金融资产。

本科目应当按照可供出售金融资产类别或品种，分别“成本”、“利息调整”、“应计利息”、“公允价值变动”等进行明细核算。

7.“资产减值损失”费用类账户

本科目核算企业计提各资产减值准备所形成的损失。

本科目可按资产减值损失项目进行明细核算。

二、账务处理

（一）公司买入交易性金融资产

1. 取得时

借：交易性金融资产——成本（按公允价值计入）

　　投资收益（按相关交易费用计入）

　　应收股利或应收利息（取得交易性金融资产所支付价款中包含的已宣告发放的现金股利或债券利息）

　贷：结算备付金——公司

2. 在持有期间

按合同规定计算确定的利息或现金股利时，计入“投资收益”。

借：结算备付金——公司

　贷：投资收益

3. 资产负债表日

交易性金融资产的公允价值高于其账面余额的差额，

借：交易性金融资产——公允价值变动

　贷：公允价值变动损益

交易性金融资产的公允价值低于其账面余额的差额，

借：公允价值变动损益

　贷：交易性金融资产——公允价值变动

4. 出售

出售交易性金融资产时，

借：结算备付金——公司（实际收到的金额）

（或：投资收益）

　贷：交易性金融资产——成本

　　　　　　　　　——公允价值变动

　　　投资收益

同时，借记或贷记“公允价值变动损益”科目，贷记或借记“投资收益”科目。

例4　中信证券公司2007年1月5日购入B债券，面值为100万元，票面利率3%，按年付息，到期还本。该债券投资划分为交易性金融资产。取得时，支付价款103万元（含已到付息期尚未支付利息3万元），另支付交易费用2万元。2007年1月10日收到已到付息期尚未支付的利息3万元；该年12月31日，B债券的公允价值为110万元。2008年10月6日将该债券处置，售价为120万元。中信证券公司账务处理如下：

（1）取得B债券时：

借：交易性金融资产——成本　　1 000 000

　　投资收益　　20 000

　　应收利息　　30 000

　贷：结算备付金——公司　　1 050 000

（2）2007年1月10日收到已到付息期尚未支付的利息3万元：

借：结算备付金——公司　　30 000

　贷：应收利息　　30 000

（3）该年12月31日（资产负债表日）用公允价值进行后续计量：

借：交易性金融资产——公允价值变动　　100 000

　贷：公允价值变动损益　　100 000

（4）2008年1月10日收到2007年利息3万元：

借：结算备付金——公司　　30 000

　贷：投资收益　　30 000

（5）2008年10月6日，处置B债券：

借：结算备付金——公司　　1 200 000

　贷：交易性金融资产——成本　　1 000 000

　　　　　　　　　　——公允价值变动　　100 000

　　　投资收益　　100 000

同时：

借：公允价值变动损益　　100 000

　贷：投资收益　　100 000

（二）购入持有至到期的债券

1. 取得时

——按投资的面值，借记“持有至到期投资——成本”

——支付的价款中包含已宣告发放债券利息借记“应收利息”

——取得投资时贷记“结算备付金——自有”

——按其差额，借记或贷记“持有至到期投资——利息调整”

2. 资产负债表日

对分期付息，一次还本的债券投资：

借：应收利息（按成本和票面利率）

（或：持有至到期投资——利息调整）

贷：投资收益（按摊余成本和实际利率）

持有至到期投资——利息调整（按差额）

对一次还本付息债券投资：

借：持有至到期投资——应计利息（按成本和票面利率）

（或：持有至到期投资——利息调整）

贷：投资收益（按摊余成本和实际利率）

持有至到期投资——利息调整（按差额）

持有至到期的投资发生减值：

借：资产减值损失

贷：持有至到期投资减值准备

已计提减值准备的持有至到期投资价值以后又得以恢复，应在原已计提的减值准备金额内，按恢复增加的金额：

借：持有至到期投资减值准备

贷：资产减值损失

3. 出售持有至到期投资

借：结算备付金——公司

• 贷：持有至到期投资——（成本、利息调整、应计利息）

借记或贷：投资收益

同时，转销减值准备。

例5 2007年1月1日，中国银河证券公司购买了一项5年期的金融债券，实际支付价款为4 400万元，另支付了1万元的交易费用。该项债券投资归类为持有至到期投资进行核算和管理，该债券面值为5 000万元，票面利率为5%，每年年末支付利息，发行人无权提前赎回该债务工具。中国银河证券公司账务处理如下：

（1）取得该金融债券时：

借：持有到期的投资——成本	50 000 000
贷：结算备付金——公司	44 010 000
持有至到期投资——利息调整	5 990 000

（2）经计算该债券的实际利率为8%。

（3）每年年末应收到的利息、应确认的投资收益及年末摊余成本的计算如表7－1所示。

表7－1　　单位：万元

年度	年初摊余成本 ①	利息收入 ②＝①×8%	现金流量 ③＝面值×5%	年末摊余成本 ④＝①＋②－③
2007	4 401	352.08	250	4 503.08
2008	4 503.08	360.25	250	4 613.33
2009	4 613.33	369.07	250	4 732.40
2010	4 732.40	378.59	250	4 860.99
2011	4 860.99	389.01	250＋5 000	0

（4）每年年末（资产负债表日）

①2007年12月31日

借：应收利息　　2 500 000

　　持有至到期投资——利息调整　　1 020 800

　贷：投资收益　　3 520 800

②2008年12月31日

借：应收利息　　2 500 000

　　持有至到期投资——利息调整　　1 102 500

　贷：投资收益　　3 602 500

③2009年12月31日

借：应收利息　　2 500 000

　　持有至到期投资——利息调整　　1 190 700

　贷：投资收益　　3 690 700

④2010年12月31日

借：应收利息　　2 500 000

　　持有至到期投资——利息调整　　1 285 900

　贷：投资收益　　3 785 900

⑤2011年12月31日

借：应收利息　　2 500 000

　　持有至到期投资——利息调整　　1 390 100

　贷：投资收益　　3 890 100

假设中国银河证券公司因持有能力发生变化，于2009年4月1日出售该债券投资，实际收到金额为4 700万元。

借：结算备付金——公司　　47 000 000

　　持有到期的投资——利息调整　　3 866 700

贷：持有到期的投资——成本　　50 000 000

投资收益　　866 700

例6　2007年1月1日，宏源证券公司以“折价”方式购买了甲公司发行的5年期金融债券，债券面值总额为500万元，实际支付债券款项为488万元，另支付手续费2万元。假设合同利率为10%。宏源证券公司将购买的债券划分为持有至到期的投资，初始确认该持有至到期投资时计算出实际利率为10.53%。

2009年12月31日，有客观证据表明甲公司发生严重的财务困难，宏源证券公司据此认定对甲公司的持有至到期投资发生了减值，并预期2010年12月31日将收到利息50万元，但2011年12月31日仅收到本金250万元。

试确认2009年12月31日宏源证券公司的持有至到期投资的减值损失并编制相关会计分录。

分析：宏源证券公司的持有至到期投资的减值损失的确认应根据2009年12月31日该持有至到期投资的摊余成本与未来现金流量现值之间的差额确定。而要确认2009年12月31日该持有至到期投资的摊余成本就要求计算出2007年、2008年的年末摊余成本。具体处理如下：

2007年年初该持有至到期投资的摊余成本为：490（万元）

2007年年末该持有至到期投资的摊余成本为：$490+490\times10.53\%-500\times10\%=491.597$（万元）

2008年年末该持有至到期投资的摊余成本为：$491.597+491.597\times10.53\%-500\times10\%=493.362$（万元）

2009年年末该持有至到期投资的摊余成本为：$493.362+493.362\times10.53\%-500\times10\%=495.313$（万元）

2009年年末该持有至到期投资预计未来现金流量现值：

$50\times(1+10.53\%)-1+250\times(1+10.53\%)-2=249.871$（万元）

2009年年末该持有至到期投资的减值损失是：

$495.313-249.871=245.442$（万元）

宏源证券公司确认资产减值损失后应编制：

借：资产减值损失　　245.442

贷：持有至到期投资减值准备　　245.442

（三）购入可供出售金融资产的核算

1. 取得时

应按可供出售金融资产的公允价值与交易费用之和，借记“可供出售金融资产——成本”，按支付的价款中包含的已宣告但尚未发放的现金股利，借记“应收股利”，按实际支付的金额，贷记“结算备付金——公司”等科目。

若是债券投资，应按债券的面值，借记“可供出售金融资产——成本”，按支付的价款中包含的已到付息期但尚未领取的利息，借记“应收利息”，按实际支付的金额，贷记“结算备付金——公司”等科目，按差额，借记或贷记“可供出售金融资产——利息调整”。(这说明此种情况下，交易费用是反映在“利息调整”里。)

2. 资产负债表日

可供出售债券为分期付息、一次还本债券投资的，应按票面利率计算确定的应收未收利息，借记“应收利息”科目，按可供出售债券的摊余成本和实际利率计算确定的利息收入，贷记“投资收益”科目，按其差额，借记或贷记“可供出售金融资产——利息调整”。

可供出售债券为一次还本付息债券投资的，应按票面利率计算确定的应收未收利息，借记“可供出售金融资产——应计利息”，按可供出售债券的摊余成本和实际利率计算确定的利息收入，贷记“投资收益”科目，按其差额，借记或贷记“可供出售金融资产——利息调整”。

可供出售权益工具投资的现金股利，应当在被投资单位宣告发放股利时计入当期损益。

资产负债表日，可供出售金融资产的公允价值高于其账面余额的差额，借记“可供出售金融资产——公允价值变动”，贷记“资本公积——其他资本公积”科目；公允价值低于其账面余额的差额，做相反的会计分录。

资产负债表日，若确定可供出售金融资产发生减值时，即使该金融资产未终止确认，原直接计入所有者权益中的因公允价值下降形成的累计损失，应当予以转出，计入当期损益。会计分录：

借：资产减值损失

　贷：资本公积——其他资本公积

　　可供出售金融资产——公允价值变动

减值后恢复：

对债务工具：

借：可供出售金融资产——公允价值变动

　贷：资产减值损失

对权益工具（且不含无报价，公允价值不能可靠计量的权益工具）：

借：可供出售金融资产——公允价值变动

　贷：资本公积——其他资本公积

3. 出售

例 7　国泰君安证券公司，于 2007 年 6 月 1 日购入 A 公司股票 500 000 股，按当时每股市价 8.8 元以银行存款支付 4 400 000 元，交易费用 8 800 元。初始确认时将该项投资归类为可供出售金融资产。国泰君安证券公司账务处理如下：

借：可供出售金融资产——成本　　4 408 800

　贷：结算备付金——公司　　4 408 800

例 8　承例 7，假设 2007 年 6 月 30 日 A 公司股票市价为每股 9 元，该项股票投资属于可供出售金融资产的投资，每股公允价值上涨 0.2 元，合计 100 000 元。国泰君安证券公司账务处理如下：

借：可供出售金融资产——公允价值变动　　100 000

贷：资本公积——其他资本公积 100 000

假设2007年12月31日该股票上涨至每股9.2元，国泰君安证券公司账务处理如下：

借：可供出售金融资产——公允价值变动 100 000

贷：资本公积——其他资本公积 100 000

假设2008年1月5日以每股9元出售，国泰君安证券公司账务处理如下：

借：结算备付金——公司 4 500 000

资本公积——其他资本公积 200 000

贷：可供出售金融资产——成本 4 408 800

——公允价值变动 200 000

投资收益 91 200

例9 承例7，该可供出售投资，以公允价值计量，则可供出售金融资产的成本为4 408 800元。假设2007年6月30日该股票上涨至每股9.0元，公允价值变动100 000元计入所有者权益（即“资本公积—其他资本公积”）。假设2007年12月31日该公司因财务丑闻及财务状况恶化，股票下跌至每股8.7元，公允价值变动计入所有者权益，国泰君安证券公司账务处理如下：

借：资本公积——其他资本公积 150 000

贷：可供出售金融资产——公允价值变动 150 000

假设2008年6月30日，A公司因财务状况进一步恶化，股票停止交易即将退市，该投资发生严重减值，估计公允价值为每股4.5元。将原直接计入所有者权益的累计损失50 000元（150 000-100 000），从所有者权益中转出，连同公允价值下降的差额2 100 000元［(8.7-4.5) ×500 000］计入当期损益。国泰君安证券公司账务处理如下：

借：资产减值损失 2 150 000

贷：资本公积——其他资本公积 50 000

可供出售金融资产——公允价值变动 2 100 000

对于可供出售的权益性投资减值损失不得通过损益转回，而对于可供出售的债务工具投资，公允价值上升，可以通过损益转回。

根据公司执行《企业会计准则》有关核算问题的规定（中国证券监督管理委员会证监会计字［2007］34号）：证券公司持有的对上市公司具有重大影响以上的限售股权，应当作为长期股权投资，视对上市公司的影响程度分别采用成本法或权益法核算；证券公司持有的对上市公司不具有控制、共同控制或重大影响的限售股权，应当划分为可供出售金融资产。证券公司持有的集合理财产品，应当划分为可供出售金融资产。

直接投资业务形成的投资，在被投资公司股票上市前，应当作为长期股权投资，视对被投资公司的影响程度分别采用成本法或权益法核算；在被投资公司股票上市后，如对被投资公司存在控制、共同控制或重大影响，应当继续作为长期股权投资，并视对被投资公司的影响程度分别采用成本法或权益法核算；如对被投资公司不具有控制、共同控制或重大影响应当于被投资公司股票上市之日将该项投资转作可供出售金融资产，并按《企业会计准则第22号——金融工具确认和计量》进行初始及后续计量。上述划分为可供出售金融资产的投资，限售期结束后不得重新分类至其他类别金融资产。

对存在活跃市场的投资品种，如报表日有成交市价，应当以当日收盘价作为公允价值。如报表日无成交市价且最近交易日后经济环境未发生重大变化的，应当以最近交易日收盘价作为公允价值；如报表日无成交市价且最近交易日后经济环境发生了重大变化的，应当在谨慎性原则的基础上采用适当的估值技术，审慎确定公允价值。对交易明显不活跃的投资品种，应当采用适当的估值技术，审慎确定公允价值。

附有限售条件的股票等投资的公允价值，应当按《关于证券投资基金执行〈企业会计准则〉估值业务及份额净值计价有关事项的通知》（证监会计字［2007］21号）中规定的原则确定。

第三节　证券承销业务的核算

证券承销业务，是指公司接受证券发行人的委托，代发行人发行证券的活动。按照委托程度及承销商所承担的责任不同，证券承销业务具体又包括：全额包销方式的承销业务、余额包销方式的承销业务和代销方式的承销业务。其中：全额承购包销是指承销商接受发行人的全权委托，承担将本次发行的全部证券销售给投资者的职责。在该种方式中，承销商一般从发行者那里以自己的名义一次性将所发行的债券或股票全部买入，然后再将它们向社会公众出售。向社会公众出售的数量少于公司委托发行的数量，则余额就由承销商全部承购。余额承购包销是指承销商接受发行人的委托，代理发行人发行本次证券，如果在规定的时间内，还有剩余没有销售出去，则由承销商认购全部未销售出去的证券余额。代销方式是指承销商接受发行人的委托，代理发行人发行本次证券，如果在规定的时间内，还有剩余没有销售出去，则由承销商退还全部未销售出去的证券余额给发行人。

（一）设置和运用的账户

（1）“承销证券”资产类账户。本账户核算公司接受委托采用全额承购包销方式承销的股票、债券等证券的价值。本科目按委托单位和承销证券的种类设置明细账。期末借方余额，反映公司尚未售出的承销证券的价值。

（2）“代理承销证券款”负债类账户。本账户核算企业接受委托采用余额承购包销方式或代销方式承销证券所形成的应付证券发行人的承销资金。本科目按委托单位和承销证券的种类设置明细账。期末贷方余额，反映公司承销证券尚未支付给委托单位的款项。

（3）“证券承销”损益类账户。本账户核算公司采用全额承购包销方式承销证券的发行收入、发行成本和发行费用。采用余额承购包销方式和代销方式承销证券收取的手续费收入，以及相关的发行费用，也在本科目核算。本科目按委托单位和承销证券的种类设置明细账。期末本科目余额结转“本年利润”后应无余额。

（4）“交易性金融资产”资产类账户。本科目核算企业为交易目的所持有的债券投资、股票投资、基金投资等交易性金融资产的公允价值。本科目期末借方余额，反映企业交易性金融资产的公允价值。

本科目应当按照交易性金融资产的类别和品种，分别“成本”、“公允价值变动”进行明细核算。

（5）“长期股权投资”资产类账户。核算企业采用成本法和权益法核算的长期股权投资。

本科目应当按照投资单位进行明细核算。

长期股权投资采用权益法核算的，还应当分别“成本”、“损益调整”、“其他权益变动”进行明细核算。

二、账务处理

（一）采用全额承购包销方式代发行的证券

（1）按承购价认购

借：承销证券

　贷：银行存款

（2）将证券转售给投资者，按承销价：

借：银行存款

　贷：证券承销

（3）结转售出证券的实际成本：

借：证券承销

　贷：承销证券

（4）承销期结束，未售出证券的结转，按承购价：

借：交易性金融资产

或　可供出售金融资产等

　贷：承销证券

例10　东方证券公司接受甲公司的委托，以全额承购包销方式代理发行股票1 000万股，承购价每股5元，发行价每股5.2元，网上发行结束，共售出980万股，公司应支付上网费60 000元，未售出的2万股确定为交易性金融资产。

借：承销证券——代发行甲公司股票　50 000 000

　贷：银行存款　50 000 000

借：银行存款　（5.2×980万股－6万元）50 900 000

　贷：证券承销　50 900 000

借：证券承销　49 000 000（5×980万股）

　贷：承销证券　49 000 000

借：交易性金融资产——成本　1 000 000

　贷：承销证券　1 000 000

（二）采用余额承购包销方式承销的证券

1. 承销的无记名证券

（1）收到委托单位委托发行的证券，只需在专设的备查账簿中记录承销证券的情况。

（2）在约定的期限内售出，按承销价：

借：银行存款

贷：代理承销证券款

（3）未售出的部分，按承销价：

借：交易性金融资产等

贷：代理承销证券款

（4）承销期结束，所集资金付给委托单位，并收取手续费：

借：代理承销证券款

贷：银行存款

证券承销——承销证券手续费收入

同时，冲销备查账簿记录。

2. 承销的记名证券

（1）通过证券交易所上网发行的证券

①在证券上网发行日根据承销合同确认证券承销总额，按承销价格，在备查账簿中记录承销证券的情况。

②网上发行结束后，与证券交易所交割清算，按网上实际发行数量和承销价格计算的承销款项减去上网费用：

借：结算备付金——公司

应收款项——应收代垫委托单位上网费

贷：代理承销证券款

③承销期结束，未售出的部分，按承销价

借：交易性金融资产（可供出售金融资产）

贷：代理承销证券款

④将承销证券款项交委托单位，并收取手续费和代垫上网费用：

借：代理承销证券款

贷：应收款项——应收代垫委托单位上网费

证券承销——承销证券手续费收入

结算备付金——公司

同时，冲销备查账簿中登记的承销证券。

例11 东方证券公司接受乙公司的委托，以余额承购包销方式通过证券交易所上网发行其记名股票500万股，约定发行价格为每股4元，网上发行期结束，售出400万股，另代B公司支付上网费用24 000元，双方约定手续费率为发行额的0.3%。

1. 作备查登记

2. 网上发行结束，与证券交易所交割清算

借：结算备付金——公司　　15 976 000（4 000 000×4－24 000）

　　应收款项——应收代垫委托单位上网费　　24 000

　贷：代理承销证券款　　16 000 000

3. 承销期结束，未售出的部分，按承销价

借：交易性金融资产等　　4 000 000（100 万股×4 元）

　贷：代理承销证券款　　4 000 000

4. 将承销证券款项交委托单位，并收取手续费和代垫上网费用

借：代理承销证券款　　20 000 000

　贷：应收款项——应收代垫委托单位上网费　　24 000

　　　证券承销——承销证券手续费收入　　48 000

　　　结算备付金——公司　　19 928 000

同时，冲销备查账簿中登记的承销证券。

（2）通过柜台承销证券

①收到委托单位委托发行的证券，只需在专设的备查账簿中记录承销证券的情况。

②在约定的期限内售出，按承销价格：

借：银行存款（现金）

　贷：代理承销证券款

③未售出的部分，按承销价

借：交易性金融资产（可供出售金融资产）

　贷：代理承销证券款

④承销期结束，所集资金付给委托单位，并收取手续费：

借：代理承销证券款

　贷：银行存款

　　　证券承销——承销证券手续费收入

同时，冲销备查账簿记录。

（三）采用代销方式承销的无记名证券

1. 承销的无记名证券

（1）收到委托单位委托发行的证券，只需在专设的备查账簿中记录承销证券的情况。

（2）证券售出后，按约定的承销价格：

借：银行存款

　贷：代理承销证券款

（3）承销期结束，所集资金付给委托单位，并收取手续费：

借：代理承销证券款

贷：银行存款

证券承销——承销证券手续费收入

同时，将未售出的承销证券退还委托单位，冲销备查账簿中登记的承销证券。

2. 承销的记名证券

（1）通过证券交易所上网发行的证券

①在证券上网发行日根据承销合同确认证券承销总额，按承销价格，在备查账簿中记录承销证券的情况。

②网上发行结束后，与证券交易所交割清算，按网上实际发行数量和承销价格计算的承销款项减去上网费用：

借：结算备付金——公司

应收款项——应收代垫委托单位上网费

贷：代理承销证券款

③将承销证券款项交委托单位，并收取手续费和代垫上网费用：

借：代理承销证券款

贷：应收款项——应收代垫委托单位上网费

证券承销——承销证券手续费收入

结算备付金——公司

同时，将未售出的承销证券退还委托单位，冲销备查账簿中登记的承销证券。

例 12　国泰君安证券公司接受 A 公司委托，以代销方式通过上网发行其记名股票 5 000 万股，约定发行价格为每股 5 元，网上发行期结束，售出 4 800 万股。另代 A 公司支付上网费用 360 000 元，双方约定手续费率为发行额的 0. 25%。

1. 作备查登记

2. 网上发行结束，与证券交易所交割清算

借：结算备付金——公司　　203 640 000（40 800 000×5 -360 000）

应收款项——应收代垫委托单位上网费　　360 000

贷：代理承销证券款　　204 000 000

3. 将承销证券款项交委托单位，并收取手续费和代垫上网费用

借：代理承销证券款　　204 000 000

贷：应收款项——应收代垫委托单位上网费　　360 000

证券承销——承销证券手续费收入　　510 000

结算备付金——公司　　203 130 000

同时，将未售出的承销证券 200 万股退还委托单位，冲销备查账簿中登记的承销证券。

（2）通过柜台承销证券

①收到委托单位委托发行的证券，只需在专设的备查账簿中记录承销证券的情况。

②证券售出，按承销价格：

借：银行存款（现金）

贷：代理承销证券款

③承销期结束，所集资金付给委托单位，并收取手续费：

借：代理承销证券款

　贷：银行存款

　　　证券承销——承销证券手续费收入

同时，将未售出的承销证券退还委托单位，冲销备查账簿中登记的承销证券。

例13　长江证券公司接受海鸿公司委托，采用代销方式通过证券交易所上网发行其记名股票200万股，发行价格为每股5元，网上发行期结束，共售出180万股。公司代垫上网费用10 800元，经商定手续费费率为0.2%。

1. 作备查登记

2. 网上发行结束，与证券交易所交割清算：

借：结算备付金——自有　　8 989 200（1 800 000×5－10 800）

　　应收款项——应收代垫委托单位上网费　　10 800

　贷：代理承销证券款　　9 000 000

3. 将承销证券款项交委托单位，并收取手续费和代垫上网费用：

借：代理承销证券款　　9 000 000

　贷：应收款项——应收代垫委托单位上网费　　10 800

　　　证券承销——承销证券手续费收入　　18 000

　　　结算备付金——自有　　8 971 200

同时，将未售出的承销证券20万股退还委托单位，冲销备查账簿中登记的承销证券。

本章小结：

证券经纪业务，是指公司代客户（投资者）买卖证券的活动。具体又包括：代理买卖证券业务、代理兑付证券业务、代理保管证券业务。券商在开展本项业务时，不垫付资金，不赚取差价，仅仅是取得手续费（或佣金）收入。代理买卖证券业务的核算是本节学习的重点。代理买卖证券业务核算的特点表现：①客户的交易资金必须全额存入指定银行（客户交易结算资金存管制度）；②根据券商当日买入卖出净额核算代理证券买卖业务；③在“交易日”（而不是资金清算时）确认手续费收入的实现；④手续费收入与手续费支出分别核算。

证券自营业务，是指公司以自己的名义，使用公司自有资金和依法筹资在证券交易所或场外交易市场买卖各种证券以获取利润并承担交易风险的各项业务。具体又包括：买入证券业务和卖出证券业务。自营证券在初始确认时应按持有意图分为交易性金融资产、持有至到期投资和可供出售金融资产等。由于金融资产的分类不同其会计处理有所差异，学习时注意理解和掌握。

证券承销业务，是指公司接受证券发行人的委托，代发行人发行证券的活动。按照委托程度及承销商所承担的责任不同，证券承销业务具体又包括：全额包销方式的承销业务、余额包销方式的承销业务和代销方式的承销业务。目前券商承销的证券以非实物的记名证券为主，主要是通过网上交易。学习时注意区分不同承销方式的会计处理。

复习思考题：

1. 什么是证券经纪业务？其核算设置和运用哪些账户？
2. 对自营交易性金融资产的核算包括哪些内容？
3. 对自营可供出售金融资产的核算包括哪些内容？
4. 什么是全额承销方式？
5. 试比较无记名柜台交易的“全额承购包销方式”和“余额承购包销方式”的核算。

第八章 金融企业损益的核算

本章提要：本章主要讲述了金融企业的收入与费用的会计核算，金融企业损益的内容及组成。本章分四节。第一节 银行业收入、费用的核算。讲述了商业银行收入与费用的核算。收入包括利息收入，手续费及佣金收入，投资收益，公允价值变动损益，汇兑损益，其他业务收入等的核算。费用包括利息支出、手续费及佣金支出、投资损失、公允价值变动损失，汇兑损失及其他业务支出等的核算。第二节 保险业收入、费用的核算。讲述了保险公司收入与费用的核算。收入包括保险企业的保费收入、投资收益、公允价值变动损益、汇兑损益和其他业务收入等的核算。费用包括退保支出、赔付支出、提取保险责任准备金、保单红利支出、分出保费、分保费用、分保赔付支出、投资损失、公允价值变动损失及汇兑损失等的核算。第三节 证券业收入、费用的核算。讲述了证券公司收入与费用的核算。收入包括手续费及佣金收入、利息收入、投资收益、公允价值变动损益、汇兑损益和其他业务收入等的核算。费用包括手续费及佣金支出、利息支出、投资损失、公允价值变动损失及汇兑损失等的核算。第四节 金融企业利得与损失的核算。讲述了金融企业利得与损失的概念，金融企业利得与损失的内容，金融企业计入损益的利得与损失的会计核算。

企业损益的多少反映了企业经营的经济效益，其损益又是收入与费用的差额。要核算金融企业的损益，就要核算金融企业的收入与费用。如何规范收入与费用的确认和计量，确保财务报表反映的收入和费用的信息真实、可靠，已成为人们普遍关注的焦点。金融企业的损益主要由营业利润，利润总额，净利润三部分构成：①营业利润 = 营业收入 - 营业支出；②利润总额 = 营业利润 + 营业外收入 - 营业外支出；③净利润 = 利润总额 - 所得税费用 。但由于金融企业业务的差异性，其收入和费用的核算又有其特殊性。

第一节 银行业收入、费用的核算

一、银行业收入的核算

商业银行的收入是指商业银行对外提供金融产品服务或让渡资产使用权而取得的收入。包括营业收入和营业外收入。其中，营业收入主要包括利息收入、手续费及佣金收入、投资收益、公允价值变动损益、汇兑损益和其他业务收入等。银行收入不包括为第三方或者客户代收的款项，如企业代垫的工本费、代邮电部门收取的邮电费、代水电部门收取的水电费等。

（一）利息收入

利息收入是指银行业发放各类贷款（银团贷款、贸易融资、贴现和转贴现融出资金、协议透支、信用卡透支、转贷款、垫款等）、与其他金融机构（中央银行、同业等）之间发生资金往来业务、买入返售金融资产等实现的利息收入。利息收入在银行营业收入中占有较大比重，在银行财务成果中也占有重要的地位。在核算时，应设置“利息收入”账户进行核算。明细账户可按业务类别设置。

资产负债表日，银行应按合同利率计算确定的应收未收利息，借记“应收利息”等账户，按摊余成本和实际利率计算确定的利息收入，贷记“利息收入”账户，按其差额，借记或贷记“贷款——利息调整”等账户。

实际利率与合同利率差异较小的，也可以采用合同利率计算确定利息收入。

期末，应将“利息收入”账户余额转入“本年利润”账户，结转后无余额。

（二）手续费及佣金收入

手续费及佣金收入是指银行在为他人办理结算业务、咨询业务、担保业务、代保管等代理业务以及办理受托贷款及投资业务等取得的手续费及佣金，如结算手续费收入、佣金收入、业务代办手续费收入、基金托管收入、咨询服务收入、担保收入、受托贷款手续费收入、代保管收入，代理兑付证券、代理保管证券、代理保险业务等代理业务以及其他相关服务实现的手续费及佣金收入等。在核算时，应设置“手续费及佣金收入”账户进行核算，明细账户可按手续费及佣金收入类别设置。

银行确认的手续费及佣金收入，按应收的金额，借记“应收手续费及佣金”等账户，贷记“手续费及佣金收入”。实际收到手续费及佣金，借记“存放中央银行款项”、“银行存款”、“吸收存款”等账户，贷记“应收手续费及佣金”等账户。

期末，应将“手续费及佣金收入”账户余额转入“本年利润”账户，结转后无余额

（三）投资收益

投资收益是指商业银行进行各项投资所取得的投资收益或投资损失。在核算时，应设置“投资收益”账户，对商业银行确认的长期股权投资收益，持有交易性金融资产、持有至到期投资、可供出售金融资产期间取得的收益以及处置交易性金融资产（或负债）、持有至到期投资和可供出售金融资产实现的收益进行核算。明细账户可按投资项目设置。有关投资收益的会计处理见各章业务。

（四）公允价值变动损益

公允价值变动损益是指商业银行所持有的交易性金融资产、交易性金融负债，以及采用公允价值模式计量的投资性房地产、衍生工具、套期保值业务等公允价值变动形成的应计入当期损益的利得或损失。在核算时，应设置“公允价值变动损益”账户进行核算，明细账户可按交易性金融资产、交易性金融负债、投资性房地产等进行

设置。

（1）资产负债表日，银行应按交易性金融资产的公允价值高于其账面余额的差额，借记“交易性金融资产——公允价值变动”账户，贷记“公允价值变动损益”账户；公允价值低于其账面余额的差额做相反的会计分录。

出售交易性金融资产时，应按收到的金额，借记“银行存款”、“存放中央银行款项”等账户，按该金融资产的账面余额，贷记“交易性金融资产”账户，按其差额，借记或贷记“投资收益”账户。同时，将原计入该金融资产的公允价值转出，借记或贷记“公允价值变动损益”，贷记或借记“投资收益”账户。

（2）资产负债表日，交易性金融负债的公允价值高于其账面余额的差额，借记“公允价值变动损益”账户，贷记“交易性金融负债”账户；公允价值低于其账面余额的差额做相反的会计分录。

处置交易性金融负债，应按该金融负债的账面余额，借记“交易性金融负债”账户，贷记“银行存款”、“存放中央银行款项”等账户，按其差额，贷记或借记“投资收益”账户。同时，按该金融负债的公允价值变动，贷记或借记“公允价值变动损益”账户，借记或贷记“投资收益”账户。

（3）期末，应将“公允价值变动损益”科目余额转入“本年利润”账户，结转后无余额。

（五）汇兑损益

汇兑损益是指商业银行在从事外汇交易、外币兑换业务中，因不同期限、不同货币之间，以及国际之间的利率、汇率水平的差异而获得的收入。即已经收入的外币资金在使用时，或已经发生的外币债权、外币债务在偿还时，由于期末汇率与记账汇率的不同而发生的折合为记账本位币的差额。

在核算时，应设置“汇兑损益”账户进行核算。

采用统账制核算的，各外币货币性项目的外币期（月）末余额，应当按照期（月）末汇率折算为记账本位币金额。按照期（月）末汇率折算的记账本位币金额与原账面记账本位币金额之间的差额，如为汇兑收益，借记有关账户，贷记汇兑损益账户；如为汇兑损失做相反的会计分录。

采用分账制核算的，期（月）末将所有以外币表示的“货币兑换”科目余额按照期（月）末汇率折算为记账本位币金额，折算后的记账本位币金额与“货币兑换——记账本位币”账户余额进行比较，为贷方差额的，借记“货币兑换——记账本位币”账户，贷记“汇兑损益”账户；为借方差额的做相反的会计分录。

期末，应将“汇兑损益”账户余额转入“本年利润”账户，结转后无余额。

（六）其他业务收入

其他业务收入是指商业银行取得的除主营业务活动以外的其他业务活动实现的收入。它包括出租固定资产、出租无形资产等。在核算时，应设置“其他业务收入”账户进行核算，明细账户可按其他业务收入种类进行设置。

银行确认的其他业务收入，借记“银行存款”、“其他应收款”等账户，贷记“其他业务收入”账户等。

期末，应将“其他业务收入”科目余额转入“本年利润”账户，结转后无余额。

二、银行业费用的核算

商业银行费用由营业成本和营业费用构成。银行的营业成本是银行在从事经营活动过程中发生的与业务经营有关的耗费和支出，包括利息支出、手续费及佣金支出、投资损失、公允价值变动损失及汇兑损失等。银行的营业费用，是银行在从事经营活动过程中发生的与业务经营不直接相关的各项费用，包括营业税金及附加、业务及管理费、资产减值损失及其他业务支出等。

（一）利息支出

商业银行发生的利息支出，包括吸收的各种存款（单位存款、个人存款、信用卡存款、特种存款、转贷款资金等）、与其他金融机构（中央银行、同业等）之间发生资金往来业务、卖出回购金融资产等产生的利息支出。利息支出在银行全部支出中占较大的比重，应分不同情况进行账务处理。核算时应设置“利息支出”账户，可按利息支出项目进行明细核算。

资产负债表日，商业银行应按摊余成本和实际利率计算确定的利息费用金额，借记“利息支出”账户，按合同利率计算确定的应付未付利息，贷记“应付利息”账户，按其差额，借记或贷记“吸收存款——利息调整”等账户。实际利率与合同利率差异较小的，也可以采用合同利率计算确定利息费用。

期末，应将“利息支出”账户余额转入“本年利润”账户，结转后无余额。

（二）手续费及佣金支出

手续费及佣金支出是商业银发生的与其经营活动相关的各项手续费、佣金等支出。核算时应设置“手续费及佣金支出”账户，可按支出类别进行明细核算。

商业银行发生预期与经营活动相关的手续费、佣金等支出时，借记“手续费及佣金支出”，贷记“银行存款”、“存放中央银行款项”、“存放同业”、“库存现金”、“应付手续费及佣金”等账户。

期末，应将“手续费及佣金支出”账户余额转入“本年利润”账户，结转后无余额。

投资损失、公允价值变动损失及汇兑损失等的核算在本节银行业收入的核算中已有述及。

（三）营业税金及附加

营业税金及附加是商业银行经营活动发生的营业税、消费税、城市维护建设税、资源税和教育费附加等相关税费，以及与投资性房地产相关的房产税、土地使用税等。核算时应设置“营业税金及附加”账户。

商业银行按规定计算确定的与经营活动相关的税费，借记“营业税金及附加”账户，贷记“应交税费”账户。

期末，应将“营业税金及附加”账户余额转入“本年利润”账户，结转后无余额。

(四) 业务及管理费

业务及管理费是商业银行在业务经营过程中所发生的各项费用，包括折旧费、业务宣传费、业务招待费、电子设备运转费、钞币运送费、安全防范费、邮电费、劳动保护费、外事费、印刷费、低值易耗品摊销、职工工资及福利费、差旅费、水电费、职工教育经费、工会经费、会议费、诉讼费、公证费、咨询费、无形资产摊销、长期待摊费用摊销、取暖降温费、聘请中介机构费、技术转让费、绿化费、董事会费、财产保险费、劳动保险费、住房公积金、物业管理费、研究费用、房产税、车船使用税、土地使用税、印花税等。核算时应设置“业务及管理费”账户，可按费用项目进行明细核算。

商业银行发生各项业务及管理费时，借记“业务及管理费——工资、固定资产折旧支出、业务宣传费等”账户，贷记“应付职工薪酬”、“累计折旧”、“库存现金”等账户。

期末，应将“业务及管理费”账户余额转入“本年利润”账户，结转后无余额。

(五) 资产减值损失

资产减值损失是商业银行计提各项资产减值准备所形成的损失。核算时应设置“资产减值损失”账户，可按资产减值损失的项目进行明细核算。

商业银行的贷款、持有至到期投资、抵债资产、应收款项、长期股权投资、固定资产、无形资产等资产发生减值的，应按减记的金额，借记“资产减值损失”，贷记“贷款损失准备”、“ 持有至到期投资减值准备”、“抵债资产减值准备”、“坏账准备”、“固定资产减值准备”、“无形资产减值准备” 等账户。

商业银行计提贷款损失准备、持有至到期投资减值准备、坏账准备等，相关资产的价值又得以恢复的，应在原已计提的减值准备金额内，按恢复增加的金额，借记“贷款损失准备”、“持有至到期投资减值准备”、“坏账准备” 等账户，贷记“资产减值损失”账户。

期末，应将“资产减值损失”账户余额转入“本年利润”账户，结转后无余额。

(六) 其他业务支出

其他业务支出是商业银行发生的除营业税金及附加、业务及管理费、资产减值损失等营业费用以外的其他业务支出。核算时应设置“其他业务支出”账户，可按其他业务成本的种类进行明细核算。

商业银行发生其他业务支出时，借记“其他业务支出”，贷记“累计折旧”“累计摊销”等账户。

期末，应将“其他业务支出”账户余额转入“本年利润”账户，结转后无余额。

第二节 保险业收入、费用的核算

一、保险企业收入的核算

保费收入是保险企业销售保险产品所取得的收入，是保险企业的主要收入项目。保险企业的收入包括保费收入、投资收益、公允价值变动损益、汇兑损益和其他业务收入等。

（一）保费收入

保费收入是保险企业的主要收入，它是指保险企业确认的保费收入。核算时 应设置“保费收入”账户，可按保险合同和险种进行明细核算。

（1）保险企业确认原保险合同保费收入时，借记“应收保费”、“预收保费”、“银行存款”、“库存现金”等账户，贷记“保费收入”账户。

非寿险原保险合同提前解除的，按原保险合同约定计算确定的应退还投保人的金额，借记“保费收入”账户，贷记“库存现金”、“银行存款”等账户。

（2）保险企业确认再保险合同分保费收入时，借记“应收分保账款”账户，贷记“保费收入”账户。

收到分保业务账单时，按账单标明的金额对分保收入进行调整，按调整增加额，借记“应收分保账款”账户，贷记“保费收入”账户；调整减少额做相反的会计分录。

期末，应将“保费收入”账户余额转入“本年利润”账户，结转后无余额。

（二）投资收益、公允价值变动损益、汇兑损益

投资收益、公允价值变动损益、汇兑损益等收入的核算可参见银行业收入的核算。

二、保险企业费用的核算

保险企业费用由营业成本和营业费用构成。保险企业的营业成本是在从事经营活动过程中发生的与业务经营有关的耗费和支出，包括退保支出、赔付支出、提取保险责任准备金、保单红利支出、分出保费、分保费用、分保赔付支出、投资损失、公允价值变动损失及汇兑损失等。保险企业的营业费用，是在从事经营活动过程中发生的与业务经营不直接相关的各项费用，包括营业税金及附加、业务及管理费、资产减值损失及其他业务支出等。

（一）赔付支出

赔付支出是保险企业支付的原保险合同赔付款项和再保险合同赔付款项。核算时应设置“赔付支出”账户，可按保险合同和险种进行明细核算。

（1）保险企业在确定支付赔付款项金额或实际发生理赔费用的当期，借记“赔付支出”账户，贷记“银行存款”、“库存现金”等账户。

（2）承担赔付保险金责任后，应当确认的代位追偿款，借记“应收代位追偿款”

账户，贷记“赔付支出”账户。

收到代位追偿款时，应按实际收到的金额，借记“库存现金”、“银行存款”等账户，按应收代位追偿款的账面余额，贷记“应收代位追偿款”账户，按其差额，借记或贷记“赔付支出”账户。已计提坏账准备的，还应同时结转坏账准备。

(3) 承担赔偿保险金责任后取得的损余物资，应按同类或类似资产的市场价格计算确定的金额，借记“损余物资”账户，贷记“赔付支出”账户。

处置损余物资，应按实际收到的金额，借记“库存现金”、“银行存款”等账户，按损余物资的账面余额，贷记“损余物资”账户，按其差额，借记或贷记“赔付支出”账户。已计提跌价准备的，还应同时结转跌价准备。

(4) 再保险接受人收到分保业务账单的当期，应按账单标明的分保赔付款项金额，借记“赔付支出”账户，贷记“应付分保账款”账户。

期末，应将“赔付支出”账户余额转入“本年利润”账户，结转后无余额。

(二) 提取保险责任准备金

提取保险责任准备金是保险企业提取的原保险合同责任准备金，包括提取的未决赔款准备金、提取的寿险责任准备金、提取的长期健康险责任准备金。核算时，应设置“提取保险责任准备金”账户，可按保险责任准备金类别、险种和保险合同进行明细核算。

(1) 保险企业确认寿险保费收入时，应按保险精算确定的寿险责任准备金、长期健康险责任准备金，借记“提取保险责任准备金”账户，贷记“保险责任准备金”账户。

投保人发生非寿险保险合同约定的保险事故当期，保险企业应按保险精算确定的未决赔款准备金，借记“提取保险责任准备金”账户，贷记“保险责任准备金”账户。

对保险责任准备金进行充足性测试时，应按补提的保险责任准备金，借记“提取保险责任准备金”账户，贷记“保险责任准备金”账户。

(2) 原保险合同保险人确定支付赔付款项金额或实际发生理赔费用的当期，应按冲减的相应保险责任准备金余额，借记“保险责任准备金”账户，贷记“提取保险责任准备金”账户。

再保险接受人收到分保业务账单的当期，应按分保保险责任准备金的相应冲减金额，借记“保险责任准备金”账户，贷记“提取保险责任准备金”账户。

(3) 寿险原保险合同提前解除的，应按相关寿险责任准备金、长期健康险责任准备金余额，借记“保险责任准备金”账户，贷记“提取保险责任准备金”账户。

期末，应将“提取保险责任准备金”账户余额转入“本年利润”账户，结转后无余额。

(三) 退保金

退保金是保险企业寿险原保险合同提前解除时按照约定应当退还投保人的保单现金价值。核算时应设置“退保金”账户，可按险种进行明细核算。保险企业寿险原保险合同提前解除的，应按原保险合同约定就是确定的应退还投保人的保单现金价值，借记“退保金”账户，贷记“库存现金”、“银行存款”等账户。

期末，应将“退保金”账户余额转入“本年利润”账户，结转后无余额。

（四）保单红利支出

保单红利支出是保险企业按原保险合同约定支付给投保人的红利。核算时应设置“保单红利支出”账户，可按保单红利来源进行明细核算。

保险企业按原保险合同约定计提应支付的保单红利时，借记“保单红利支出”账户，贷记“应付保单红利”账户。

期末，应将“保单红利支出”账户余额转入“本年利润”账户，结转后无余额。

（五）分出保费

分出保费是保险企业（再保险分出人）向再保险接受人分出的保费。核算时应设置“分出保费”账户，可按险种进行明细核算。

期末，应将“分出保费”账户余额转入“本年利润”账户，结转后无余额。

（六）分保费用

分保费用是保险企业（再保险接受人）向再保险分出人支付的分保费用。核算时应设置“分保费用”账户，可按险种进行明细核算。

期末，应将“分保费用”账户余额转入“本年利润”账户，结转后无余额。

投资损失、公允价值变动损失及汇兑损失等的核算，以及营业税金及附加、业务及管理费、资产减值损失及其他业务支出等营业费用的核算，可参见银行业费用的核算。

第三节　证券业收入、费用的核算

一、证券业收入的核算

证券经营收入包括手续费及佣金收入、利息收入、投资收益、公允价值变动损益、汇兑损益和其他业务收入等。

（一）手续费及佣金收入

证券公司的手续费及佣金收入指证券公司为客户办理各种业务收取的手续费及佣金，包括代理买卖证券、代理兑付证券、代理保管证券和代理承销证券等代理业务及其他相关服务实现的手续费及佣金收入。核算时应设置“手续费及佣金收入”账户，可按手续费及佣金收入类别进行明细核算。

证券公司确认的手续费及佣金收入，按应收的金额，借记“应收手续费及佣金”、“代理承销证券款”等账户，贷记“手续费及佣金收入”。实际收到手续费及佣金，借记“存放中央银行款项”、“银行存款”、“结算备付金”等账户，贷记“应收手续费及佣金”等账户。

期末，应将“手续费及佣金收入”账户余额转入“本年利润”账户，结转后无余额。

（二）投资收益、公允价值变动损益、汇兑损益和其他业务收入

投资收益、公允价值变动损益、汇兑损益和其他业务收入等的核算可参见银行业收入的核算。

（三）利息收入

包括买入返售金融资产等实现的利息收入。

（1）资产负债表日，应计算确定买入返售金融资产的利息收入。其会计分录为：

借：应收利息

　贷：利息收入

（2）返售日，按实际收到金额，借记“存放中央银行款项”、“结算备付金”等账户，按其账面余额，贷记“买入返售金融资产”、“应收利息”账户，按其差额，贷记“利息收入”账户。其会计分录为：

借：存放中央银行款项等

　贷：买入返售金融资产

　　　应收利息

　　　利息收入

二、证券经营费用的核算

证券公司费用由营业成本和营业费用构成。证券公司的营业成本是在从事经营活动过程中发生的与业务经营有关的耗费和支出，包括手续费及佣金支出、利息支出、投资损失、公允价值变动损失及汇兑损失等。证券公司的营业费用，是在从事经营活动过程中发生的与业务经营不直接相关的各项费用，包括营业税金及附加、业务及管理费、资产减值损失及其他业务支出等。

（一）手续费及佣金支出

手续费及佣金支出是证券公司发生的与其经营活动相关的各项手续费、佣金等支出。核算时应设置“手续费及佣金支出”账户，可按支出类别进行明细核算。

证券公司发生的与其经营活动相关的手续费、佣金等支出时，借记“手续费及佣金支出”账户，贷记“银行存款”、“结算备付金”、“存放同业”、“库存现金”、“应付手续费及佣金”等账户。

期末，应将“手续费及佣金支出”账户余额转入“本年利润”账户，结转后无余额。

（二）利息支出

包括向银行借款、卖出回购金融资产款等产生的利息支出。

（1）资产负债表日，应计算确定卖出回购金融资产的利息费用。其会计分录为：

借：利息支出

贷：应付利息

（2）回购日，按其账面余额，借记“卖出回购金融资产款”、“应付利息”账户，按实际支付的金额，贷记“存放中央银行款项”、“结算备付金”等账户，按其差额，借记“利息支出”账户。其会计分录为：

借：卖出回购金融资产款

应付利息

利息支出

贷：存放中央银行款项

投资损失、公允价值变动损失及汇兑损失等的核算，以及营业税金及附加、业务及管理费、资产减值损失及其他业务支出等营业费用的核算，可参见银行业费用的核算。

第四节　金融企业利得与损失的核算

以上就三大金融企业的营业收入和营业支出的具体内容的核算作了讲解，下面进一步就金融企业的利得和损失作出说明。

一、利得

（一）利得的概念

利得是指企业非日常活动所形成的、会导致所有者权益增加的、与所有者投入资本无关的经济利益的流入。

利得包括直接计入所有者权益的利得和直接计入当期利润的利得。

直接计入所有者权益的利得主要是指可供出售金融资产的公允价值的变动收益，现金流量套期中套期工具公允价值的变动收益，自用房地产或存货转换为采用公允价值模式计量的投资性房地产时其原有价值与公允价值的差额等。

直接计入当期利润的利得主要是指罚款收入、出纳长款及结算长款收入、清理睡眠户收入、抵债资产溢价收入以及固定资产盘盈、处置固定资产净收益、出售无形资产净收益、非货币性资产交换利得、债务重组利得、政府补助利得、确实无法支付而按规定程序经批准后转销的应付款项等。

本节的核算针对计入当期利润的利得。

（二）利得的核算

1. 设置和运用的账户

金融企业应设置“营业外收入”账户核算计入当期利润的利得，本账户按营业外收入项目进行明细核算。

金融企业在经营过程中，若发生营业外收入，应根据收入项目按实际发生额作出账务处理。会计分录为：

借：待处理财产损益——××户

或：　固定资产清理——××项目户

或：　××科目——××户

贷：营业外收入——××户

2. 账务处理

例1　某银行在财产清查中发现出纳长款1 000元，属确实无法查清的长款，经批准转入该行的营业外收入。根据有关凭证做出账务处理：

发生出纳长款时：

借：库存现金——××机构业务现金户　　1 000

贷：其他应付款——出纳长款户　　1 000

经批准作为该行收益时：

借：其他应付款——出纳长款户　　1 000

贷：营业外收入——出纳长款收入户　　1 000

例2　某行处置某项抵债资产，取得净收入500万元，该项抵债资产的入账公允价值是450万元。根据有关凭证做出账务处理：

借：××科目——××户　　5 000 000

贷：抵债资产　　4 500 000

营业外收入——抵债资产溢价收入户　　500 000

例3　开户甲单位因违反结算纪律，银行按照《支付结算办法》和《票据管理实施办法》的规定对其处以2 000元的罚款。根据有关凭证做出账务处理：

借：吸收存款——活期存款××户　　2 000

或：　库存现金　　2 000

贷：营业外收入——××罚款收入户　　2 000

二、损失

（一）损失的概念

损失是指企业非日常活动所发生的，会导致所有者权益减少的，与向所有者分配利润无关的经济利益的流出。

损失包括直接计入所有者权益的损失和直接计入当期利润的损失。

直接计入所有者权益的损失主要是指可供出售金融资产的公允价值的变动损失，现金流量套期中套期工具公允价值的变动损失，自用房地产或存货转换为采用公允价值模式计量的投资性房地产时其原有价值与公允价值的差额等。

直接计入当期利润的损失包括罚款支出、出纳短款及结算赔款支出、抵债资产折价支出以及固定资产盘亏、处置固定资产净损失、出售无形资产净损失、非常损失、公益救济性捐赠支出、违法经营交纳罚款及被没收财产、证券交易差错损失等。

本节的核算针对计入当期利润的损失。

（二）损失的核算

1. 设置和运用的账户

金融企业应设置“营业外支出”账户核算计入当期利润的损失，本账户按营业外支出项目进行明细核算。

金融企业在经营过程中，若发生营业外支出，应根据支出项目按实际发生数作出账务处理。会计分录为：

借：营业外支出—××户

　贷：待处理财产损益——××户

或：固定资产清理——××项目户

或：××科目——××户

2. 账务处理

例4　某银行在财产清查中发现出纳短款2 000元，企业核定出纳负主要责任，应赔偿1 500元，其余损失由企业承担，经批准转入该行的营业外支出。根据有关凭证做出账务处理：

发生出纳短款时：

借：待处理财产损益——出纳短款户　　2 000

　贷：库存现金——××机构业务现金户　　2 000

经批准处理时：

借：其他应收款——××出纳　　1 500

　　营业外支出——出纳短款　　500

　贷：待处理财产损益——出纳短款户　　2 000

例5　某证券公司由于交易差错给客户造成一定的损失，经协商，该证券公司赔付客户10 000元。根据有关凭证做出账务处理：

借：营业外支出——证券交易差错损失　　10 000

　贷：库存现金——××机构业务现金户　　10 000

三、利得与损失期末的核算

金融企业计入“营业外收入”和“营业外支出”的利得和损失虽然与企业生产经营活动无直接因果关系，但也是金融企业利润总额的构成项目。因此，“营业外收入”和“营业外支出”期末应转入“本年利润”账户。增加或减少当期的利润总额。

（1）“营业外收入”的结转

借：营业外收入

　贷：本年利润

（2）“营业外支出”的结转

借：本年利润

　贷：营业外支出

本章小节:

企业损益的多少反映了企业经营的经济效益，其损益又是收入与费用的差额，要核算金融企业的损益，就要核算金融企业的收入与费用。金融企业的收入与费用与其他企业有共同之处，也有其特殊性。本章就商业银行，保险企业，证券公司的收入和费用的内容，会计核算分别作了详尽的讲解，对如何规范金融企业的收入与费用也作了说明。这将有助于大家的学习。

复习思考题:

1. 什么是收入，收入的特征是什么，收入与利得如何区分?
2. 商业银行，保险企业，证券公司的收入有哪些内容?
3. 商业银行，保险企业，证券公司的费用有哪些内容?
4. 金融企业损益的组成内容是什么，怎样计算?
5. 什么是营业外收入和营业外支出，包括哪些内容?

第九章　金融企业财务报表列报

本章提要： 本章主要讲述了金融企业财务报表的内容和结构以及金融企业财务报表的编制。金融企业财务报表主要包括资产负债表、利润表、现金流量表和所有者权益变动表。资产负债表是反映金融企业某一特定日期财务状的会计报表。利润表是反映金融企业一定期间经营成果的会计报表。现金流量表是综合反映金融企业在一定期间内现金的流入和流出，表明企业获得现金和现金等价物能力的财务报表。所有者权益变动表则是反映了构成所有者权益的各个组成部分当期的增减变动情况的报表。本章共四节内容，分别讲述了这四张报表的内容和结构以及如何填制。通过本章的学习，要求大家能够编制商业银行，保险企业，证券公司的财务报表，了解每个报表的作用及报表中各个项目的意义，报表与账户之间的钩稽关系等。

与其他企业一样，金融企业要定期或不定期向投资者、债权人、金融监管当局等提供财务会计信息，使其了解金融企业经营成果和财务状况、现金流量等财务信息，作为信息使用者投资决策或监管的依据。同时，金融企业财务会计报告也是企业自身加强和完善经营管理的重要依据。

会计的目标是向用户提供有用的财务信息。会计信息的用户主要包括投资人、债权人、财税机关及其他政府部门等外部使用者和企业管理当局、企业职工等内部使用者。不同的用户对财务报表的需求不同，因而对财务报表使用的着眼点不同，财务报表所起的作用也不同。

企业现有和潜在的投资者需要利用财务报表信息了解企业管理层受托责任履行情况，以便做出合理的投资决策。在市场经济的条件下，企业的资源是由投资人和债权人提供的。由于所有权和经营权的分离，投资者不参与企业的经营和管理，所以会计信息就成为他们了解企业经营情况的主要来源。投资者需要利用报表信息来分析评价企业的资产状况、盈利能力和产品的市场竞争能力及其所处行业的发展前景等，以便做出是否投资的决策。债权人需要利用财务报表信息分析与估计贷款的风险、报酬，以及企业资产的流动状况、偿债能力和资本结构等，为信贷决策寻求科学依据。政府部门对企业的财务报表信息，通过综合、加工、汇总和分析，借以考核国民经济总体运行情况，从中发现存在的问题，从而对宏观经济运行做出准确的决策，为国民经济的宏观调控提供依据，有效地实现社会资源在各部门的合理配置，促进经济的良性循环。企业管理当局借助于财务报表信息，可以评价其经营业绩，从中发现问题，找出差距，以便加强管理，提高经济效益。

企业财务报告由财务报表和财务报表附注两部分内容组成。财务报表以统一的表格形式提供企业的财务状况、经营成果和现金流量的信息；财务报表附注以文字的形式对报表的某些项目做进一步的补充说明，并对企业的会计政策和重大事项等予以披露。本章只介绍财务报表的编制。

会计报表是财务会计报告的核心和基本手段，主要由资产负债表、利润表、现金流量表、所有者权益变动表等组成。金融企业在编制会计报表时，必须坚持做到会计报表信息真实可靠、全面完整和编报及时，以保证会计报表的质量及其作用的充分发挥。

第一节　资产负债表

一、资产负债表概述

资产负债表是反映企业某一特定日期财务状况的会计报表，它是根据资产、负债和所有者权益（或股东权益，下同）之间的相互关系，按照一定的分类标准和一定的顺序，对企业一定日期的资产、负债和所有者权益各项目予以适当排列，并对日常工作中形成的大量数据进行高度浓缩整理后编制而成的。金融企业资产负债表表明了金融企业在某一特定日期所拥有或控制的经济资源、所承担的现时义务和所有者对净资产的要求权。它揭示和反映了金融企业一定时点的理财结构。

二、资产负债表的格式

金融企业资产负债表中的资产按照流动性的大小依次排列。流动性大的在前面，流动性小的在后面。金融企业资产负债表中的负债按照偿还期的长短排列。偿还期短的排在前面，偿还期长的排在后面。金融企业资产负债表中的所有者权益按照其在企业保留的时间长短排列。在企业时间长的排在前面，反之则在后面。所有者权益主要包括：实收资本（或股本）、资本公积、盈余公积和未分配利润等。此外，金融企业的一般风险准备也是金融企业所有者权益的组成部分。

按照我国有关法律法规的规定，我国的金融企业不能混业经营，只能分业经营。因而各金融企业的资产负债表会因其经营业务内容的不同而有所不同，但其排列格式和基本内容相同。

三、资产负债表的内容

(一) 商业银行的资产负债表

表 9-1　　商业银行资产负债表

会商银 01 表

编制单位：　　　　____年____月____日　　　　单位：元

资　　产	期末余额	年初余额	负债和所有者权益（或股东权益）	期末余额	年初余额
资　产：			负债：		
现金及存放中央银行款项			向中央银行借款		
存放同业款项			同业及其他金融机构存放款项		
贵金属			拆入资金		
拆出资金			交易性金融负债		
交易性金融资产			衍生金融负债		
衍生金融资产			卖出回购金融资产款		
买入返售金融资产			吸收存款		
应收利息			应付职工薪酬		
发放贷款和垫款			应交税费		
可供出售金融资产			应付利息		
持有至到期投资			预计负债		
长期股权投资			应付债券		
投资性房地产			递延所得税负债		
固定资产			其他负债		
无形资产			负债合计		
递延所得税资产			所有者权益（或股东权益）		
其他资产			实收资本（或股本）		
			资本公积		
			减：库存股		
			盈余公积		
			一般风险准备		
			未分配利润		
			所有者权益（或股东权益）合计		
资产总计			负债和所有者权益（或股东权益）总计		

(二) 保险公司资产负债表

表 9-2　　　　保险公司资产负债表

会保 01 表

编制单位：　　　　____年____月____日　　　　单位：元

资产	期末余额	年初余额	负债和所有者权益（或股东权益）	期末余额	年初余额
资产：			负债：		
货币资金			短期借款		
拆出资金			拆入资金		
交易性金融资产			交易性金融负债		
衍生金融资产			衍生金融负债		
买入返售金融资产			卖出回购金融资产款		
应收利息			预收保费		
应收保费			应付手续费及佣金		
应收代位追偿款			应付分保账款		
应收分保账款			应付职工薪酬		
应收分保未到期责任准备金			应交税费		
应收分保未决赔款准备金			应付赔付款		
应收分保寿险责任准备金			应付保单红利		
应收分保长期健康险责任准备金			保户储金及投资款		
保户质押贷款			未到期责任准备金		
定期存款			未决赔款准备金		
可供出售金融资产			寿险责任准备金		
持有至到期投资			长期健康险责任准备金		
长期股权投资			长期借款		
存出资本保证金			应付债券		
投资性房地产			独立账户负债		
固定资产			递延所得税负债		
无形资产			其他负债		
独立账户资产			负债合计		
递延所得税资产			所有者权益（或股东权益）		
其他资产			实收资本（股本）		
			资本公积		
			减：库存股		
			盈余公积		
			一般风险准备		
			未分配利润		
			所有者权益（或股东权益）合计		
资产总计			负债和所有者权益（或股东权益）总计		

（三）证券公司资产负债表

表 9 - 3　　　　证券公司资产负债表

会证 01 表

编制单位：　　　　＿＿年＿＿月＿＿日　　　　单位：元

资产	期末余额	年初余额	负债和所有者权益（或股东权益）	期末余额	年初余额
资　产：			负　债：		
货币资金			短期借款		
其中：客户资金存款			其中：质押借款		
结算备付金			拆入资金		
其中：客户备付金			交易性金融负债		
拆出资金			衍生金融负债		
交易性金融资产			卖出回购金融资产款		
衍生金融资产			代理买卖证券款		
买入返售金融资产			代理承销证券款		
应收利息			应付职工薪酬		
存出保证金			应交税费		
可供出售金融资产			应付利息		
持有至到期投资			预计负债		
长期股权投资			长期借款		
投资性房地产			应付债券		
固定资产			递延所得税负债		
无形资产			其他负债		
其中：交易席位费			负债合计		
递延所得税资产			所有者权益（或股东权益）：		
其他资产			实收资本（或股本）		
			资本公积		
			减：库存股		
			盈余公积		
			一般风险准备		
			未分配利润		
			所有权益（或股东权益）合计		
资产总计			负债和所有者权益（或股东权益）总计		

四、资产负债表的编制

资产负债表是一种静态的会计报表，资产负债表的编制主要是根据有关科目总账和分户账的期末余额直接或汇总填列。有些项目根据总账和（或）分户账余额计算填列；有些项目不能直接根据有关科目的期末余额填列，必须对有关账户资料进行分析调整计算后填列。

资产负债表中，“年初余额”栏内各项数字，应根据上年末资产负债表“期末余额”栏内所列数字填列。如果本年度资产负债表规定的各个项目的名称和内容与上年度有所不同，应对上年年末资产负债表各项目的名称和数字，按照本年度的规定进行调整后，填入本表“年初余额”栏内。

以商业银行为例，资产负债表各项目的内容和填列方法如下：

（一）资产项目

（1）“现金及存放中央银行款项”项目

该项目反映银行货币资金的情况。它根据“库存现金”、“存放中央银行款项”账户的期末余额合计填列。

（2）“存放同业款项”项目

该项目反映银行与同业之间资金往来业务而存放于同业的资金。它根据“存放同业”账户的期末余额填列。

（3）“贵金属”项目

该项目反映银行在国家允许的范围内买入的黄金、白银等贵重金属按成本与可变现净值孰低计量的价值。它根据“贵金属”账户的期末余额填列。

（4）“拆出资金”项目

该项目反映银行拆借给境内、境外其他金融机构的款项。它根据“拆出资金”账户的期末余额，减去“贷款损失准备”账户所属相关明细科目的期末余额后分析填列。

（5）“交易性金融资产”项目

该项目反映银行企业为交易目的所持有的债券投资、股票投资、基金投资等。它根据“交易性金融资产”账户的期末余额填列。

（6）“ 衍生金融资产”项目

该项目反映银行企业期末持有的衍生工具、套期工具、被套期项目中属于衍生金融资产的金额，它根据“衍生工具”、“套期工具”、“被套期工具”等账户的期末借方余额分析填列。

（7）“买入返售金融资产”项目

该项目反映银行企业期末持有的买入返售金融资产价值。它根据“买入返售金融资产”账户的期末余额填列。买入返售金融资产计提了坏账准备的，还要减去“坏账准备”所属相关明细账户的期末余额

（8）“应收利息”项目

该项目反映银行因经营业务发生的各种应收利息。它根据“应收利息”等账户的

期末余额填列。

(9)“发放贷款和垫款”项目

该项目反映银行企业发放的贷款和贴现资产扣减贷款损失准备后的金额。它根据“贷款”、“贴现资产”等账户的期末借方余额合计，减去“贷款损失准备”所属相关明细账户的期末余额后分析填列。

(10)“可供出售金融资产”项目

该项目反映银行企业持有的按公允价值计量的可供出售的股票投资、债券投资等金融资产。它根据“可供出售金融资产”账户的期末余额，减去“可供出售金融资产减值准备”账户的期末余额后的金额填列。

(11)“持有至到期投资”项目

该项目反映银行企业持有的以摊余成本计量的持有至到期投资。它根据“持有至到期投资”账户的期末余额，减去“持有至到期投资减值准备”账户的期末余额后的金额填列。

(12)“长期股权投资”项目

该项目反映银行企业持有的对子公司、联营企业、合营企业的长期股权投资。它根据“长期股权投资”账户的期末余额，减去“长期股权投资减值准备”账户的期末余额后的金额填列。

(13)“投资性房地产”项目

该项目反映银行企业持有的投资性房地产。企业采用成本模式计量的，该项目根据“投资性房地产”账户的期末余额，减去“投资性房地产累计折旧”和“投资性房地产减值准备”账户的期末余额后的金额填列；企业采用公允价值模式计量的，该项目根据“投资性房地产”账户的期末余额填列。

(14)“固定资产”项目

该项目反映银行企业自有和融资性租入固定资产的净值。该项目根据“固定资产”账户的期末余额，减去“累计折旧”和“固定资产减值准备”账户的期末余额后的金额填列。

(15)“无形资产”项目

该项目反映银行企业持有的各项无形资产的价值。它根据“无形资产”账户的期末余额，减去“累计摊销”和“无形资产减值准备”账户的期末余额后的金额填列。

(16)“递延所得税资产”项目

该项目反映银行企业确认的可抵扣暂时性差异的递延所得税资产。它根据“递延所得税资产”账户的期末余额填列。

(17)其他资产

该项目反映银行除以上资产以外的其他资产。如：存出保证金、应收股利、其他应收款等的账面余额。它根据有关账户的期末余额填列。已计提减值准备的，还应扣减相应的减值准备。

长期应收款账面余额扣减累计减值准备和未实现融资收益后的净额、抵债资产账面余额扣减累计跌价准备后的净额、“代理兑付证券”减去“代理兑付证券款”后的借方余额，也在本项目反映。

(二) 负债项目

(1)“向中央银行借款”项目

该项目反映银行从中央银行借入的款项。它根据“向中央银行借款”账户的期末余额填列。

(2)“同业及其他金融机构存放款项”项目

该项目反映银行与同业进行资金往来而发生的同业存放于本银行的款项。它根据“同业存放”等账户的期末余额填列。

(3)“拆入资金”项目

该项目反映从其他银行或其他金融公司借入的短期资金。它根据“拆入资金”账户的期末余额填列。

(4)“交易性金融负债”项目

该项目反映银行企业为交易目的购买债券、股票、基金等而形成的负债。它根据“交易性金融负债”账户的期末余额填列。

(5)“衍生金融负债”项目

该项目反映银行企业衍生工具、套期项目、被套期项目中属于衍生金融负债的金额。它根据“衍生工具”、“套期项目”、“被套期工具”等账户的期末贷方余额分析填列。

(6)“卖出回购金融资产款”项目

该项目反映银行企业卖出回购证券业务所形成的负债。它根据“卖出回购金融资产款”账户的期末余额填列。

(7)“吸收存款”项目

该项目反映银行企业吸收存款业务所形成的负债。它根据“吸收存款”账户的期末余额填列。

(8)“应付职工薪酬”项目

该项目反映银行企业根据有关规定应付给职工的工资、职工福利、社会保险费、住房公积金、工会经费、职工教育经费、非货币性福利、辞退福利等各种薪酬。它根据“应付职工薪酬”账户的期末余额填列。

(9)“应交税费”项目

该项目反映银行应缴未交的各种税费。它根据“应交税费”账户的期末余额填列。如“应交税费”账户为借方余额，应以“—”号填列。

(10)“应付利息”项目

该项目反映银行吸收的各种存款及各种借款当期应付未付的利息。它根据“应付利息”账户的期末余额填列。

(11)“预计负债”项目

该项目反映银行的预计负债，它根据“预计负债”账户的期末余额填列。

(12)“应付债券”项目

该项目反映银行为筹集长期资金而发行的债券本金和利息。它根据“应付债券”

账户的期末余额填列。

(13) “递延所得税负债” 项目

该项目反映银行确认的应纳税暂时性差异产生的所得税负债。它根据 “递延所得税负债” 账户的期末余额填列。

(14) “其他负债” 项目

该项目反映银行除以上负债以外的其他负债。如：存入保证金、应付股利、其他应付款、递延收益等负债。它根据 “存入保证金”、“应付股利”、“其他应付款”、“递延收益” 账户的期末余额填列。

长期应付款账面余额扣减未确认融资费用后的净额、“代理兑付证券” 减去 “代理兑付证券款” 后的贷方余额，也在本项目反映。

(三) 所有者权益项目

(1) “实收资本（或股本)” 项目

该项目反映银行实际收到的资本（或股本）总额。它根据 “实收资本” 或 “股本” 账户的期末余额填列。

(2) “资本公积” 项目

该项目反映银行资本公积的情况。它根据 “资本公积” 账户的期末余额填列。

(3) “库存股” 项目

该项目反映银行企业持有的尚未转让或注销的本公司股份金额。它根据 “库存股” 账户的期末余额填列。

(4) “盈余公积” 项目

该项目反映银行企业盈余公积的情况。它根据 “盈余公积” 账户的期末余额填列。

(5) “一般风险准备” 项目

该项目反映银行按一定比例从净利润中提取的一般风险准备。它根据 “一般准备” 账户的期末余额填列。

(6) “未分配利润” 项目

该项目反映银行盈利尚未分配部分。它根据 “本年利润” 账户和 “利润分配” 账户的 “未分配利润” 明细账的期末余额分析填列。未弥补的亏损在本项目用 “-” 号填列。

第二节　利润表

一、利润表概述

利润表是反映金融企业一定期间经营成果的会计报表。它是将金融企业一定期间的营业收入与其同一会计期间相关的营业费用进行配比，以计算出金融企业一定时期的净利润（或净亏损）的报表。通过利润表反映的收入、费用等情况，能够反映金融企业经营收益和成本耗费情况，表明企业经营成果；同时，通过利润表提供的不同时期的比较数字（本期金额、上期金额），可以分析企业今后利润的发展趋势及获利能力。由于利润是企业经营业绩的综合体现，又是进行利润分配的主要依据，因此，利润表是会计报表中的主要报表。

利润表是根据“收入－费用＝利润”这一会计等式所体现的动态要素之间的内在联系来设计和编制的。

二、利润表的格式

我国主要采用多步式格式的利润表。利润表主要反映以下几方面内容：

1. 构成营业利润的各项要素

金融企业营业利润是指营业收入减去营业支出的差额。

2. 构成利润总额的各项要素

金融企业利润总额是营业利润加上营业外收入减去营业外支出后得出的金额。

3. 构成净利润（或净亏损）的各项要素

金融企业净利润是在利润总额（或亏损总额）的基础上，减去本期的所得税费用后得出的金额。

三、利润表的内容

（一）商业银行利润表

表 9－4　　商业银行利润表

编制单位：　　______年____月　　会商银 02 表

单位：元

项　　目	本期金额	上期金额
一、营业收入		
利息净收入		
利息收入		
利息支出		
手续费及佣金净收入		
手续费及佣金收入		
手续费及佣金支出		
投资收益（损失以“－”号填列）		
其中：对联营企业和合营企业的投资收益		
公允价值变动收益（损失以“－”号填列列）		
汇兑收益（损失以“－”号填列）		
其他业务收入		

表9-4（续）

项　　目	本期金额	上期金额
二、营业支出		
营业税金及附加		
业务及管理费		
资产减值损失		
其他业务成本		
三、营业利润（亏损以“-”号填列）		
加：营业外收入		
减：营业外支出		
四、利润总额（亏损总额以“-”号填列）		
减：所得税费用		
五、净利润（净亏损以“-”号填列）		
六、每股收益：		
（一）基本每股收益		
（二）稀释每股收益		

（二）保险公司利润表

表9-5　　**保险公司利润表**

编制单位：　　______年____月　　会保02表

单位：元

项　　目	本期金额	上期金额
一、营业收入		
已赚保费		
保险业务收入		
其中：分保费收入		
减：分出保费		
提取未到期任准备金		
投资收益（损失以“-”填列）		
其中：以联营企业和合企业的投资收益		
公允价值变动收益（损失以“-”号填列）		
汇兑收益（损失以“-”号填列）		
其他业务收入		

表 9-5（续）

项　　目	本期金额	上期金额
二、营业支出		
退保金		
赔付支出		
减：摊回赔付支出		
提取保险责任准备金		
减：摊回保险责任准备金		
保单红利支出		
分保费用		
营业税金及附加		
手续费及佣金支出		
业务及管理费		
减：摊回分保费用		
其他业务成本		
资产减值损失		
三、营业利润（亏损以“-”号填列）		
加：营业外收入		
减：营业外支出		
四、利润总额（亏损总额以“-”号填列）		
减：所得税费用		
五、净利润（净亏损以“-”号填列）		
六、每股收益：		
（一）基本每股收益		
（二）稀释每股收益		

（三）证券公司利润表

表 9-6　　　　**证券公司利润表**

编制单位：　　　　　　　　_____年____月　　　　　　　　会证 02 表

单位：元

项　　目	本期金额	上期金额
一、营业收入		
手续费及佣金净收入		
其中：代理买卖证券业务净收入		
证券承销业务净收入		

表 9-6（续）

项　　目	本期金额	上期金额
受托客户资产管理业务净收入		
利息净收入		
投资收益（损失以“-”号填列）		
其中：对联营企业和合营业的投资收益		
公允价值变动收益（损失以“-”号填列）		
汇兑收益（损失以“-”号填列）		
其他业务收入		
二、营业支出		
营业税金及附加		
业务及管理费		
资产减值损失		
其他业务成本		
三、营业利润（亏损以“-”号填列）		
加：营业外收入		
减：营业外支出		
四、利润总额（亏损总额以“-”号填列）		
五、净利润（净亏损以“-”号填列）		
六、每股收益：		
（一）基本每股收益		
（二）稀释每股收益		

四、利润表的编制

利润表的编制主要是根据有关损益类账户的发生额分析填列。

利润表中，“上期金额”栏内各项数字，应根据上年该期利润表“本期金额”栏内所列数字填列。如果本年该期利润表规定的各个项目的名称和内容与上年该期有所不同，应对上年该期利润表各项目的名称和数字，按照本期的规定进行调整后，填入本表“上期金额”栏内。利润表“本期金额”栏内各项数字应根据损益类账户的发生额分析填列。

以商业银行为例，利润表各项目的内容和填列方法如下：

(1)“营业收入”项目

该项目反映银行经营业务各种收入的总额。它根据“利息净收入”、“手续费及佣金净收入”、“ 投资收益”、“公允价值变动收益”、“汇兑收益”、“其他业务收入”等项目的金额合计填列。

（2）“利息净收入”项目

它根据“利息收入”项目金额，减去“利息支出”项目金额后的差额填列。

（3）“手续费及佣金净收入”项目

它根据“手续费及佣金收入”项目金额，减去“手续费及佣金支出”项目金额后的差额填列。

（4）“汇兑收益”项目

该项目反映银行进行外汇买卖或外币兑换等业务而发生的汇兑收益。它根据“汇兑收益”账户发生额分析填列。如为净损失，用“ - ”号填列。

（5）“投资收益”项目

该项目反映银行对外投资获取的投资利润、股票股利和债券利息收入。它根据“投资收益”账户的借贷发生额的差额填列。

（6）“其他业务收入”项目

该项目反映银行除存款、贷款、投资、政府债券买卖和代理业务、结算业务以及金融机构往来以外获取的收入。它根据“其他业务收入”账户的发生额填列。

（7）“营业支出”项目

该项目反映银行各项营业支出的总额。它根据“营业税金及附加”、“业务及管理费”、“资产减值损失”、“其他业务成本”等项目的金额合计填列。

（8）“业务及管理费”项目

该项目反映银行企业在经营和管理过程中发生的电子设备运转费、安全防范费、物业管理费等费用。它根据“业务及管理费”账户的发生额填列。

（9）“营业利润”项目

该项目反映银行实现的经营利润。它根据“营业收入”项目减去“营业支出”项目的金额填列。

（10）“利润总额”项目

该项目反映银行当期收入、费用事项所形成的全部利润或亏损。它根据“营业利润”项目，加上“营业外收入”项目，减去“营业外支出”项目的金额填列。

（11）“净利润”项目

该项目反映银行扣除所得税后，当期获得的净收益。它根据“利润总额”减去“所得税费用”项目后填列。

第三节　现金流量表

一、现金流量表概述

现金流量表是综合反映金融企业在一定期间内现金的流入和流出，表明企业获得现金和现金等价物能力的财务报表。依据现金流量表，会计报表使用者可以了解金融企业获取现金的能力，预测其未来现金流量，评价金融企业经营业绩，衡量其财务资源和财务风险并预测其未来前景，从而做出正确的投资决策。

二、现金流量表的编制基础

现金流量表以现金及现金等价物为基础编制，划分为经营活动、投资活动和筹资活动，按照收付实现制原则编制，将权责发生制下的盈利信息调整为收付实现制下的现金流量信息。

三、现金流量的分类及列示

（一）现金流量的分类

根据企业业务活动的性质和现金流量的来源，现金流量表准则将企业一定期间产生的现金流量分为三类：经营活动现金流量、投资活动现金流量和筹资活动现金流量。

（1）经营活动。经营活动是指企业投资活动和筹资活动以外的所有交易和事项。各类企业由于行业特点不同，对经营活动的认定存在一定差异。对于工商企业而言，经营活动主要包括销售商品、提供劳务、购买商品、接受劳务、支付税费等。对于商业银行而言，经营活动主要包括吸收存款、发放贷款、同业存放、同业拆借等。对于保险公司而言，经营活动主要包括原保险业务和再保险业务等。对于证券公司而言，经营活动主要包括自营证券、代理承销证券、代理兑付证券、代理买卖证券等。

（2）投资活动。投资活动是指企业长期资产的购建和不包括在现金等价物范围内的投资及其处置活动。长期资产是指固定资产、无形资产、在建工程、其他资产等持有期限在一年或一个营业周期以上的资产。这里所讲的投资活动，既包括实物资产投资，也包括金融资产投资。这里之所以将“包括在现金等价物范围内的投资”排除在外，是因为已经将包括在现金等价物范围内的投资视同现金。不同企业由于行业特点不同，对投资活动的认定也存在差异。例如，交易性金融资产所产生的现金流量，对于工商业企业而言，属于投资活动现金流量，而对于证券公司而言，属于经营活动现金流量。

（3）筹资活动。筹资活动是指导致企业资本及债务规模和构成发生变化的活动。这里所说的资本，既包括实收资本（股本），也包括资本溢价（股本溢价）；这里所说的债务，指对外举债，包括向银行借款、发行债券以及偿还债务等。通常情况下，应付账款、应付票据等属于经营活动，不属于筹资活动。

对于企业日常活动之外特殊的、不经常发生的特殊项目，如自然灾害损失、保险赔款、捐赠等，应当归并到相关类别中，并单独反映。比如，对于自然灾害损失和保险赔款，如果能够确知属于流动资产损失，应当列入经营活动产生的现金流量；属于固定资产损失，应当列入投资活动产生的现金流量。如果不能确知，则可以列入经营活动产生的现金流量。捐赠收入和支出，可以列入经营活动。如果特殊项目的现金流量金额不大，则可以列入现金流量类别下的“其他”项目，不单列项目。

（二）现金流量的列示

通常情况下，现金流量应当分别按照现金流入和现金流出总额列报，从而全面揭示企业现金流量的方向、规模和结构。但是，下列各项可以按照净额列报：

（1）代客户收取或支付的现金以及周转快、金额大、期限短项目的现金流入和现金流出。例如，证券公司代收的客户证券买卖交割费、印花税等，旅游公司代游客支付的房费、餐费、交通费、文娱费、行李托运费、门票费、票务费、签证费等费用。这些项目由于周转快，在企业停留的时间短，企业加以利用的余地比较小，净额更能说明其对企业支付能力、偿债能力的影响；反之，如果以总额反映，反而会对投资者评价企业的支付能力和偿债能力、分析企业的未来现金流量产生误导。

（2）金融企业的有关项目，主要指期限较短、流动性强的项目。对于商业银行而言，主要包括短期贷款发放与收回的贷款本金、活期存款的吸收与支付、同业存款和存放同业款项的存取、向其他金融企业拆借资金等；对于保险公司而言，主要包括再保险业务收到或支付的现金净额；对于证券公司而言，主要包括自营证券和代理业务收到或支付的现金净额等。

下面以商业银行为例，阐述现金流量表的有关内容：

（一）经营活动产生的现金流量

经营活动是指金融企业投资活动和筹资活动以外的所有交易和事项。主要包括贷款的发放与收回、存款的吸收与支付、存款利息支出、贷款利息收入等。经营活动产生的现金流具体有如下内容：

（1）客户存款和同业存放款项净增加额；

（2）向中央银行借款净增加额；

（3）向其他金融机构拆入资金净增加额；

（4）收取利息、手续费及佣金的现金；

（5）客户贷款及垫款净增加额；

（6）支付手续费及佣金的现金；

（7）支付给员工以及为员工支付的现金；

（8）支付的各项税费；

（9）支付其他与经营活动有关的现金。

现金流量表中反映的经营活动产生的现金流入和流出，说明企业经营活动对现金流入和流出净额的影响程度。

（二）投资活动产生的现金流量

投资活动是指金融企业长期资产的购建和不包括在现金等价物范围内的资产投资及其处置活动。它包括购买与处置固定资产、无形资产和其他长期资产，取得和收回权益性证券投资、债券投资等。投资活动产生的现金流主要有：

（1）收回投资收到的现金；

（2）取得投资收益收到的现金；

（3）收到其他与投资收益活动有关的现金；

（4）投资支付的现金；

（5）购建固定资产、无形资产和其他长期资产支付的现金；

(6) 支付其他与投资活动有关的现金。

现金流量表中反映的投资活动产生的现金流量，可以说明金融企业通过投资获取现金流量对企业现金流量净额的影响程度。

(三) 筹资活动产生的现金流量

筹资活动是指导致金融企业资本及债务规模构成变化的活动。主要包括吸收权益性资本、发行和偿还债券、借入和偿还资金、支付利息、分配利润等。筹资活动产生的现金流主要有：

(1) 吸收投资收到的现金；

(2) 发行债券收到的现金；

(3) 收到其他与筹资活动有关的现金；

(4) 偿还债务支付的现金；

(5) 分配股利、利润或偿付利息支付的现金。

在现金流量表中，筹资活动产生的现金流量反映了金融企业筹资活动对企业现金流量净额的影响程度。

四、现金流量表的基本格式

按照规定，现金流量表分为主表和补充资料两个部分。

(一) 商业银行现金流量表格式

表 9－7 现金流量表

会商银 03 表

编制单位： ______年____月 单位：元

项目	本期金额	上期金额
一、经营活动产生的现金流量：		
客户存款和同业存放款项净增加额		
向中央银行借款净增加额		
向其他金融机构拆入资金净增加额		
收取利息、手续费及佣金的现金		
经营活动现金流入小计		
客户贷款及垫款净增加额		
支付手续费及佣金的现金		
支付给员工以及为员工支付的现金		
支付的各项税费		
支付其他与经营活动有关的现金		
经营活动现金流出小计		
经营活动产生的现金流量净额		

表9-7（续）

项目	本期金额	上期金额
二、投资活动产生的现金流量：		
收回投资收到的现金		
取得投资收益收到的现金		
收到其他与投资收益活动有关的现金		
投资活动现金流入小计		
投资支付的现金		
购建固定资产、无形资产和其他长期资产支付的现金		
支付其他与投资活动有关的现金		
投资活动现金流出小计		
投资活动产生的现金流量净额		
三、筹资活动产生的现金流量		
吸收投资收到的现金		
发行债券收到的现金		
收到其他与筹资活动有关的现金		
筹资活动现金流入小计		
偿还债务支付的现金		
分配股利、利润或偿付利息支付的现金		
筹资活动现金流出小计		
筹资活动产生的现金流量净额		
四、汇率变动对现金及现金等价物的影响		
五、现金及现金等价物净增加额		
加：期初现金及现金等价物余额		
六、期末现金及现金等价物余额		

（二）保险公司现金流量表格式

表9-8　　　　现金流量表

会商银03表

编制单位：　　　　　＿＿年＿＿月　　　　　单位：元

项目	本期金额	上期金额
一、经营活动产生的现金流量：		
收到原保险合同保险费取得的现金		
收到再保险业务现金净额		
保户储金及投资款净增加额		

表9-8（续）

项目	本期金额	上期金额
收到其他与经营活动相关的现金		
经营活动现金流入小计		
支付原保险合同赔付款项的现金		
支付手续费及佣金的现金		
支付保单红利的现金		
支付给职工以及为职工支付的现金		
支付的各项税费		
支付其他与经营活动有关的现金		
经营活动现金流出小计		
经营活动产生的现金流量净额		
二、投资活动产生的现金流量：		
收回投资收到的现金		
取得投资收益收到的现金		
收到其他与投资收益活动有关的现金		
投资活动现金流入小计		
投资支付的现金		
质押贷款净增加额		
购建固定资产、无形资产和其他长期资产支付的现金		
支付其他与投资活动有关的现金		
投资活动现金流出小计		
投资活动产生的现金流量净额		
三、筹资活动产生的现金流量		
吸收投资收到的现金		
发行债券收到的现金		
收到其他与筹资活动有关的现金		
筹资活动现金流入小计		
偿还债务支付的现金		
分配股利、利润或偿付利息支付的现金		
筹资活动现金流出小计		
筹资活动产生的现金流量净额		
四、汇率变动对现金及现金等价物的影响		
五、现金及现金等价物净增加额		
加：期初现金及现金等价物余额		
六、期末现金及现金等价物余额		

(三)证券公司现金流量表格式

表 9-9　　现金流量表

会证 03 表

编制单位:　　______年____月　　单位:元

项目	本期金额	上期金额
一、经营活动产生的现金流量:		
处置交易性金融资产净增加额		
收取利息、手续费及佣金的现金		
拆入资金净增加额		
回购业务资金净增额		
收到其他与其经营活动有关的现金		
经营活动现金流入小计		
支付利息、手续费及佣金的现金		
支付经职工以及为职工支付的现金		
支付的各项税费		
支付其他与经营活动有关的现金		
经营活动现金流出小计		
经营活动产生的现金流量净额		
二、投资活动产生的现金流量:		
收回投资收到的现金		
取到投资收益收到的现金		
收到其他与投资活动有关的现金		
投资活动现金流入小计		
投资支付的现金		
购建固定资产、无形资产和其他长期资产支付的现金		
支付其他与投资活动有关的现金		
投资活动现金注入小计		
投资活动产生的现金流量净额		
三、筹资活动产生的现金流量:		
吸收投资收到的现金		
发行债券收到的现金		
收到其他与筹资活有关的现金		
筹资活动现金注入小计		
偿还债务支付的现金		
分配股利、利润或偿付利息支付的现金		
支付其他与筹资活动有关的现金		
筹资活动现金流出小计		
筹资活动产生的现金流量净额		
四、汇率变动对现金及现金等价物的影响		
五、现金及现金等价物净增加额		
加:期初现金及现金等价物余额		
六、期末现金及现金等价物余额		

五、现金流量表附注

现金流量表附注适用于一般企业、商业银行、保险公司、证券公司等各类企业。

企业应当采用间接法在现金流量表附注中披露将净利润调节为经营活动现金流量的信息。

表 9－10　　　　　　　　　　　　现金流量表附注

补充资料	本期金额	上期金额
1. 将净利润调节为经营活动现金流量		
净利润		
加：资产减值准备		
固定资产折旧、油气资产折耗、生产性物资产折旧		
无形资产摊销		
长期待摊费用摊销		
处置固定资产、无形资产和其他长期资产的损失（收益以“－”号填列）		
固定资产报废损失（收益以“－”号填列）		
公允价值变动损失（收益以“－”号填列）		
财务费用（收益以“－”号填列）		
投资损失（收益以“－”号填列）		
递延所得税资产减少（增加以“－”号填列）		
递延所得税负债增加（减少以“－”号填列）		
存货的减少（增加以“－”号填列）		
经营性应收项目的减少（增加以“－”号填列）		
经营性应收项目的增加（减少以“－”号填列）		
其他		
经营活动产生的现金流量净额		
2. 不涉及现金收支的重大投资和筹资活动		
债务转为资本		
一年内到期的可转换公司债券		
融资租人固定资产		
3. 现金及现金流量等价物净变动情况：		
现金的期末余额		
减：现金的期初余额		
加：现金等价物的期末余额		
减：现金等价物的期初余额		
现金及现金等价物净增加额		

六、现金流量表的编制方法

（一）商业银行现金流量表的编制

商业银行应按照现金流量表准则应用指南列示的现金流量表格式编制现金流量表。政策性银行、信托投资公司、租赁公司、财务公司、典当公司应当执行商业银行现金流量表格式规定，如有特别需要，可以结合本企业的实际情况，进行必要调整和补充。

商业银行现金流量表的编制，除下列项目外，应比照一般企业现金流量表编制处理：

1. 客户存款和同业存放款项净增加额

本项目反映商业银行本期吸收的境内外金融机构以及非同业存放款项以外的各种存款的净增加额。本项目可以根据“吸收存款”、“同业存放”等账户的记录分析填列。

商业银行可以根据需要增加项目，例如，本项目可以分解成“吸收活期存款净增加额”、“吸收活期存款以外的其他存款”、“支付活期存款以外的其他存款”、“同业存放净增加额”等项目。

2. 向中央银行借款净增加额

本项目反映商业银行本期向中央银行借入款项的净增加额。本项目可以根据“向中央银行借款”账户的记录分析填列。

3. 向其他金融机构拆入资金净增加额

本项目反映商业银行本期从境内外金融机构拆入款项所取得的现金，减去拆借给境内外金融机构款项而支付的现金后的净额。本项目可以根据“拆入资金”和“拆出资金”等账户的记录分析填列。本项目如为负数，应在经营活动现金流出类中单独列示。

4. 收取利息、手续费及佣金的现金

本项目反映商业银行本期收到的利息、手续费及佣金，减去支付的利息、手续费及佣金的净额。本项目可以根据“利息收入”、“手续费及佣金收入”、“应收利息”等账户的记录分析填列。

5. 客户贷款及垫款净增加额

本项目反映商业银行本期发放的各种客户贷款，以及办理商业票据贴现、转贴现融出及融入资金等业务的款项的净增加额。本项目可以根据“贷款”、“贴现资产”、“贴现负债”等账户的记录分析填列。

商业银行可以根据需要增加项目，例如，本项目可以分解成“收回中长期贷款”、“发放中长期贷款”、“发放短期贷款净增加额”、“垫款净增加额”等项目。

6. 存放中央银行和同业款项净增加额

本项目反映商业银行本期存放于中央银行以及境内外金融机构的款项的净增加额。本项目可以根据“存放中央银行款项”、“存放同业”等账户的记录分析填列。

7. 支付手续费及佣金的现金

本项目反映商业银行本期支付的利息、手续费及佣金。本项目可以根据“手续费及佣金支出”等账户的记录分析填列。

8. 发行债券收到的现金

本项目反映商业银行发行债券收到的现金，本项目可以根据“应付债券”等账户的记录分析填列。

(二) 保险公司现金流量表的编制

保险公司应按照现金流量表准则应用指南列示的现金流量表格式（具体格式参见企业会计准则应用指南）编制现金流量表。担保公司应当执行保险公司现金流量表格式及附注规定，如有特别需要，可以结合本企业的实际情况，进行必要调整和补充后实施。

保险公司现金流量表的编制，除下列项目外，应比照一般企业现金流量表编制处理：

1. 收到原保险合同保费取得的现金

本项目反映保险公司本期收到的原保险合同保费取得的现金。包括本期收到的原保险保费收入、本期收到的前期应收原保险办法、本期预售的原保险保费和本期代其他企业收取的原保险保费，扣除本期保险合同提前解除以现金支付的退保费。本项目应根据“现金”、“银行存款”“应收账款”“预收账款”“保费收入”等账户的记录分析填列。

2. 收到再保业务现金净额

本项目反映保险公司本期从事再保业务实际收支的现金净额。本项目可以根据“银行存款”“应收分保账款”“应付分保账款”等账户的记录分析填列。

3. 支付原保险合同赔付款项的现金

本项目反映保险公司本期实际支付原保险合同赔付的现金。本项目应根据“赔付支出”等账户的记录分析填列。

4. 保户储金净增加额

本项目反映保险公司向投保人收取的以储金利息作为保费收入的储金，以及以投资收益作为保费收入的投资保障型保险业务的投资本金，减去保险公司向投保人返还的储金和投资本金后的净额。本项目可以根据“现金”、“银行存款”、“保户储金”、“应收保户储金”等账户的记录分析填列。

5. 支付手续费及佣金的现金

本项目反映保险公司本期实际支付手续费及佣金等现金。本项目应根据“应付账款”“手续费及佣金支出”等账户的记录分析填列。

6. 质押贷款净增加额

本项目反映保险公司本期发放保户质押贷款的现金净额。本项目可以根据“贷款”“银行存款”等账户的记录分析填列。

保险公司可以单独设置“处置损余物资收到的现金净额”和“代位追偿款收到的现金”等项目，或者在“收到的其他与经营活动有关的现金”项目中反映。

（三）证券公司现金流量表的编制

证券公司应按照现金流量表准则应用指南列示的现金流量表格式（具体格式参见企业会计准则应用指南）编制现金流量表。资产管理公司、基金公司、期货公司应当执行证券公司现金流量表格式规定，如有特别需要，可以结合本企业的实际情况，进行必要调整和补充。

证券公司现金流量表的编制，除下列项目外，应比照一般企业现金流量表编制处理：

1. 处置交易性金融资产净额

本项目反映证券公司本期自行买卖交易性金融资产所取得的现金净增加额。本项目可以根据“交易性金融资产”等账户的记录分析填列。本项目如为负数，应在经营活动现金流出类项目中单独列示。

2. 拆入资金净增加额

本项目反映证券公司本期从境内外金融机构拆入款项所取得的现金，减去拆借给境内外金融机构款项而支付的现金后的净额。本项目可以根据“拆入资金”、“拆出资金”等账户的记录分析填列。本项目如为负数，应在经营活动现金流出类项目中列示。

3. 回购业务资金净增加额

本项目反映证券公司本期按回购协议卖出票据、证券、贷款等金融资产所融入的现金，减去按返售协议约定先买入再按固定价格返售给卖出方的票据、证券、贷款等金融资产所融出的现金后的现金增加额。本项目可以根据“买入返售金融资产”、“卖出回购金融资产款”等账户的记录分析填列。本项目如为负数，应在经营活动现金流出类项目中单独列示。证券公司可以根据协议将本项目分为“买入返售证券收到的现金净额”、“卖出回购证券支付的现金净额”等项目列示。

此外，证券公司还可以根据需要单独设置“代理买卖业务的现金净额”、“代理兑付债券的现金净额”等项目，以反映证券公司从事代理业务产生的现金流量。

相关链接：为了规范上市公司信息披露情况，中国证券监督管理委员会发布了一系列公告，对金融企业信息披露编报规则做出了具体说明。自 2008. 9. 1 开始执行。

第四节　所有者权益变动表

一、所有者权益变动表概述

所有者权益变动表是反映构成所有者权益的各个组成部分当期的增减变动情况的报表。

所有者权益变动表，分别反映上年和本年所有权益各项目的增减变动。它不仅要列示引起所有者权益增加的净利润，而且还要列示企业直接计入所有者权益的利得和损失等项目；由于这些项目构成企业的综合收益，它有助于全面了解企业的所有者权益在年度内的变化情况。在资本市场日趋完善的情况下，所有者权益报表所提供的相关信息，愈来愈受到会计用户的关注，成为他们决策的重要依据。

所有者权益变动表的作用，可以概括为以下几个方面：

(一) 有助于会计用户了解企业本期所有者权益增减变动的原因及其结果

由于所有者权益是企业资产扣除负债后由所有者享有的剩余权益，因此它不仅直接关系到所有者的利益，而且也是其他会计用户判断企业盈利能力、偿债能力，进而作出投资、贷款等决策的重要指标。虽然在一般情况下，企业净利润的增加是导致企业净资产增加的主要因素，但是采用公允价值对可供出售的金融资产、自用房地产或存货转换投资性房地产等计量时，当公允价值大于其账面价值时，其差额对所有者权益也会发生影响。

企业所有权益减少的主要原因：一是当期亏损；二是利润分配；三是投资者按法定程序撤走资本。不同原因引起的资本减少，其结果是不同的。

由于企业所有者权益年末与年初的变动，反映了当期企业净资产的增加或减少。一个会计期间的所有者权益综合变动，代表了当期企业经营活动形成的收益总额和费用总额。因此，会计用户只有借助于所有者权益变动表，才能对各组成项目进行深入的分析，以确定各项目对所有者权益的影响程度，从而作出相关的决策。

(二) 有助于了解企业本期所有者权益结构的变化

所有者权益包括实收资本、资本公积、盈余公积和未分配利润等项目。由于不同的项目所反映的经济内容不同，所以会计用户通过对企业所有者权益构成内容的分析、比较，并结合其他报表的相关资料，就可以判断企业所有者权益各项目比重的合理性、盈利能力以及未来资本结构变化的趋势，以利于于会计信息使用者深入分析企业股东权益的增减变化情况，并进而对企业的资本保值增值情况作出正确的判断，从而获得对决策有用的信息。

二、所有者权益变动表的基本结构

所有者权益增减变动表具体说明所有者权益增减的各项内容，包括股本（实收资本)、资本公积、法定和任意盈余公积、一般风险准备、未分配利润等。

所有者权益变动表具体由四部分内容构成，各部分内容分别按本年金额与上年金额反映所有者权益构成的具体内容。每个项目中，又分别具体情况列示其不同内容。

所有者权益变动表的基本结构，如表9－11所示。

表9－11 **所有者权益变动表**

会商银04表

编制单位：　　　　______年度　　　　单位：元

项 目	本年金额							上年金额						
	实收资本（或股本）	资本公积	减：库存股	盈余公积	一般风险准备	未分配利润	所有者权益合计	实收资本（或股本）	资本公积	减：库存股	盈余公积	一般风险准备	未分配利润	所有者权益合计
一、上年年末余额														
加：会计政策变更														
前期差错更正														
二、本年年初余额														
三、本年增减变动金额（减少以“－”号填列）														
（一）净利润														
（二）直接计入所有者权益的利得和损失														
1. 可供出售金融资产公允价值变动净额														
（1）计入所有者权益的金额														
（2）转入当期损益的金额														
2. 现金流量套期工具公允价值变动净额														
（1）计入所有者权益的金额														
（2）转入当期损益的金额														
（3）计入被套期项目初始确认金额中的金额														
3. 权益法下被投资单位其他所有者权益变动的影响														

表 9－11（续）

项 目	本年金额							上年金额						
	实收资本（或股本）	资本公积	减：库存股	盈余公积	一般风险准备	未分配利润	所有者权益合计	实收资本（或股本）	资本公积	减：库存股	盈余公积	一般风险准备	未分配利润	所有者权益合计
4. 与计入所有者权益项目相关的所得税项目														
5. 其他														
上述（一）和（二）小计														
（三）所有者投入和减少资本														
1. 所有者投入资本														
2. 股份支付计入所有者权益的金额														
3. 其他														
（四）利润分配														
1. 提取盈余公积														
2. 提取一般风险准备														
3. 对所有者（或股东）的分配														
4. 其他														
（五）所有者权益内部结转														
1. 资本公积转增资本（或股本）														
2. 盈余公积转增资本（或股本）														
3. 盈余公积弥补亏损														
4. 一般风险准备弥补亏损														
5. 其他														
四．本年年末余额														

第一部分反映所有者权益上年年末余额。在此基础上加上由于会计政策变更和前期差错更正对所有者权益的影响。

第二部分反映所有者权益本期年初余额。

第三部分反映所有者权益本期增减变动金额。

本部分内容是该表的核心，它按影响所有者权益变动的具体原因，分别列示：

(1) 净利润；

(2) 直接计入所有者权益的利得和损失；

(3) 所有者投入和减少资本；

(4) 利润分配；

(5) 所有者权益内部结转。

第四部分所有者权益年末余额

各部分内容之间的内在联系，用公式表示如下：

本年年初余额 + 本年增加金额 - 本年减少金额 = 本年年末余额

三、所有者权益变动表的编制

所有者权益（或股东权益）变动表是反映企业年末所有者权益（或股东权益）增减变动情况的报表。所有者权益（或股东权益）增减变动表各项目应根据“实收资本（或股本）”、“资本公积”、“盈余公积”、“库存股”、“一般风险准备”、“利润分配”账户的发生额分析填列。

相关链接： 为了规范上市公司信息披露情况，公司应披露如下股东情况：

(1) 报告期末股东总数。

(2) 期末持有本公司5%以上（含5%）股份（股权）的股东的名称、年度内股份（股权）增减变动的情况、年末持股数量（出资金额）及百分比、所持股份（股权）的质押或冻结情况及股东单位期末净资产。若持股5%（含5%）以上的股东少于10名，则应列出至少前10名股东的持股情况。如前10名股东之间存在关联关系，应予以说明。

(3) 对期末持股10%以上的前五名法人股东，应详细介绍股东单位的法定代表人、总经理、主营业务、注册资本。若股东为自然人的，应介绍其姓名、国籍、是否取得其他国家或地区居留权、最近5年内的职业及职务。

本章小结：

资产负债表是反映金融企业某一特定日期财务状况的会计报表。金融企业资产负债表表明了金融企业在某一特定日期所拥有或控制的经济资源、所承担的现时义务和所有者对净的要求权。它揭示和反映了金融企业一定时点的理财构。

利润表是反映金融企业一定期间经营成果的会计报表。通过利润表反映的收入、费用等情况，能够反映金融企业经营收益和成本耗费情况，表明企业经营成果；同时，通过利润表提供的不同时期的比较数字（本期金额、上期金额），可以分析金融企业今后利润的发展趋势及获利能力。

现金流量表是综合反映金融企业在一定期间内现金的流入和流出，表明企业获得现金和现金等价物能力的财务报表。依据现金流量表，会计报表使用者可以了解金融企业获取现金的能力，预测其未来现金流量，评价金融企业经营业绩，衡量其财务资源和财务风险并预测其未来前景，从而做出正确的投资决策。现金流量表以现金及现金等价物为基础编制，划分为经营活动、投资活动和筹资活动，按照收付实现制原则编制，将权责发生制下的盈利信息调整为收付实现制下的现金流量信息。

所有者权益变动表是反映构成所有者权益的各个组成部分当期的增减变动情况的报表。所有者权益变动表，分别反映上年和本年所有权益各项目的增减变动。它不仅要列示引起所有者权益增加的净利润，而且还要列示企业直接计入所有者权益的利得和损失等项目。由于这些项目构成企业的综合收益，它有助于全面了解企业的所有者权益在年度内的变化情况。在资本市场日趋完善的情况下，所有者权益报表所提供的相关信息，愈来愈受到会计用户的关注，成为他们决策的重要依据。

四大财务报表从不同方面揭示了金融企业财务状况，经营成果，现金流量，所有者权益变动等情况，提供了金融企业基本的财务信息，便于信息用户作出决策。

复习思考题：

1. 企业为什么要编制财务报表？
2. 资产负债表和利润表的内容有何不同？
3. 利润表和现金流量表主要反映了企业什么情况？
4. 所有者权益（或股东权益）变动表的内容和结构是什么？
5. 现金流量表的现金包括哪些内容？
6. 如何编制资产负债表？

图书在版编目(CIP)数据

金融企业会计/方萍主编．—成都：西南财经大学出版社，2009.8(2016.5重印)

ISBN 978-7-81138-492-5

Ⅰ．金…　Ⅱ．方…　Ⅲ．金融会计—教材　Ⅳ．F830.42

中国版本图书馆CIP数据核字(2009)第137092号

金融企业会计

主　编：方　萍

责任编辑：张　访
封面设计：杨红鹰
责任印制：封俊川

出版发行	西南财经大学出版社(四川省成都市光华村街55号)
网　址	http://www.bookcj.com
电子邮件	bookcj@foxmail.com
邮政编码	610074
电　话	028-87353785　87352368
照　排	四川胜翔数码印务设计有限公司
印　刷	郫县犀浦印刷厂
成品尺寸	185mm×260mm
印　张	15.5
字　数	350千字
版　次	2009年8月第1版
印　次	2016年5月第9次印刷
印　数	29001—31000册
书　号	ISBN 978-7-81138-492-5
定　价	29.80元